KB020345

지금 여기의 진보

지금 여기의 진보

심보선
장석준
박상훈
홍기빈
이택광
하종강
서동진
엄기호
박경신
홍세화

이음

서문: 왜 '지금 여기'의 진보인가?

왜 '지금 여기'의 진보인가? 지금 여기라는 시간과 장소의 특이성과 진보라는 보편적 기획은 어떻게 만날 수 있는가? 확실히 이 시대에 진보라는 담론은 과잉이라 해도 무방하다. 과거 어떤 때보다도 자신의 정치 성향을 진보적이라고 답하는 층이 많은 수를 차지하고 있는 것이 이 시대다. 소위 '진보 논객'의 활약상을 온라인에서 흥미진진하게 관람할 수 있고, 진보 성향 국회의원의 정치권 진입을 목도할 수 있게 된 것도 이 시대다. 그러나 동시에 우리는 이 시대의 비참함을 너무나 잘 알고 있다. 불안정 노동의 확산, 실업자와 해고자의 증가, 사회적 안전망의 해체, 중산층의 쇠락, 자연 환경의 파괴, 사회적 약자의 생존권과 표현의 자유와 같은 기본적 인권의 위축 등등. 요컨대 '지금 여기'의 특이성은 일차적으로 진보적 담론과 현실의 모순 혹은 괴리에 있다고 할 수 있다.

『지금 여기의 진보』는 이러한 특이성을 성찰하고 대안적 사유와 행동, 정책과 제도를 전망하기 위해 기획된 책이다. 이 책의 저자들은 각양각색이다. 경제학자, 사회학자, 정치학자, 법학자, 문화 이론가, 노동 이론가, 교육 운동가, 정당 관계자, 시인 등 도대체 이 사람들이 한자리에 모였다면 과연 토론이 가능할까 싶을 정도로 배경과 이력이 광범위하다. 그러나 이러한 포괄성과 이질성이야말로 '지금 여기'의 특이성을 반영한다.

우리는 신자유주의 체제의 도래와 함께 모종의 '거대한 파괴'를 체험하고 있다. 그 거대한 파괴가 지니는 보다 심층적인 해악은 그러한 문제가 탄식과 우려의 대상이 될지언정 불가피하고 필연적인 사회 변화의 결과로 받아들여지고 있다는 사실이다. 즉 파괴의 해악을 받아들이는 것이 현실적으로 유일한 가능성으로 인식되고, 정치적·사회적으로 그러한 문제적 현실을 중단하고 다른 변화의 경로로 들어서게 하는 것은 불가능하다고 여겨지고 있는 것이다. '파괴를 불가역적인 것으로 수용함.' 이것이 파괴의 해악이 우리의 마음에 심어주는 더한 해악이다. 따라서 이 시대에 진보 담론의 과잉은 다소 연극적인 색채를 띠고 있다. 진보는 개인과 집단들의 비장하거나 혹은 반대로 유희적인 저항의 퍼포먼스인 양 전시되고 관람되는 것이다. 이때 진보 담론이란 극단적으로 말하면 이 사회에 만연한 우울증에 대한 처방에 다름 아니다.

　　이 책에 실린 각각의 글은 다양한 영역들—복지, 생태, 직접행동, 예술, 정당, 교육, 노동, 자유 등—에서 진보를 이야기하고 있다. 이 책은 오케스트라라기보다 앙상블에 가깝다. 즉 이 책의 글들은 단일한 관점으로 통합되지는 않으나, 의도치 않은 상호 조율을 통해 신자유주의 체제가 한국 사회에 가한 파괴의 전모를 드러내고, 그에 대한 진보의 기획을 제시한다. 이 책이 보여주는 파괴란 바로 경제적인 것the economic의 질주로 말미암은 사회적인 것the social, 정치적인 것the political, 개인the individual과 공동체the communal의 파괴를 뜻한다. 성장과 개발 우선의 논리, 그리고 그 논리를 숭배하는 정권이 공공성을 사유화함으로써 사회적 관계망과 조직들은 해체되고, 정당 정치는 패거리 정치로 분열되고, 개인의 자유와 인간적 존엄은 나락으로 떨어지고, 공동의 삶은 개체적 생존으로 파편화한다. 특히 이 책의 글들은 잠재적으로, 혹은 노골적으로 논쟁적이다. 경제적인 것의 독주가 가져온 파괴에 대해 각각의 글들은 서로 다른 진보의 기획을 내놓는다. 어떤 글은 사회적인 것의 보호를 위한 복지 정책의 마련을, 어떤 글은 정치적 무지와 독선에 대해 정치적인 이성의 확립을 강조한다. 어떤 글은 표현의 자유라는 개인의 기본권을 진보의 대전제로 삼아야 함을, 어떤 글은 자율적 공동체를 생활과 직접행동에서 구현해야 함을 강조한다. 따라서 새로운 진보 정치에 있어서 사회적인 것이 우선하느냐, 정치적인 것이 우선하느냐, 개인이 우선이냐, 공동체가 우선이냐 등의 논쟁점을 통해 각각의 글들은 서로를 비판하고 보완한다.

마지막으로 이 책에 실린 글들이 보여주는 진보의 기획이란 단순히 파괴된 것들의 복구를 의미하지 않는다. 경제적인 것의 독주에 대항하는 진보 정치는 기존의 사회, 정치, 개인, 공동체에 대한 관습적 정의를 새로운 삶의 형태로 넘어서고 넘치게 한다는 의미에서 '초과로서의 정치'라고 할 수 있다. 이 책에서 초과로서의 정치는 실로 다양한 이름을 갖고 등장한다. '살림살이 경제', '행복의 정치', '질문과 사유로서의 교육', '녹색사회주의' 등등. 이때 초과로서의 정치는 인간성과 합리성의 회복, 이상사회의 구현과 같은 막연한 희망과 단순한 구호들로 점철된 처방으로서의 진보 담론과는 구별된다. 그것은 '지금 여기'를 넘어서는 인간적 실존과 사회적 삶의 다양하고도 구체적인 가능성을 호명하고 있다. 결국 진보란 정치적인 태도와 성향의 문제가 아니라 '보다 나은 삶'을 전망하고 실천하는 문제로 귀결함을 이 책은 잘 보여주고 있다.

『지금 여기의 진보』는 이음출판사와 문지문화원 사이가 공동으로 기획했던 인문특강 '지금―여기의 진보: 2012년 진보를 다시 묻는다'를 책으로 묶은 것이다. 수록된 원고들은 강연 내용을 그대로 녹취해 정리한 것이 아니라, 강연 이후 저자들의 숙고를 거쳐 새롭게 작성된 것이다. 원래 특강에는 김진숙 민주노총 부산지부 지도위원도 참여하여 어떻게 크레인에 올라가게 됐고, 그 후 어떤 일이 벌어졌으며, 어떤 희망을 보았는지 이야기해주었다. 그러나 김진숙 지도위원의 뜻에 따라 이 책에 그녀의 글은 싣지 않기로 했다. 대신 처음 기획 단계에서 참여를 부탁했으나 때마침 총선 정국이라 도저히 시간을 낼 수 없다고 고사를 했던 홍세화 진보신당 대표에게 뒤늦게 글을 청탁하여 이 책에 수록할 수 있었다.

심보선

차례

심보선

**강남좌파에서
신신좌파로:
행복의 정치를 위한
시론**

심보선 ● 시인이자 사회학자이다. 서울대학
교 사회학과에서 석사학위를, 컬럼비아대학
교에서 사회학 박사학위를 받았다. 현재 경
희사이버대학교 문화예술경영학과 교수로
재직 중이며,『인문예술잡지 F』의 편집위원
으로 활동하고 있다. 용산과 두리반, 한진중
공업 희망버스, 쌍용자동차 정리해고 철폐
운동 등 다양한 사회적 투쟁에 연대해왔다.
시집으로『눈앞에 없는 사람』,『슬픔이 없는
십오 초』가 있다.

'좌파' 정체성의 재구성, 혹은 리패키징

나는 좌파다. 나는 보편적 복지를 지지한다. 나는 신자유주의에 반대한다. 나는 보수 정당에 반대한다. 나는 진보 정당을 지지한다. 나는 소수자와 노동자를 지지한다. 나는 개발과 성장 논리에 반대한다. 나는 민족주의에 반대한다. 나는 생태주의를 지지한다. 나는 이런 지지들을 의견에 국한시키지 않고 시위 참여, 글쓰기, 그 외의 실천 프로그램을 통해 현실화한다……. 그런데 나는 과연 좌파일까? 정체성을 어떤 태도, 사유, 감각, 관계, 실천으로 이루어진 자기 정의의 패키지package라고 정의해보자. 이 패키지는 확고부동하지 않으며 시간과 장소에 따라 어떤 요소들을 덜어내거나 더하면서 리패키징repackaging된다.

1980년대에 좌파 패키지의 핵심적 구성 요소는 노동자 계급 당파성이었다. 노동자가 사회 변화의 주체임을 사상적으로 인정하고 실천적으로 수행하느냐가 좌파 패키지의 중심 요소였다. 이 중심 요소는 자본주의와 군사독재정권으로부터 이념적, 실천적으로 가장 먼 지점에 위치하고 있었다. 자본주의와 군사독재정권은 노동자를 착취하고 희생시킴으로써 지배구조를 유지하고 재생산하는 체제로 여겨졌다. 그런데 지금은 어떤 체제인가? 무엇이 좌파 패키지의 중심 구성 요소인가? 중심 요소에 대한 합의는 존재하는가? 그 패키지의 구성 요소들은 무엇으로부터 상대적으로 멀리 떨어져 있는가?

개념적 혼란과 불투명성에도 불구하고 좌파라는 말은 언

제부턴가 한국 사회에서 언론, 학계, 예술계, 일상생활 등에 걸쳐 널리 사용되고 있다. 유학을 마치고 2006년 귀국했을 때, 나는 한국 사회에서 한 가지 예전과 분명히 달라진 점을 발견하고는 흥미로워했다. 그것은 바로 '좌파'라는 용어가 별 거부감 없이 인구에 회자되고 있다는 사실이었다. 이것은 참여정부 이후의 현상이다. 2000년대 들어 좌파라는 용어는 '합법적'으로 사용할 수 있게 되었다. 적어도 어떤 영역에서는 말이다(다시 말해 어떤 영역을 제외하고). 서구에서도 좌파라는 말은 본래의 역사적 기원으로부터 끊임없이 이탈해왔다. 좌파/우파의 구별의 역사적 기원은 프랑스 혁명 직후 사법 기관에서 정치 세력이 자리하는 의석의 위치에 있었다고 한다. 구체제를 지지하는 귀족 세력은 오른쪽에 있었고 민주주의를 지지하는 부르주아 세력은 왼쪽에 있었다. 그러나 역사가 흐르면서 좌파는 부르주아가 아니라 노동자 계급의 편에 서서 자본주의를 비판하는 정치적 세력과 프로그램을 지칭하는 용어가 되었다. 1960년대 이후 좌파는 노동자뿐만 아니라 여성, 성적 소수자, 소수 인종, 이민자 등의 정체성을 사회 변화의 주체로 호명했고, 이러한 정체성을 중심으로 하는 사회 변화의 프로그램을 제안했다. 이러한 좌파의 정치는 소위 '신좌파New Left'라고 일컬어졌다.

한국에서 좌파라는 말은 2000년대 이후 상징적이건 현실적이건 합법성을 가지고 사적 영역에서 사용되기 시작했다. 그런데 이 말은 분명 1960년대 이후의 서구의 역사나 1980년대 국내 운동권에서 사용하던 좌파라는 말과는 다른 가치와 효용을 갖는다. 요컨대 2000년대 이후 한국의 좌파라는 말은 통치와 제도정치 영역에서는 부정적이고 소극적인 함의를 가지면서, 통치와 제도정치 영역 바깥에서는 적극적이고 긍정적인 다양한 함의'들'을 갖게 됐다. 사람들은 좌파적 가치와 함의를 소유하고 표현하면서 특정한 사회적 위치를 차지하고, 특정한 정치적 의식과 실천을 다른 의식과 실천에 대비하여 드러내고 작동시킨다.

　　　한국에서 좌파라는 용어가 적극적으로 사용되는 영역에 대해서 먼저 이야기를 해보자. 여기서 적극적이라는 말은 하나의 용어가 긍정적이면서 동시에 실제적인 것들을 지칭하고 인정한다는 뜻을 지닌다. 하나의 에피소드로부터 출발하는 것이 이해를 도울 수 있을 것 같다. 나는 유학을 마치고 귀국한 2006년에 한 대학의 교원 임용에 신청서를 내고 면접 자리에 갔다. 그때 그 학교의 교수인 한 심사위원이 내게 물었다. "심 박사는 좌파인가요?" 나는 그 질문을 받고 잠시 당혹스러웠는데, 그 이유는 그 질문에 나의 사상의 건전성과 불온성을 검증하겠다는 의도가 비쳐서가 아니었다. 오히려 반대였다. 그의 질문은 '순수하게' 나의 정치적 성향을 알고 싶다는 호기심을 담고 있었다. 나는 그리 주저하지 않고 대충 이런 식으로 대답했다. "나는 '좌파'입니다. 그것은 내가 어쨌든 주어진 현실을 당연시하지 않고 의심하고 비판하려는 태도를 지니고 있기 때문입니다." 나는 면접에서 떨어졌는데, 그 이유는 내가 좌파라고 인정해서가 아니라 오히려 내가 좌파인 이유를 조리 있게, 멋지게 설명하지 못했기 때문이라고 생각했다. 그 정도로 당시 면접관들은 좌파에 우호적인 분위기를 풍기고 있었다.

좌파라는 용어는 한국 사회에서 그렇게 별 불편함이나 오해 없이 웃는 얼굴로 교수 채용 면접 자리에서 오고 갈 수 있는 용어가 되어 있었다. 내가 언젠가 이 이야기를 하자 누군가 즉각 반론을 제기했다. "아닙니다. 대학에 따라 다릅니다. 아직도 사상 검증을 하는 보수적인 학교도 있습니다. 어느 분은 면접 자리에서 '당신이 지금까지 쓴 논문은 너무 좌파적 성향이 강합니다. 당신은 좌파입니까?'라는 질문을 받고 매우 불편해했습니다." 나는 물었다. "그래서 그 사람은 떨어졌나요?" 그가 답했다. "아니요, 합격했습니다." 결국 그의 학문적 능력, 추천, 품성과 같은 메리트가 그의 사상적 불온함을 압도하는 기준이 되었던 것이다. 만약에 어느 좌파적 성향의 교수 후보가 유명 국제 학술지에 많은 논문을 게재했다면, 아무리 보수적인 대학이라도 그를 임용할 것이다. 이것은 한국의 대학이 정치적으로 중립적이며 능력주의meritocracy에 입각해서 운영되고 있다는 말이 아니다. 오히려 대학은 경쟁력과 효율성이라는 규율을 따라 그 정체성과 기능이 사실상 기업체에 가까운 조직으로 변화해가고 있는 실정이다. 정치적으로 좌파라도 대학의 브랜드 가치를 높일 수 있는 '간판'(흔히 '자격'이라는 말로 우회적으로 표현된다)을 가지고 있다면 대학은 그 후보자를 흔쾌히 영입할 것이다.

내가 좌파라는 말을 들은 자리는 사실 대학뿐만은 아니다. 나는 이런저런 자리에서 좌파라는 용어를 들을 수 있었고, 스스로를 좌파로 정의하는 이들의 말과 행동을 목격할 수 있었다. 카페에

서, 술집에서, 시위 현장에서, 심지어 업무 회의 자리에서……. 한
국의 일상생활, 직업 활동, 농성 현장, 다양한 사회 공간에서 좌파
적 의식과 실천은 적어도 '정당성legitimacy', 혹은 '품격decency'을 지니
게 됐다고 볼 수 있다. "당신은 좌파인가?" "그렇다. 나는 좌파이
다." 이제 한국 사회의 일각에서는 이런 대화들이 강력한 심리적,
제도적 검열 기제 없이 오고 갈 수 있게 되었다.

　　　과거 이데올로기적 색깔론에서 상대방을 비난할 때, 즉 지
나치고 옳지 않은 사상에 물들어 있는 상대방의 비이성적인 정치
적 태도를 '낙인'찍을 때 사용하던 용어들은 '좌경', '좌익', 심지어
'빨갱이'였다. 그리고 사실상 그 용어들은 '종북'과 동일한 말이었
다. 반공 이데올로기가 지배하는 사회에서 '좌'는 개인의 입장이나
성향을 지칭하는 것이 아니라, 어떤 세력을 추종하는가라는 기준
에서 판별되는 정치적 '색깔'을 의미했다. 말 그대로 좌경, 좌익, 빨
갱이라는 용어는 어떤 색깔의 옷을 맹목적으로 따라 입는다고 여
겨지는 무리를 낙인찍고, 감시하고, 처벌하는 '증오의' 용어였다.
시민 사회에서도 "당신은 좌경이야"라는 말은 혐오의 감정과 결부
되어 사용되었다. 법적, 정치적 의미에서 '좌경'이라는 용어는 당장
재판대에 올라 처벌을 받아야 마땅한 세력을 지칭하는 용어였다.
요컨대 과거에 '좌'라는 말은 어떤 정당성이나 품격과도 연결될 수
없었다. 그런데 2000년대 이후 좌파는 이데올로기적 색깔론이 야
기하는 불쾌한 감정을 배제한 채, 때로는 객관적으로 때로는 세련
되게 자신과 타인을 구별하면서 자신의 정치적 입장을 표명할 수

있는 용어가 되었다. 요컨대 '낙인'의 수단이 아니라 소통 가능한 '범주'로서 좌파가 등장하게 된 것이다.

물론 최근의 '종북주의' 논란은 반공 이데올로기가 아직도 그 영향력을 잃지 않았음을 확인시켜주고 있으나, 다른 한편으로는 '낙인 수단'으로서의 종북과 '소통 범주'로서의 좌파가 분리되었음을 보여주기도 한다. 스스로를 '강남좌파'로 인정한 조국 교수는 언론사와의 인터뷰에서 종북주의 논란이 국회의원 개인들의 사상 검증으로 이어져서는 안 된다고 하면서도, 공당으로서 통합진보당이 '주체사상, 3대 세습, 북핵 문제' 등에 대해 입장을 분명히 해야 한다고 밝힌 바 있다.[1] 요컨대 종북주의는 몇 가지 특정 이슈들, '주체사상 문제, 3대 세습 문제, 북핵 문제, 북한 인권 문제'로 집중된다. 그리고 종북 낙인은 이들 이슈에 대한 입장을 밝히라는 요구의 형태로 미심쩍은 정치인들에게 부과된다. 물론 어떤 우파 논객이나 정치인들은 마치 전가의 보도처럼 이 낙인을 아무 대상에나—야당 정치인, 파업 중인 방송국 노조, 그 외의 사회 운동 진영들—찍어대고 있다. 이러한 단순무식하고 폭력적인 낙인은 한편으로는 해묵은 반공 이데올로기를 부활시켜 낙인 대상에 대한 대중의 막연한 반감을 불러일으키는 효과를 가져오기도 한다. 그

1

김성곤, 「조국 "주사파도 침묵의 자유는 있지만…"」, 『이데일리』, 2012년 6월 8일, http://www.edaily.co.kr/news/NewsRead.edy?SCD=DA32&newsid=01580966599559752&DCD=A01503&OutLnkChk=Y.

러나 다른 한편으로는 보수 진영 내부에도 종북주의 논란이 여권에 오히려 역효과를 불러일으킬 수도 있다는 경계심이 적지 않다. 종북주의의 낙인이 그저 서너 개의 요소들을 단순 반복, 무한 복제하고 있다면, 좌파라는 범주의 구성 요소들은 앞서 말했듯이 더 이상 몇 가지 주요 쟁점으로 환원되지 않는다. 그것을 구성하는 요소들은 훨씬 더 다양하고 훨씬 덜 위계적이다. 일례로 트위터의 자기소개에 '좌파'를 명시하는 사람들이 꽤 된다. 그들이 어떤 요소들 속에 좌파를 위치시키는지 자기소개들을 통해 살펴보자.

> 대전/아이폰/매킨토시/에버노트/플레이스테이션3/영화/게임/독서/에반게리온/세무회계/마라톤/좌파/블루레이/다이어트/아들/사진/만화/쥐새끼/4대강삽질/의료민영화반대

> 남/1982/서울/프로그래머/웹/SSN/좌파/Dog/무한도전/삽질/고기

> 밖에선 아저씨/직장에선 대리 나부랭이/농담에 목숨 겖/한때는 로맨티스트/별걸 간섭 다하는 장보고급 오지랖/정치트윗 싫어요/그래도 은근 좌파/돈으로 야구하는 삼성팬/북방패륜 서울팬/진정 행복해지고 싶습니다

위의 자기소개를 보고 이들 좌파 트위터리안들이 엘리트에 속하는

지 주변적 계층에 속하는지를 확정지을 수는 없을 것이다. 그러나 개략적인 프로필을 보고 추정하건대 이들은 평범한 직장인 중산층에 가까운 것처럼 보인다. 나는 하나의 가설이지만 좌파적 의식과 실천이 비록 절대적으로는 소수임에도 사회적으로 확산되고 있다고 주장한다. 그리고 그러한 확산의 이면에는 과거에 몇 개의 경직된 구성 요소로 이루어진 좌파 정체성 패키지가 느슨하고 비일관적인 구성 요소로 리패키징되는 상징적 과정이 존재한다. 이 과정의 특징은 무엇인가? 과거의 좌파 패키지는 비교적 호환성이 낮고 상호 체계적으로 긴밀히 연관된 구성 요소들, 즉 세계관, 이해관계, 정치적 노선, 정책적 선호로 이루어졌다. 앞서 말했듯이 노동계급 당파성이라는 중심적 구성 요소에 사회 변화에 대한 태도, 노동 운동과 통일 운동에 대한 입장, 자신이 좋아하는 사상가들 및 정치인들 등이 추가되고 조직되었다. 그런데 리패키징된 좌파적 의식과 실천에서 가장 두드러지는 것은 무엇보다 라이프스타일과 취향이라는 구성 요소들이다. 좌파 정체성은 취향과 라이프스타일의 다양한 목록 중의 하나이다. 그리고 이 목록들을 일관되게 묶어주는 중심 요소는 부재한다. 그런 의미에서 좌파 패키지는 리패키징되었을 뿐만 아니라 거의 해체되었다고 해도 과언이 아니다.

강남좌파의 등장

이제 이렇게 말할 수 있다. "나는 좌파다. 나는 켄 로치의 영화를 좋아하고 촛불집회에 참여하고 노무현을 지지하고 푸코와 들뢰즈를 즐겨 읽고 공정무역 커피를 마시고 「나는 꼼수다」를 즐겨 듣는다." 진정한 좌파를 '식별'하고 싶은 이들은 이러한 현상에 대해 "어떻게 계급 문제에 무관심한 사람이 자신을 좌파라고 부를 수 있지?"라고 개탄할 수도 있다. 이들은 촛불시위나 희망버스 내부의 부르주아적이고 속물적인 경향을 솎아내어 노동자 계급을 중심으로 하는 반자본주의적 태도와 감각을 한층 예리하게 벼리지 않는다면 근본적인 사회 개혁은 불가능할 것이라고 주장한다. 그러나 이러한 주장은 전통적 좌파의 위기의식을 반영할 뿐 현실적인 해법을 전혀 제시하지 못한다. 이들은 여전히 개인의 뿌리 깊은 반성과 결단이라는 낡은 관념에 의존하여, 추락하는 전통 좌파의 입지를 진정성이라는 저 지고한 이상의 신전 위에 재추대하려 안간힘 쓰고 있을 뿐이다.

반대로 이러한 주장도 제기된다. 이제 계급 중심의 낡은 좌파 정체성은 새로운 정치적 주체들의 유희적이고 창조적인 감수성으로 대체되고 수혈되어야 한다. 새로운 정치적 주체는 하나의 세계관과 이해관계로 통일된 주체가 아니다. 어차피 정체성이란 사회적으로 구성된 가상의 서사narrative이다. 어차피 모든 존재는 자신에게 주어진 문화적 대본script을 가공하여 삶을 연출하는 연기자이다. 그러나 이와 같은 포스트모던한 해석은 정치적 열정과 사유가 행동으로 전환되는 화학 작용을 간과한다. 정치적 행동의 방향을 결정해야 할 때, 필요한 사람들은 매력적인 연기자들이 아니다. 이

때 필요한 것은 여전히 리더십과 조직화이다. 따라서 중요한 것은 진정성이나 일관성이라는 과거의 기준에서 볼 때 턱없이 부족한 새로운 좌파적 의식과 실천으로부터 어떤 형태의 정치적 실천의 원칙과 공동체가 솟아오를 수 있는가를 따져보는 것이다.

전통적 관점에서 보면 이러한 현상은 분명 좌파의 위기라고 볼 수 있다. 이제 좌파 정체성은 합법성을 획득하자마자 탈정치화되어버린 것처럼 보인다. 그러나 취향이나 라이프스타일의 수준으로 전락하여 탈정치화된 것처럼 보이는 이 무정형의 좌파적 의식과 실천은 쉽게 무시할 수 있는 성질의 것이 아니다. 최근에『조선일보』의 한 선임기자는「좌파 세력에 배울 점」이라는 칼럼을 게재했는데, 거기서 이런 말을 하고 있다.

> 하지만 한때 좌파에 결정타를 먹였던 '빨갱이'는 이제 용어의 힘을 잃었다. 나라를 걱정해온 어른들로서는 기운이 빠지겠지만. '급진 좌경 세력'이란 1980년대 말도 더 이상 우리 사회를 경각시키지 못한다. 그렇게 말할수록 말하는 사람만 점점 구닥다리로 밀려난다. 이제 젊은 세대는 '극우'와 '보수 꼴통'을 더 조롱하고, 그걸 멋으로 안다. 좌파 세력이 우파 전체에 덮어씌워 놓은 용어 전략이 효과를 본 것이다.[2]

2
최보식,「좌파 세력에 배울 점」,『조선일보』, 2011년 8월 4일.

따라서 기자는 자신의 칼럼 제목을 '좌경 세력에 배울 점'으로 할 수 없다는 사실을 잘 알고 있다. 왜냐하면 그렇게 쓰는 순간 스스로가 "구닥다리"라는 점을 자인하는 꼴이 되기 때문이다. 기자는 좌파에게서 "열정, 조직력, 목표를 향한 단합"을 배워야 한다고 역설한다. 기자는 '좌파'를 싫어하지만 이제 '우파'와 동일한 사회적·정치적 지평에 서 있는 경쟁 상대로 인정할 수밖에 없음을 고백하고 있는 것이다. 기자는 말한다. "좌파 세력의 번성은 대중문화·예술·문학 분야의 솜씨 좋은 프로들이 동조하고 있기 때문이다. (……) 그만큼 국내 가치 시장에서 좌파가 더 매력적이 됐다는 뜻이다."

그런데 좌파의 매력이 증가했다는 점은 역설적으로 좌파의 정체성 패키지가 느슨해지고 흐릿해졌다는 사실을 보여준다. 그리고 이것은 우파의 입장에서 보면 다행일 수도 있다. 왜냐하면 과거에 좌파 의식과 실천을 독점하던 세력과 그것을 전파하던 이념 체계의 권위가 그만큼 약해졌기 때문이다. 좌파의 깃발은 더 이상 사람들의 시선을 끌지 않는다. 사람들의 시선을 끄는 것은 대의가 새겨진 깃발이 아니라 좌파의 매력이고 즐거움이다. 좌파 정체성은 인기가 높은 상징재로 가치 시장에서 높은 인기를 끌고 있다. 이제 좌파라는 용어에 대한 배타적 소유권을 주장하기는 쉽지 않다. "너희가 마르크스주의를 알아? 모르면 좌파라고 말을 마!"라는 주장이 먹히던 시대는 지났다. 누구나, 자신만의 기준을 가지고, 자유롭게, 스스로를 좌파라고 정의할 수 있다. 좌파는 이제 일종의 상징적 공공재가 되어가고 있다. 공공재란 그 소유와 소비를 위해 경쟁하지 않는 재화다. 공공재가 되어버리면 심지어 좌파냐 아니냐는 라벨도 더 이상 중요하지 않다. 그것은 아주 넓은 의미에서의 저항적, 비판적 태도를 의미한다.

나는 이러한 맥락에서 '강남좌파'라는 용어 및 현상에 주목할 필요가 있다고 본다. 『강남좌파』의 저자 강준만은 강남좌파라는 용어를 엘리트 정치인을 비판하는 데 사용한다. 특히 무엇보다 사회적으로 고립된 엘리트들의 파퓰리스트적 마케팅으로서의 좌파 담론을 비판한다. 엘리트들은 "자신들이 활동하는 영역에서 벌어지는 일에 과도한 의미를 부여하면서 경쟁 세력에 대한 증오를 드러내기도 하지만, 민생 문제에는 큰 정서적 에너지를 쏟지 않는다."[3] 강준만은 소위 일반인 강남좌파보다는 엘리트 강남좌파, 주로 지식인과 정치인 좌파를 비판하고 그 폐해를 분석하는 데 치중하고 있다. 그러나 나는 강남좌파라는 용어가 제도 정치나 엘리트 세계에 대한 분석뿐만 아니라 일상생활에서 벌어지는 정치의 양상을 파악하는 데 유용하다고 본다.

무엇보다 강남좌파라는 용어는 좌파라는 상징재를 강북으로 표상되는 특정 계급, 특정 집단, 특정 조직이 독점하지 않는 현상을 드러낸다. 또한 동시에 한국 정치에 존재하는 모종의 모순과 한계를 드러낸다. 강남좌파라는 말은 쉽게 할 수 있지만 좌파 집권

<hr />

3
강준만, 『강남좌파』, 인물과사상사, 2011, 404쪽.

이라는 말은 여전히 불편하다. 강남 진보보다는 진보 집권이 더 자연스럽다. 그런데 사실은 이와 같은 어감들은 다소 전도돼 있다. 본래 좌파라는 용어는 개인 또는 집단이 정치적으로 어떤 '세계관'을 표명하고, 어떤 '세력'에 속해 있고, 어떤 '정책'을 집행하는가와 관련이 있다. 요컨대 좌파는 '정치적 귀속political affiliation'의 지표라고 볼 수 있다. 반면에 한국에서 강남이라는 말은 개인의 거주지나 라이프스타일을 지칭하는 말이다. 집합적 성격을 지닌 용어가 개인적 성격을 지닌 용어 안으로 모순적으로 함몰되어 있는 말이 강남좌파이다. 강남좌파라는 용어는 라이프스타일과 취향으로 형식화되고 축소되어 표명되는 정치적 입장을 지칭한다. 즉 강남좌파는 일상생활에서 통용되는 정치적 프레임의 가능성과 한계를 드러내는 것이다. 요컨대 강남좌파를 넘어서는 것은 기성 정치인과 엘리트들의 편협한 세계관을 비판하고 그들에게 민생의 눈높이를 가지라고 충고함으로써 이루어지지 않는다. 문제는 일상생활에서 개인의 소유물로 사유화된 정치적 입장을 어떻게 공동의 말과 행동으로, 단순히 투표나 양심적 실천이 아니라 그것을 넘어서는 공공 영역의 구성으로 연결시킬 것인가이다. 그리고 이러한 전환은 한국 사회, 나아가 자본주의 사회의 변동과 그에 수반되는 일상적 감각 및 감성적 동학의 변화의 차원에서 파악되어야 한다.

신경제 체제하의 새로운 양극화 테제와 지배 형태의 변화

나에게 주어진 제한된 지면에서 자본주의의 사회구조에 대한 총체적 분석을 시도하는 것은 불가능할 것이다. 그러나 아주 거친 스케치 정도는 가능할 것 같다. 나는 간략한 분석을 통해 좌파적 정서가 확산되는 동시에 그것이 구조적으로 제약되는 조건을 살펴볼 것이다. 그리고 그러한 조건하에서 부상하는 새로운 가능성을 점쳐볼 것이다. 나는 그러한 가능성을 '신신좌파New New Left의 정치'라고 부를 것이다.

리처드 세넷Richard Sennett은 『뉴캐피털리즘』에서 현대 자본주의 사회가 더 이상 관료제적으로 조직화되어 있지 않다고 주장한다. 이제 개인 또는 집단의 몫과 정체성은 관료제적 질서 안에서 교섭되고 정의되지 않는다. 사회는 무수한 조직과 영역들로 파편화된다. 이 같은 사회의 조각들은 규범적으로 통합되거나 권위적 명령 체계로 위계화되지 않고 기능적 네트워크로 느슨하게 연결된다. 이윤과 성장은 더 이상 노동력에 의존하지 않으며 네트워크를 타고 흐르는 금융자본과 상징조작 테크닉에서 나온다. 기업은 생산력 향상보다는 구조 조정과 혁신이라는 외양 꾸미기로 브랜드 가치를 올리는 데 주력한다. 산 노동은 죽은 노동으로 대체되고 있다. 인적 자원이란 장인적 능력을 가진 인재가 아니라 스펙이 훌륭하고 적응 능력이 뛰어나고 매력적이고 개성 있는 존재를 뜻한다. 각각의 계급과 조직, 집단에서는 자유롭고 안정되고 풍요로운 1퍼센트의 중심 권력과 부자유하고 불안하고 결핍된 99퍼센트의 주변부가 갈라지는, 승자 독식의 양극화가 일어나고 있다.

이것은 마르크스주의에서 이야기하는 양극화와는 분명히 다른 양상이다. 과거에 마르크스주의는 자본주의 사회가 거대한 심연을 사이에 두고 가진 자와 못 가진 자라는 두 개의 계급으로 갈라질 것이라는 양극화 테제를 내놓았다. 반면 새로운 양극화 테제는 사회를 구성하는 다양한 영역들에서 가진 자와 못 가진 자뿐만 아니라 잘 나가는 자와 못 나가는 자, 안정된 자와 불안한 자, 자유로운 자와 자유롭지 못한 자 사이의 양극화가 일어나고 있다고 전망한다. 중산층에서는 '기술 엘리트'와 '정보 전문가' 및 '상징 분석가'들이 분리되어 새로운 상층 계급을 형성하고 있으며, 노동자 계급에서도 유동적이고 파편화된 신경제 체제에 안착하는 소수와 그러지 못한 다수가 분화되고 있다.[4] 또한 신경제 체제에서의 1퍼센트와 99퍼센트로의 양극화는 심리적으로는 더 치명적인 결과를 가져온다. 그것은 파편화 및 유동화와 함께 진행되면서 집단적이고 지속적인 분노resentment의 형성을 방해한다. 마르크스주의의 양극화 테제가 피지배 계급의 계급의식을 강화할 것이라고 전망한 것과 대조적으로, 새로운 양극화 테제는 사회 구성원들이 항상적인 부적응과 불행의 상태에 놓일 것이라고 전망한다.

따라서 관료제의 해체와 함께 도래한 소위 신경제 체제에서

4

리처드 세넷,『뉴캐피털리즘』, 유병선 옮김, 위즈덤하우스, 2006, 157~158쪽.

표출되는 가장 보편적인 심리는 분노보다는 불안에 훨씬 가깝다. 관료제의 종신고용 관행이 보장했던 장기적인 시간과 고정적 장소는 사람들에게 심리적인 안정을 부여했다. 그러나 리처드 세넷은 신경제 체제하의 사람들은 점점 인생의 기승전결을 계획하고 실행하는 자기 서사self narrative—주로 승진이라는 이력을 따르는—를 보유하기 힘들어진다고 주장한다. 결국 상존하는 퇴출의 가능성으로 인한 극도의 스트레스와 불안 심리, 목표를 향한 장기적 도전이 아니라 그때그때 보상을 따내는 도박으로 삶을 바라보는 태도가 만연해진다. 불안 심리는 삶에 대한 서사화의 불가능성뿐만 아니라 사회관계의 해체에서도 기인한다. 집단적 연대와 행동보다는 개별적 생존과 성공이 거의 유일한 생존 전략으로 여겨지고, 그에 따라 신뢰와 호혜성의 원리에 의해 개인과 집단을 연결시켜왔던 사회자본social capital과 공동체적 유대는 파괴된다. 궁극적으로는 손익분석cost benefit analysis에 근거한 단기적인 거래관계가 사회관계 전반을 지배하기에 이른다. 이렇듯 개인은 한치 앞을 예상할 수 없는 사회라는 전쟁터에 내던져진 개체로서 자기 몫의 삶을 감당해야 하는 것이다.

세넷에 따르면 지배의 양상에도 변화가 일어난다. 위계적으로 통합된 관료제 체제가 파편화되고 유동적인 신경제 체제로 대체될 때 권력과 권위의 분리가 발생한다는 것이다. 무슨 뜻인가? "개개인의 독립성과 자기관리"를 미덕으로 내세우는 조직은 구성원에 대한 책임이라는 규범을 더 이상 갖지 않는다.[5] 온정주의paternalism나 집단주의collectivism가 조직문화로부터 소멸하면서 상급자와 상급 기관은 오로지 통치와 통제라는 기능에 있어서만 구성원에게 권력을 행사할 수 있다. 그들은 더 이상 구성원 전체의 삶을 포용하는 권위를 지니지 못한다. 권력과 권위의 분리는 공공 영역에도 그대로 적용된다. 국가는 신경제 체제에서 하나의 기능적 구성 요소로, 네트워크의 주요 노드node로 작동할 따름이다. 국가는 공동체의 복지보다 사적인 이익과 안전을 보호하는 기구이며, 또한 그 자체 사적인 이익과 안전을 도모하는 기구로 기능한다. 공동체적으로는 정당화되지 않으면서도 기능적으로는 개인적 사익을 위한 서비스를 제공함으로써 효율적 통치와 통제를 행사하는 것이 바로 국가의 주요 역할이 된 셈이다.

국가 권력과 권위의 분리: 권위 없는 권력은 어떻게 작동하는가?

	1997	1998	1999	2000	2001	2002	2003	2004	2005	2006	2007	2008	2009	2010	2011
소계	3,331	2,997	3,061	3,060	3,071	3,337	3,191	3,233	3,871	3,660	4,017	5,517	4,994	4,138	3,637
부동산	2,228	1,921	1,668	1,467	1,386	1,384	1,278	1,436	1,615	1,631	1,817	2,542	2,386	1,760	1,444
손해배상	464	426	455	493	554	481	515	514	638	649	611	779	746	687	729
기타	639	650	938	1,100	1,131	1,472	1,398	1,283	1,618	1,380	1,589	2,196	1,859	1,691	1,464

<표1> 국가소송 유형별 현황 (출처: 전국 검찰청, 『국가소송통계』)

5
리처드 세넷, 앞의 책, 76쪽.

권력과 권위의 분리는 다양한 사례를 통해 확인될 수 있다. 위의 표는 국가가 관계된 소송의 수가 2000년대 들어 꾸준히 증가하고 있음을 보여준다. 특히 국가소송의 다수가 부동산과 손해배상과 관계된 것인데, 이는 국가가 사유재산과 사익을 둘러싼 분쟁에 깊이 연루되어 일종의 경제적 행위자로 적극 활동하고 있다는 사실을 나타낸다. 국가가 이데올로기적 차원에서 권위를 행사하려는 노력이 별 효력이 없다는 증거들도 있다. 일례로 2008년 이후 이명박 정권이 들어서면서 국가보안법 관련 입건자 수는 늘어나고 있으나 기소율이나 구속률은 감소하고 있다. 2008년 56명이었던 국가보안법 입건자는 2011년 127명으로 두 배 이상으로 늘어났으나 기소율은 2008년 57.1퍼센트에서 49.6퍼센트로 감소했다.[6] 또한 이명박 정권 들어 많은 국공립 기관장들, 특히 문화예술 분야의 기관장들이 해임됐는데, 대다수의 해임 무효 소송에서 정부가 패소를 했다는 사실을 우리는 잘 알고 있다. 따라서 이명박 정권이 권위주의 독재 체제라는 말은 반은 맞고 반은 틀리다고 할 수 있다. 현 정권은 권위를 행사하려는 노력을 기울이지만 그 노력은 많은 경우 무위로 돌아간다.

권위를 상실한 권력의 지표는 또 다른 차원에서도 확인된다. 분명히 현 정권은 역대 어떤 정권보다도 사람들이 혐오하는 비

6
이완구, 「국보·집시법에도 현실 외면한 변명만」, 『한국일보』, 2012년 6월 18일.

호감 정권이다. 다시 말해서 정당성 측면에서는 가장 권위가 낮은 정권인 것이다(그런 의미에서 「나는 꼼수다」의 '쫄지마'라는 캐치프레이즈는 다소 시대착오적이다). 일반적으로 대통령 지지도에 대한 설문조사를 하면 '국정 운영을 잘 한다고 생각하느냐?'라는 문항이 제시되는데, 2012년 6월 현재 대통령에 대한 국정 지지도는 대략 20퍼센트 후반에서 30퍼센트 초반에 걸쳐 있다. 그런데 만약에 그와 별도로 '이명박 대통령을 좋아하는가?'라고 물어본다면 어떨까? 절대 다수가 '그렇지 않다'라고 응답할 것이다. 그렇다면 우리는 질문을 던질 수 있다. 이처럼 권위가 밑바닥인 정권이 어떻게 유지될 수 있는가? 왜 절대 다수가 싫어하는 정권이 존속의 위기에 처하지 않는가? 이에 대한 대답은 단순하다. 권력과 권위의 분리가 권력 자체의 약화를 뜻하지 않기 때문이다. 현 정권은 신자유주의 체제에서 중요한 기능적 구성 요소로 효율적인 통치와 통제를 행사하고 있기 때문이다. 신경제 체제의 네트워크에서 물적, 인적, 상징적 자원을 동원하고 규제하고 유통시키는 주요 노드로 기능하고 있기 때문이다.

　　권위 없는 권력은 어떻게 효율적으로 작동하는가? 대표적인 예를 들어보자. 비판적 지식인의 대명사인 교수와 예술가들이 정부 프로젝트의 피고용인으로 참여하며 정부가 필요로 하는 지식, 정보, 제품을 산출한다. '지식인의 프로젝트 노동자화'라 부를 수 있는 이 같은 현상은 비단 현 정권에서 벌어진 일만은 아니다. 이미 오래전부터 정부 출연 연구소, 중앙 및 지방 정부, 국공립 기관 등은 기업, 대학, 시민 사회의 '전문가'들과 협력하며 사업들을 수행해왔다. 그 협력의 이름은 타당성 조사, 연구보고서, 자문, 심사 등 다양한 형태를 취한다. 국가의 지식권력 네트워크에 전문가들을 유인하는 동기는 대략 두 가지이다. 첫 번째는 정부 프로젝트에 의존하여 상징적이고 경제적인 수익을 창출하는 시장이 이미 광범하게 형성되었기 때문이다. 교수와 예술가들은 정부 프로젝트에 참여함으로써 '실적'을 축적하고 경력관리에 이득을 취할 수 있다. "다 하는데 나만 안 할 순 없지", "프로젝트로 데이터를 수집하고 그것으로 내가 하고 싶은 연구를 해야지" 등의 도구적 합리성이 참여의 첫 번째 동기라면, 두 번째 동기는 오히려 적극적이고 실천적이라 할 수 있다. 즉 '건전한 정책'을 만드는 데 기여하고자 하는 지식인으로서의 공적 책임감 때문에 정부 프로젝트에 참여하는 것이다. 관료와 정치인의 손에 정책을 맡겨놓았을 때 그 결과가 좋지 않을 수 있다는 염려 때문에 '악마와 거래하는' 심정으로 자청해서 기능적 네트워크 내부로 진입하는 경우는 의외로 많다. 그리고 실제로 그 결과가 '진일보한 정책'을 가져오는 경우도 적지 않다.

그러나 그 동기가 무엇이건, 몫을 챙기기 위한 도구적 의도이건, 현실 변화를 가져오려는 실천적 의도이건, 지식인의 프로젝트 노동자화가 광범하게 진행되면서 발생하는 문제는 기능적 네트워크 바깥에서 그것의 토대와 작동을 비판하고 나아가 정지시키는 말과 행동의 영역, 소위 '자율성의 영역'이 위축된다는 사실이다. 이것은 단순히 전통적 지식인의 권력 비판, 진리 생산이 위협에 처하게 됐다는 말이 아니다. 오히려 중요한 것은 99퍼센트의 지식인들 또한 다른 영역의 99퍼센트와 동일한 딜레마에 처한다는 사실이다. 즉 기능적 네트워크의 작동에 복무하는 '노동하는 동물'을 선택할 것이냐, 또는 그로부터 배제된 '잉여'로 전락할 것이냐는 선택을 강요받는다는 것이며, 그로 인해 항상적인 부적응과 불행, 불안의 상태에 놓이게 됐다는 것이다. 이것이야말로 권위 없는 강고한 권력, 기능적 네트워크의 막강한 영향력을 사회 구석구석에까지 행사하고 있는 권력을 마주하고 있는 지식인, 아니 모든 현대인의 현실이다. 현대의 지배 체제에서 자율성이란 마치 잠수부가 오랜 잠수 끝에 해수면 위로 솟구쳐 숨을 쉴 수 있는 자유를 확보할수 있느냐와 같은 문제가 되었다. 사회의 기능적 메커니즘에 종속되거나 배제되면서, 그 과정에서 수동적으로 혹은 능동적으로 소진되면서, 사람들은 숨 막히는 불안을 극복할 수 있는 네트워크 바깥의 시간과 장소, 말과 행동이 자유롭게 교환되는 관계를 갈망하게 된 것이다.

　　본래 진리 생산 거점으로서의 지식인의 자율성이란 권위주의 체제 바깥에 대항 헤게모니를 구축하고 그럼으로써 지배 이데올로기의 허위의식을 폭로하는 것이었다. 그러나 권위 없는 권력에 대해서는 이데올로기 비판이야말로 가장 손쉬운 것이 되었다. 도덕적으로는 부패했고, 지적으로는 무지하고, 이념적으로는 편협하고, 정치적으로는 패거리에 불과하고, 심미적으로는 추하기 짝이 없는 권력을 비판하는 것은 얼마나 쉬운가? 그럼에도 현 체제는 효과적으로 유지되고 있는데, 그 이유는 정당하고 세련된 이데올로기가 아니라 필요성necessity의 논리가 근저에서 작동하고 있기 때문이다. 즉 가중되는 실존적 불안을 해소해야 한다는 불가피성 때문에, 가시적인 보상과 만족을 부여하는 경제와 개발 논리가 사회 기능의 주요 원칙으로 자리 잡은 것이다. 요컨대 현대의 지배 체제는 스스로를 기계로 정의하면서, 심지어 이데올로기적 정당성을 스스로 박탈하면서, 오로지 불안이라는 광범위한 질병을 원료로 자신의 영향력을 행사하고 있다. 이 같은 상황에서 자율성을 확보할 수 있느냐 없느냐, 내가 사회라는 기계 안으로 빨려들 것이냐 말 것이냐가 이데올로기적인 싸움보다 더 본질적인 싸움으로 부상하고 있다. 사람들은 노동하는 노예와 내버려진 잉여의 선택지 사이에서 인간적 호흡과 휴식과 행복이 가능한 영토를 꿈꾸고 있는 것이다.

　　자율성을 희구하는 본질적인 싸움이 본격화될 것이냐에 대해서는 사실 비관론이 우세하다. 앞서 말했듯이 사회의 파편화, 고립된 개체의 어깨를 짓누르는 불안 심리, 기능적 네트워크에의 종속 등은 지속적인 유대와 집단적인 분노의 형성을 가로막는다. 오히려 이러한 부자유와 불행과 불안을 해소하는 데는 연대와 집합 행동보다는 '개인적 소비'가 훨씬 더 저비용에 고효율이다. 지그문트 바우만은 다음과 같이 이야기한다.

　　사회적 실존의 불안정성 때문에 주변 세상은 즉각적으로 소비될 상품의 총합으로 여겨진다. 그러나 그곳에 거주하는 사람들로 인해 완전해지는 이 세상을 소비자 아이템들의 창고로 여기게 되면 인간적 유대를 지속하기 위한 조정이 지극히 어렵게 된다. (……) 즉각적 만족이 살을 에는 불안감을 제거할 수 있는 유일한 길 (……) 이라면, 우리가 추구하는 만족을 가져오는 걸 난감해하고 꺼리는 이들은 물론이고 만족 추구와 명백한 관련이 없는 대상이나 사람들을 우리가 참아내야 할 이유는 정녕 없다.[7]

어쩌면 이 비관론은 앞서의 좌파 논의와 연결될 수 있다. 이제 좌파적 의식과 실천마저도 라이프스타일과 취향과 같은 개인적 소비로 사유화되었으며, 이 정치의 사유화가 강남좌파라는 현상으로 가시화된다고 볼 수 있다. 그러나 다른 한편 이제 우리는 강남좌파 현상을 넘어선 가능성, 내가 소위 '신신좌파'라 부르는 새로운 정치적 행동과 연대의 등장을 조심스럽게 이야기해볼 수 있을 것이다.

신신좌파의 새로운 정치

1960년대 서구에서 등장한 신좌파 사회 운동은 사회 변혁의

7
지그문트 바우만, 『액체근대』, 이일수 옮김, 강, 2005, 261쪽.

주체를 노동자 계급이 아니라 여성, 학생, 소수 인종, 성적 소수자, 이주민 등의 주체로 다원화시켰다. 그러나 신좌파의 전략은 구좌파와 마찬가지로 '정체성'에 의존하고 있었고, 이 정체성 전략은 구조적으로 배제되고 착취당하는 피지배자들에게 구조 바깥의 심리적, 사회적, 정치적 거점을 부여하는 데 치중했다. 따라서 정체성에 기반한 다양한 조직의 형성은 필수적이었다. 각각의 조직은 정체성의 내용과 형식을 정의했으며, 그 정의들에 따라 정치적, 문화적, 정책적 프로젝트들을 수행했다. 정체성에 기반한 신좌파의 정치는 궁극적으로는 지배 이데올로기의 권위에 반하는 대항 헤게모니의 구축을 목적으로 삼았다. 그러나 이러한 정체성 전략이 성공적이었느냐에 대해서는 의문의 여지가 있다. 한편으로 이러한 정체성 기반 조직들은 일종의 전문가 조직이나 로비 단체로 진화했고, 다른 한편으로는 급진적인 소그룹들로 세분화했다. 전자는 극단적인 경우 국가의 기능적 네트워크에 전문가 자격으로 참여했고, 후자는 폐쇄적인 섹트sect의 형태로 근근이 그 명맥을 유지했다. 어쨌든 두 경우 모두 역사적으로 보면 대중들과의 유리, 풀뿌리 정치의 역동성 상실이라는 문제를 초래했다.

　　그러나 최근의 사회 운동, 내가 신신좌파라고 잠정적으로 명명한 정치는 불행하고 불안한 이들이 광범한 정서적 연대에 기초하여 삶의 기계화에 대항하는 운동의 형태를 띤다. 신신좌파의 정치는 구좌파나 신좌파의 정치처럼 계급적 이해관계나 정체성으로 수렴되지 않는다. 그것은 일종의 '분쟁적인 공공 영역'이라는 형태로 등장한다. 즉 각각의 기능적 영역에서 종속되고 배제된 99퍼센트가 일종의 분쟁 지대를 점유함으로써, 자율성의 시간과 장소를 확보하고 공통의 말과 행동을 발명하는 것이다. 이때 신신좌파의 정치는 한편으로는 삶을 자신의 부속물로 예속화시키는 기능적 네트워크의 권력에 저항하며, 다른 한편으로는 라이프스타일과 취향으로 축소된 정치의 사유화와 소비화에 저항한다. 마지막으로 신신좌파의 정치는 또 다른 형태의 정치의 사유화, 즉 정치의 전문가들, 정당, 사회 운동 조직이 독점해왔던 담론과 리더십에 있어서의 권위, 동원과 리크루팅, 마케팅, 실행에 있어서의 권력에도 저항한다.

신신좌파 정치의 대표적인 사례로 나는 '희망버스 운동'을 이야기하고자 한다. 희망버스 운동은 한진중공업의 일방적 정리해고 조치에 반발하고 문제 해결을 촉구하는 시민적 연대와 저항으로 요약할 수 있을 것이다. 표면적으로 희망버스 운동은 85호 크레인 위에서 장기 고공 농성 중이던 김진숙 민주노총 부산본부 지도위원을 시민들이 지지방문한 것이었다. 그러나 그 과정에서 시민들은 문화 이벤트, 거리 점거, 토론회, 강연회, 축제 등의 다양한 직접행동의 레퍼토리를 선보였다. 희망버스 운동은 분명 전통적인 사회 운동과 구별되었다. 무엇보다 조직화와 리더십에 있어서 그러하다. 희망버스 운동은 소위 '깔깔깔 기획단'이라는 그룹에 의해 주도되었으나 이 그룹의 구성 자체가 단일한 정체성과 이해관계와는 거리가 멀었다. 기획단은 송경동 시인을 비롯한 문화예술인, 정리해고 노동자, 진보신당 간부, 인권 운동 활동가, 학생, 시민, 그 외의 자원 활동가들로 이루어졌고, 이들은 자신들이 가지고 있는 다양하고 광범한 네트워크를 통해 희망버스 운동을 조직하고 홍보하였다.

크게 보면 희망버스의 참여 단위들은 정당, 민주노총, 시민운동 조직들로 대별될 수 있으나, 이들이 희망버스 운동 내내 단일한 대오를 유지했던 것은 아니었다. 소위 노선의 차이, 정세 분석의 차이, 문제 진단의 차이로 인한 크고 작은 갈등 등은 희망버스 운동 내부에 상존했다. 오히려 희망버스 운동의 동력은 기존의 운동 조직이나 정치 조직이 아니라 소위 '무소속'의 시민들, 혹은 소규모 모임들이었다. 이들의 참여 동기와 경로는 몇 가지로 특정화하는 것이 불가능할 정도로 다양했다. 김진숙 지도위원 개인에 대한 감정, 새로운 형태의 사회 운동에 대한 관심, 지인의 설득, 정권에 대한 분노, "이건 아니잖아" 하는 다소 포괄적이지만 분명한 반발심, 한 번 참여하고 난 후의 중독 증세 등등. 많은 사람들이 희망버스 운동에 왜 참여하게 됐느냐는 질문에 "전 노동 문제는 잘 모르지만……"이라고 대답했다. 참여 경로에 있어서도 조직적 연락망 외에도 SNS와 같은 인터넷, 혹은 비공식적 연락망 등을 통해 정보를 얻고 참여한 경우가 많았다. 바로 이런 이유로 기획단의 한 사람은 희망버스 운동의 특징을 "얼마나 모일지 모르는 예측 불가능성"이라고 했다.

나는 희망버스 운동의 신신좌파적 특징을 '지도자 없는 리더십', '조직 없는 조직화'라고 부르고 싶다. 물론 신신좌파의 정치에 있어서도 기존의 조직 활동가들은 여전히 중요한 역할을 맡고 있다. 이들을 통한 인적, 물적, 상징적 자원들의 동원은 운동이 생산되고 지속되기 위한 필수적 요건들이다. 그러나 희망버스 운동의 에너지는 노동과 정치에 대해 무지한 아마추어들이 참여하는 정치적 주체화의 과정에서 분출됐으며, 이러한 주체화 과정의 열기가 조직 활동가들의 헌신을 견인했다고 해도 과언이 아니다. 이 아마추어 개인 및 소모임들은 지금껏 익숙했던 기능적 사회관계가 할당한 역할, 시민이라는 추상적인 범주, 인간이라는 당위적인 실존을 넘어서 혹은 그것들 사이에서, 자율성의 장소를 분쟁적인 공공 영역—거리, 광장, 크레인, 사이버스페이스—의 형태로 발견하고 또한 발명했다. 그곳에서 그들은 자신들을 억눌렀던 부적응, 불안, 불행의 상태를 극복하고 행복한 주체로 재탄생할 수 있었다. 희망버스 참여자들은 '즐거움'과 '행복'이라는 단어로 자신의 경험을 표현하곤 했는데, 그 감정은 단순히 굴레로부터 벗어나는 데서 오는 안도감이나 집합 열광이 아니었다. 그것은 다른 주체로 이행해가는 과정에서, 그리고 그렇게 탄생한 새로운 주체가 자신이 속한 공동체의 장소를 발견하는 데서 오는 해방의 감정이었다. 희망버스 운동의 핵심적인 구호들—"여기 사람이 있다", "우리는 모두 김진숙이다"—은 단순한 수사가 아니라 주체화의 과정과 장소를 지시하고 있다. 확실히 희망버스 운동은 노동자, 인간, 시민이라는 낡은 보편적 범주를 사용했다. 그러나 희망버스 운동은 그 범주들을 분쟁적인 공공 영역으로 끌어들이고 주체화의 연장으로 사용함으로써 그것들을 감싸고 있던 사적이고 기능적이고 추상적이고 실존적인 고정값을 해체시켰다. 그리하여 노동자는 더 이상 공장의 노동자가 아니며 시민은 더 이상 법적 지위가 아니며 인간은 더 이상 개체들의 총합이 아니었다. 그것들은 구체적 장소와 시간에서, 공동의 말과 행동에서, 해방의 경험에서 탄생하는 정치적 주체의 다양한 이름들, 이를테면 해고 노동자들과 양심적 시민들과 강남 좌파들이 한데 뒤섞인 새로운 집단적 신체였다.

물론 희망버스 운동, 그리고 그 후에 쌍용차 정리해고 문제를 중심으로 '대한문'에서 진행되고 있는 거리의 정치에 대한 낭만적 칭송을 경계하는 시선도 있다. 최장집을 비롯한 의회주의자들은 거리 정치의 에너지가 정당 정치의 합리성과 책임윤리로 수렴되어야 한다고 주장한다. 거리의 정치와 같은 즉흥적이고 과도한 정치는 지속적인 연대와 실정적인 효과를 창출하지 못한 채 거리에서 발화되어 거리에서 소멸할 뿐이라는 것이다. 요컨대 법, 제도, 정책, 정당을 통한 대의의 실현만이 실효성 있는 문제 해결책이며 민주주의라는 미래의 '체제'를 들어올리는 효과적인 지렛대로 작용하리라는 것이 의회주의자들의 주장이다. 물론 노동 친화적인 법, 복지 정책의 정립과 그것들을 통한 제도적인 사회적 안전망의 중요성은 말할 나위가 없다. 정치인과 관료들은 때로는 지식인과 전문가의 자문을 받아, 소위 시민 사회의 의견을 참고하여 진일보한 법과 정책을 만들 수 있다.

그러나 법, 정책, 제도들에 평등의 원칙과 공동체적 삶을 대
질시키고 그것들의 공공성을 기능성 바깥으로 해방시키는 것은 전
문가와 지식인, 정치인과 관료의 통찰력이 아니라 거리 정치의 에
너지이다. 예를 들어 은수미 민주통합당 의원은 노동자에게 불리
한 비정규직과 불법파견, 정리해고 등의 문제를 '노동권'을 '사회
권'으로 확장시킴으로써, 즉 노동과 복지를 결합시킴으로써 해결
해야 한다고 주장한다. 그러나 노동을 자본의 횡포로부터 국가의
보호 아래 두려는 가장 진일보한 제도적 해결책 또한 노동자를 사
회적 약자라는 이름의 집단으로 범주화하는 시선, 노동자의 권리
를 가장 취약한 자의 권리로 시민의 권리와 소비자의 권리 옆에 나
란히 병치시키는 시선으로부터 자유롭지 못하다. 그런데 '지금 여
기'의 직접행동, 거리의 점거, 정치적 주체화의 과정은 그 시선을
경계 바깥으로 조금 더 멀리 내보낸다. 즉 신신좌파의 정치는 노
동을 사적인 문제에서 공동체의 문제로 전환시키고, 경제적 기능
의 차원에서 삶의 차원으로 끌어올리고, 그리하여 노동 권리와 시
민 권리와 소비자 권리의 차이와 위계 자체를 문제 삼는다. 신신좌
파의 정치는 노동의 쟁점을 삶이냐 죽음이냐의 문제로 공적 토론
에 붙이며, 자본의 독주에 '삶'에의 의지로 저항하는 자율적인 공동
체의 장소, 다양하고 해방적인 삶의 형태들을 거리 위에서 발명한
다. 노동권이란 이때 단순히 일한 만큼 임금을 받고 직위를 보장받
고 안전을 보호받는 그런 권리가 아니라, 자유롭게 노동하고 행복
하게 살 권리, 노동을 "집단생활의 구조로 정립하는 것"에 다름 아

니다.[8] 이렇게 거리라는 분쟁적 공공 영역에서 집단생활의 구조로 재정의된 노동권은 하나의 이견으로서 합의적 공공 영역인 정책과 제도에 의해 정의된 노동권에 대하여 끊임없는 '민주주의적 압력'을 행사한다.

우리는 이제 신신좌파의 정치에 대한 두 번째 회의론과 마주하게 된다. 이 회의론은 파편화되고 유동적인 신자유주의 체제에서의 탈정치화 경향을 지적하는 사회학적 분석에서 유래한다. 이 사회학적 분석은 강남좌파와 같이 라이프스타일과 취향의 형태로 사유화된 현대의 좌파와 공통의 담론적 프레임과 이해관계, 정체성을 내용과 형식으로 삼아 통합적으로 구성된 과거의 좌파를 구별하면서, 연대와 정치의 불가능성을 강조한다. 분명 신신좌파 정치는 통합적인 어젠다나 공고한 정치 세력화와는 거리가 멀다. 신신좌파 정치의 참여자들은 즉자적 계급에서 어떤 공통의 사회적 궤적과 경험을 '거쳐' 대자적 계급으로 이행하는 집단이 아니다. 운동에 대한 열성이나 참여 빈도에 있어서도 그 집단의 구성원들은 통일적이지 않고 일관되지 않다. 이들은 노동자와 시민과 소비자의 복합적 공동체이자 그러한 개별 범주들로부터 탈정체화된 집단적 신체이다. 기존의 고정된 범주들을 고유의 말과 행동으로 가로지르는 비정형의 신체이다. 리더 없는 리더십, 조직 없는 조직화에

8
자크 랑시에르, 『민주주의는 왜 증오의 대상인가』, 허경 옮김, 인간사랑, 2011, 125쪽.

의해 구성된 이 신신좌파의 정치적 신체는 기능적 사회체의 바깥에서, 형식화되고 사유화된 정체성과 부재하는 정체성의 차이를, 상징 자본을 가진 자와 상징 자본을 갖지 못한 자의 차이를, 자원을 가진 자와 자원을 가지지 못한 자의 차이를, 자율성과 행복을 생산하는 공동체적 삶의 구성력 안으로 녹여낸다. 신신좌파의 정치는 주체화 과정, 나아가 삶의 과정 그 자체이며 기존에 사회적 기능의 효율성 원칙에 의거하여 특화되고 전문화된 어젠다들을 공동체적 삶에 비추어 재정의하도록 요구한다. 신신좌파의 정치는 사회학적 회의론이 내포하는 구조 결정론, 자원 동원론의 가설이 적용되지 않는 사례들일 뿐더러 그러한 가설 자체를 부정하는 정치인 것이다.

　　무엇보다 신신좌파의 정치는 어떤 집단의 목소리가 보다 권위 있는 목소리를 통해 '매개'되느냐 그렇지 않느냐, 혹은 어떤 집단이 이익을 관철시키려는 행동이 권력을 향해 '직접적으로' 표출되느냐 '간접적'으로 표출되느냐의 문제틀, 즉 민주주의라는 목적을 향한 수단으로 정치를 보는 관점과 단절한다. 신신좌파의 정치는 미래의 민주주의 체제를 위한 도구가 아니라 새로운 정치적 주체를 생산하는 과정으로, 이미 '지금 여기'에서 구체적 삶의 형태를 만들고 있다. 그 삶의 형태는 몫 없는 자, 권리를 빼앗긴 자의 말과 행동으로 구성된 공동체, 행복과 자율성의 원리가 작동하는 장소이다. 새로운 집단적 신체들로 들끓는 이 공동체의 자리는 기능적으로는 사회체 바깥에 위치하지만 물리적으로는 사회체 내부에 존재한다. 그럼으로써 신신좌파의 정치는 합의적 사회체에 불화의 장소를 기입하는 분쟁적 공공 영역을 출현시킨다. 사실상 민주주의 그 자체인 신신좌파의 정치는 비록 국지적이고 우연적이고 임시적인 것일지라도, 단 한 번도 역사에서 소멸한 적이 없다. 그렇게 "평등은 끊임없이 도처에서 증명되고 있는 현실"이 되는 것이다.[9]

행복의 정치를 위한 시론

마지막으로 강조하자면 신신좌파의 정치는 정책과 제도와 국가의 기능, 그 자체를 민주주의를 위협하는 해악으로 보지 않는다. 다만 민주주의를 '아래'와 '위' 사이의 협상과 계약, 그리고 그 둘 사이의 '합'으로 보는 변증법에 대해 다음과 같은 사실들을 제시할 따름이다. "도덕은 필연성과 관계가 없이 존재하고, 필연성은 도덕과 관계가 없이 존재한다는 사실. 시스템의 운영을 결정하는 물리적 법칙들은 윤리적 규범들로 전환될 수 없고 윤리적 규범들은 물리적 법칙들로 전환될 수 없다는 사실."[10] 이러한 사실은 이미 20세기 초 막스 베버가 신념 윤리와 책임 윤리를 구별하고, 정치를 책임 윤리—사실상 윤리라기보다는 기계적 효율성의 원칙—

9
자크 랑시에르, 앞의 책, 109쪽.
10
앙드레 고르, 『프롤레타리아여 안녕』, 이현웅 옮김, 생각의나무, 2011, 192쪽.

에 귀속시켰을 때 이미 이론적으로 확인되었다. 그리고 그 사실은 21세기의 신자유주의 체제가 권력으로부터 권위라는 포장을 갈기갈기 찢어 던져버림으로써 현실적으로도 확인되었다. 그러나 문제는 기계화된 정치적 권력과 경제적 권력의 효율성 원칙이 민중에게 삶의 행복을 전혀 보장하지 못했다는 사실이다. 공리주의적 해법에 따라 행복은 안정감과 안전의 문제로 취급되었고 그에 따라 성장과 분배, 비용과 복지, 희생과 보상의 이분법적 프레임 안에서 그 값이 결정되는 비정치적인 종속 변수로 여겨져왔다. 그러나 신자유주의 체제에 대한 99퍼센트의 저항은 행복을 정치적인 것으로 전환시켰다. 99퍼센트라는 이름의 민중은 자신들의 불안정과 불안과 불행한 현실이 정치권력과 자본의 해결책에 의해, 즉 언제나 지연되고 기껏해야 잠정적인 셈법에 의해 결정될 수 없음을 선포하게 되었다. 이 시대의 민중에게 행복은 "우리가 자유롭게 스스로에게 부과한 목적들을 실현할 수 있는 데서, 우리가 실현하는 행위들을 그 자체로 목적으로 삼을 수 있는 데서 온다"[11]는 정치적 선언으로 표명된다. 신신좌파의 정치는 노동을 둘러싼 재분배의 정치나 정체성을 둘러싼 인정의 정치와 구별되는 행복의 정치이다. 그러나 신신좌파의 정치는 노동과 정체성의 문제를 기각하지 않는다. 그것은 노동과 정체성의 문제, 몫 없는 자의 몫을 계산하는 셈법과

11
앙드레 고르, 앞의 책, 192쪽.

권리 없는 자의 권리를 주장하는 표현법을 '평등하고 자율적이고 행복한 삶'의 형태로 탐색하고 실현하고 있다.

장석준

**녹색사회주의를
말한다**

장석준 ● 정치사회학을 전공하고, 이후 진보
정당 운동에 참여해왔다. 진보신당 상상연구
소 부소장을 역임했고, 현재 진보신당 창당
준비위원회 정책위원회 의장으로 활동하고
있다. 지구 자본주의의 위기를 극복하기 위
한 대안은 민주적이고 생태적인 사회주의라
고 생각하며, 이를 실현하기 위해 노력하고
있다. 쓴 책으로 『신자유주의의 탄생』, 『혁명
을 꿈꾼 시대』 등이, 옮긴 책으로 『안토니오
그람시 옥중수고 이전』이 있다.

이미 현실 정치 흐름으로 등장하고 있는 녹색사회주의

지구 자본주의의 위기 속에서 우리가 추구해야 할 대안은 녹색사회주의다. 이것이 이 글의 주제다. 녹색사회주의? 사실 한국 사회에서는 '사회주의'만으로도 충분히 낯설다. 그런데 여기에 '녹색'이라는 수식어까지 붙은 '녹색사회주의'라? 너무 생소하게 들릴 수도 있겠다.

하지만 이미 유럽에서는 녹색사회주의를 지향하는 정치 세력들이 집권 여당이 될 정도로 발전해 있다. 아이슬란드를 보자. 아이슬란드는 2008년 미국에서 금융 위기가 발발하자마자 처음으로 그 직격탄을 맞은 나라다. 이 위기 때문에 2009년에 의회를 에워싼 거의 대중 봉기 수준의 시위가 벌어졌다. 집권 보수 정당은 권력을 내놓을 수밖에 없었고 총선이 실시됐다. 이 총선에서 중도좌파 정당인 '사회민주연합'이 제1당이 돼 새 정부를 이끌게 됐다. 그런데 29.79퍼센트를 얻어 총 63석의 의석 중 20석을 확보한 사회민주연합만으로는 과반수를 넘을 수 없었다. 그래서 21.68퍼센트 득표로 14석을 확보한 다른 좌파 정당과 연립정부를 구성해야 했다. 바로 '좌파녹색운동VG'이라는 당이다.

그 이름에서도 잘 드러나듯이, 좌파녹색운동은 녹색사회주의를 지향하는 정치 세력의 대표적 사례라 할 수 있다. 이 당은 자신의 이념으로 '민주적 사회주의, 생태주의, 여성주의'를 내세운다. 또한 아이슬란드의 나토NATO 가입과 아프가니스탄, 이라크 전쟁에 반대하는 강력한 평화주의 입장을 취하고 있다. 이런 정당이 20퍼센트 이상을 득표한 주요 정치 세력으로서, 정권에 참여하게 된 것이다.

연정에 참여한 좌파녹색운동은 아이슬란드 정부가 금융 위기를 해외 은행가들이 아니라 아이슬란드 국민 입장에서 해결하도록 밀어붙였다. 그래서 새 정부는 아이슬란드 민중의 희생을 대가로 영국, 네덜란드 은행의 손실을 보상해주는 구제금융 협정을 두 차례나 국민투표에 부쳐 무효화시켰다. 성난 영국, 네덜란드 측은 아이슬란드를 국제 법정에 회부하겠다고 으름장을 놓았지만, 이 작은 섬나라 사람들의 단호한 결의 앞에서는 그저 뒤늦은 푸념 정도에 불과했다. 덕분에 아이슬란드는 유럽 엘리트들이 그리스에 강요한 것과 같은 초긴축 정책의 덫에 갇히는 것을 피하고, 빠르게 경제를 되살릴 수 있었다.

아이슬란드만이 아니다. 유럽의 다른 나라에서도, 비록 집권까지는 아니어도, 녹색좌파 세력이 중요한 정치적 변수가 되고 있다. 덴마크에서는 2011년 총선을 통해 기존 우파 정부가 물러나고 사회민주당 주도의 좌파 연정이 들어섰다. 사실 연립정부에 참여한 사회민주당, 사회자유당, 사회주의인민당만으로는 의석 과반수가 안 된다. 그런데 연정에 직접 참여하지는 않았지만 사회민주당이 조각권을 갖는 데 동의해준 또 다른 좌파 정당 덕분에 연정이 출범할 수 있었다. '적색-녹색(적록)연합Enhl.'이 바로 그들이다. '적록연합'이라는 이름 그대로 이들 역시 녹색사회주의를 지향하는 정치 세력이다. 1984년생 젊은 여성 대표를 내세워 총선에서 돌풍을 일으킨 적록연합은 기존의 4개 의석을 12석으로 늘리며 캐스팅보트를 쥐게 되었다. 이들은 덴마크의 신자유주의화를 추진해온 우파 정부 시대를 종식시키는 데 결정적인 역할을 하고서, 지금은 중도좌파 정부를 날카롭게 감시하고 있다.

아이슬란드나 덴마크는 모두 북유럽 국가들인데, 남유럽에서도 이들의 자매 정당을 발견할 수 있다. 2012년 그리스 총선에서 기존의 5퍼센트대 지지율을 30퍼센트 수준으로까지 올리며 일대 파란을 일으킨 '급진좌파연합SYRIZA'도 그 한 사례다. 급진좌파연합은 하나의 독자 정당이면서 또한 다양한 정치 조직들의 연합이기도 한데, 그 중에서도 중심 역할을 하는 정치 조직이 '좌파운동–생태주의 연합'이다. 한마디로, 녹색사회주의 조직이다. 적색, 녹색, 그리고 보라색 깃발을 겹쳐놓은 급진좌파연합의 로고도 이러한 지향을 분명히 드러낸다. 적색, 녹색, 보라색은 각각 '사회주의', '생태주의', '여성주의'의 상징색이다. 이러한 지향의 급진좌파연합은, 마치 아이슬란드에서 좌파녹색운동이 그랬던 것처럼, 구제금융을 빌미로 유럽 은행가들이 그리스 민중들에게 강요한 초긴축 정책에 맞서 싸우고 있다.

이탈리아에도 비슷한 정당이 있다. 이 당의 이름은 '좌파/생태/자유SEL'다. 좌파/생태/자유는 이탈리아 공산당을 중심으로 한 오랜 좌파 전통의 맥을 이으면서 또한 생태주의와 여성주의 등으로 전개되어온 신좌파 흐름을 아우르고 있다. 비록 현재는 원외 정당이지만, 이 당의 간판인 풀리아 주지사 니키 벤돌라Nichi Vendola 덕분에 주요 정치 세력 중 하나로 인정받고 있다. 벤돌라 주지사는 마르크스주의자에다가 가톨릭 좌파이면서 커밍아웃한 게이이자 시인이다. 이탈리아에서는 내년에 총선이 있을 예정인데, 모든 좌파 정당들이 참여하는 총리 후보 오픈 프라이머리open primary(대중 참여 예비경선)에서 제1야당 민주당이 아니라 좌파/생태/자유의 벤돌라가 단일 후보로 선출될 가능성이 높다는 예측이다. 이탈리아 역시 유럽 재정 위기의 한복판에 있는 나라여서 이후 좌파/생태/자유의 역할이 주목된다.

이렇듯 유럽에서는 녹색사회주의 경향이 이미 현실 정치의 주요 세력으로 부상하고 있다. 녹색사회주의를 전면에 내세운 독자 정당이 아니더라도, 녹색당 안의 좌파나 기존 좌파 정당 안의 녹색사회주의 분파로 활동하는 다양한 흐름들이 있다. 한편 한국에서도 최근 녹색당이 본격적인 활동을 시작했고, 동시에 진보신당 등 기존 좌파 안에서 녹색사회주의의 문제의식이 확산되고 있다.

그렇다면, 녹색사회주의 경향은 도대체 무엇을 주장하고 있는 것인가? 현재의 위기를 어떻게 진단하며 어떠한 대안을 제시하는 이념-운동인가?

우선, 다시 한 번 '사회주의'에 대해[1]

녹색사회주의는 사회주의다. 자본주의를 넘어선 새로운 사회를 만들려 한다는 점에서 다양한 사회주의 이념-운동들 중 하나다. 그러니, 왜 지금 다시 '사회주의'를 현실 정치 지향으로서 발전시켜가야 하는지, 그것부터 이야기해야 하겠다.

2008년 금융 위기로 신자유주의의 전성기가 막을 내리면서 신자유주의 '이후'의 대안이 활발히 논의되기 시작했다. 한국의 정치권이나 언론에서도 마찬가지이지만, 주로 이야기된 것은 금융 활동 규제를 강화해야 한다는 것, 금융업이 아니라 제조업이 다시 주목받아야 한다는 것, 그리고 복지국가를 복원(유럽)하거나 실현(한국)해야 한다는 것 등이었다. 모두 맞는 이야기들이다. 모두 다 시급한 당면 과제들이다. 하지만 이것만으로는 부족하다. 이들 과제를 실현하기 위해서도 반드시 함께 동반해야 할, 보다 근본적인 과제가 있다. 이 근본 과제가 무엇인지 확인하려면, 우선 신자유주의에 대해 다시 한 번 살펴보아야 한다.

신자유주의의 시작은 1970년대였다. 따라서 신자유주의를 살피기 위해서는 1970년대가 시작될 때쯤 세상이 어떤 모양을 하고 있었는지부터 따져봐야 한다. 노무현 전 대통령은 자신의 유작 『진보의 미래』[2]에서 신자유주의 시대를 '보수의 시대'라고 칭하면

1
이 장은 졸저 『신자유주의의 탄생: 왜 우리는 신자유주의를 막을 수 없었나』 (책세상, 2011)의 논지를 요약한 것이면서, 동시에 필자가 『자음과모음 R』 2012년 봄호(제8호)에 발표한 「세계사, 월스트리트 이전과 이후로 나뉘다: 2011년의 전 지구적 반란 돌아보기」의 일부를 발전시킨 것이다.
2
노무현, 『진보의 미래』, 동녘, 2009.

서 그 이전 시대를 '진보의 시대'라 회고했다. 신자유주의 시대를 깎아내리기 위해 그 전 시대의 위상을 지나치게 높여준 느낌이 있지만, 아주 틀린 말도 아니다. 2차 대전 종전과 함께 시작되어 1970년대 무렵까지 이어진 한 시대는 그 이전에 비해 확실히 진보한 면이 있었다. 이는 크게 두 가지를 들 수 있다.

첫째는 자본주의 중심부에 민주적 자본주의가 들어섰다는 것이다. 이제까지는 대의 민주주의의 틀을 갖춘 국가라 할지라도 유권자들이 바라는 경제적 보상(대표적으로 일자리)을 제공할 정책 수단을 갖고 있지 못했다. 이러한 '민주' 국가의 무능이 바로 파시즘의 온상이었다. 하지만 전후 미국 주도 자본주의에서는 상황이 바뀌었다. 북반구 여러 나라에서 자본주의 역사상 처음으로 완전고용이 보장되고 국가 복지 제도가 실시되었다. 복지국가 시대의 시작이었다.

둘째는 지구 전체로 국민국가가 확산되었다는 것이다. 그 전에는 수십억 중국인, 인도인들을 비롯해 다수 민족이 자신들의 국민국가를 갖지 못했었다. 아시아, 아프리카 민중은 민족자결권을 획득하기 위해 치열한 투쟁을 벌여야 했고, 조선인들도 그 대열의 일부였다. 하지만 1945년 이후에는 사정이 바뀌었다. 식민지들이 대거 독립하여 지구 전체가 국민국가들로 구획되었다. 인류 역사상 최초로 국민국가들의 세계가 등장한 것이다.

이것은 분명 과거에 비해 '진보'한 질서였다. 1970년대는 이러한 질서가 지속된 지 이미 30여 년이 다 된 때였다. 그런데 '진보의 시대'는 예기치 않은 결과를 낳았다. 그것은 사회 세력 관계의 유례없는 긴장이었다. 일국적인 수준에서 그랬을 뿐만 아니라 전 지구적인 차원에서도 그랬다.

무엇보다도 자본과 노동 사이의 첨예한 긴장이 나타났다. 전후 30년간의 호황은 지구 자본주의의 세 중심부(북미, 서유럽, 일본)에서 자본 축적을 가속화했다. 북반구 자본은 일국적 독점 자본 수준을 넘어서 초국적 자본으로 급성장했다. 다른 한편 노동의 힘도 성장 일로에 있었다. 완전 고용이 지속된 덕분에 자본의 가장 강력한 대對노동 무기인 해고는 한동안 힘을 발휘하지 못했다. 고용 불안에서 일정하게 자유로워진 노동자들은 노동조합에 대거 가입했다. 그래서 조직 노동의 힘이 최고의 절정기를 맞이하고 있었다.

적대하는 두 세력의 힘이 모두 성장하는 상황은 곧 두 세력 사이의 긴장이 첨예해진다는 것을 뜻했다. 적대적 사회 세력들 사이의 팽팽한 긴장—이것이 1970년대에 인류 사회가 도달한 막다른 골목이었다. 자본 대 노동만이 문제가 아니었다. 지구적 차원에서는 북반구의 부유한 국가들과 남반구의 후발 국가들 사이에서 비슷한 긴장이 나타났다. 이러한 긴장은 어떤 식으로든 충돌과 폭발을 낳을 수밖에 없었다. 둘 중 어느 한쪽이 다른 쪽을 제압해야만 이 사태는 끝날 수 있는 것이었다. 레닌V. I. Lenin이 항상 정치의 핵심으로서 제기했던 것처럼, 문제는 "누가 누구를?"이었다.

우리가 이미 알고 있는 것처럼, 상황을 주도한 것은 자본 쪽이었다. 자본 진영 내에서도 특히 칼자루를 쥔 것은 은행가들, 더 정확히 말하면 화폐 자본의 현대적 관리자인 다양한 금융 과두 세력이었다. 이들은 본래 "화폐 자본을 통제"하며 "사회적 자본을 대표"하던[3] 자본가 계급 내 헤게모니 집단이었다. 이들이 이러한 지위를 빼앗긴 유일한 예외적 국면이 바로 1945년부터 1970년대까지였다. 이 시기에 이들은 잠시 생산 자본과 국가 관료들의 연합에 사령탑 자리를 양보해야 했다. 그리고 이것이 지구 자본주의가 국민국가들의 피라미드에 "끼워 맞춰지는[혹은 '묻혀 들어가는']embedded"[4] 데 사회적 토대가 되었다.

하지만 1971년 브레턴우즈 체제 붕괴 이후 이들의 반격이 시작됐다. 1976년 영국 외환 위기, 1979년에 시작된 미국 연방준비제도의 초고금리 전략과 그 여파로 인한 남반구 외채 위기, 그리고 1983년 프랑스 외환 위기 같은 중대한 역사적 선택의 순간마다 금융 세력이 자본 진영을 진두지휘하며 사회 세력 관계의 교착 상태를 돌파하는 데 성공했다.[5] 자본 진영이 노동 및 남반구 반란 세력들을 철저히 제압하는 것으로 1970년대의 긴장 상태는 해소되었다. 그리

3
칼 마르크스, 『자본 3-1』, 강신준 옮김, 길, 2010, 484쪽.
4
칼 폴라니, 『거대한 전환: 우리 시대의 정치·경제적 기원』, 홍기빈 옮김, 길, 2009.
5
이러한 세계사적 과정에 대해서는 다음의 책들을 참고할 수 있다. 에릭 헬라이너, 『누가 금융 세계화를 만들었나: 국가와 세계 금융의 정치경제』, 정재환 옮김, 후마니타스, 2010; 장석준, 앞의 책.

고 이 과정에서 전체 자본가 계급 내의 우열도 재조정됐다. 금융 세력이 다시금 자본가 계급 내 헤게모니 집단으로 부상했다.

이것이 우리가 살아온 지난 40여 년의 큰 줄기였다. 이 시대는 전 지구적인 사회 세력 관계를 자본에 유리한 방향으로 재편해 간 철저한 구조개혁의 시기였고, 초국적 금융 세력이 지구 자본주의의 최정상부에 복귀하여 전 지구적 금융 과두제를 구축한 반동─혁명의 시기였다. 이 시대의 머리말이 된 '신자유주의'는 이러한 파우스트적 고투들이 실현하려 한(완료형이 아니라는 점에 주의하라!) 문명적 수준의 프로젝트를 지칭하는 개념이다. 이것이 '문명적' 수준의 프로젝트인 이유는 지구 자본주의를 이 혹성의 유일 지배 체계로 만들기 위해 시장, 국가, 대중의 일상생활 같은 문명의 가장 기본적인 구성 요소들을 재구성·재배치하려 했기 때문이다.

신자유주의가 이러한 것이라면, 그 극복의 노력은 어떠해야 하겠는가? 적어도 신자유주의가 그랬던 것만큼은 인류 사회의 질서를 거대하고 심원하게 바꿔나가는 일이어야만 할 것이다. 물론 금융 규제 강화나 복지국가 강화는 이러한 과업의 필수적 구성 요소들이다. 하지만 어디까지나 그 일부분일 뿐이다. 핵심은, 지난 40여 년 세월 동안 신자유주의 지구화가 그러했던 것처럼, 전 지구적 수준에서 사회 세력 관계를 뒤집는 일이다. 노동에 대한 자본의 압도적 우위를 전복해야 하고, 남반구에 대한 북반구의 위압적 지배를 허물어야 한다. 그러면서 신자유주의 지구화와는 전혀 다른 방향에서 시장, 국가, 대중의 일상생활 등 문명의 가장 기본적인 구성 요소들을 뜯어고쳐야 한다.

자본주의의 기존 사회 세력 관계를 결정적으로 역전시키고 이 과정에서 우리 삶의 기본 구성 요소들을 변형하는 대중적 이상이자 운동—이를 지칭하는 전통적인 용어가 바로 '사회주의'다. 물론 현실 사회주의의 실패 등으로 이 말은 많은 상처를 안고 있는 게 사실이다. 그래서 '코뮌주의' 등 다른 표어를 선호하는 경우도 많다. 아예 '반자본주의'나 '탈자본주의'라고 돌려 말하자는 입장도 있다. 하지만 '사회주의'가 소련, 중국, 북한 등의 경험에 한정되지 않는 탈자본주의 시도 전반을 함축한다는 것만 전제한다면, 굳이 이 전통적이고 보편적인 어휘를 마다할 이유는 없을 것이다.

오늘날 사회주의의 핵심 메시지는 '점령 운동Occupy Movement' 이 노동 현장으로 확장되어야 한다는 것이다. 2011년 아랍 혁명, 스페인의 '분노한 자' 운동, 그리고 미국의 월스트리트 점령 운동 이후 '점령 운동'이 하나의 고유 명사가 되고 있다. 여기에서 '점령' 은 본래 수도의 중심 광장 혹은 지배 체제의 상징적 공간을 점거하여 투쟁 거점으로 삼는 전술을 뜻한다. 그런데 투쟁이 성숙해가면서 '점령'의 의미도 점차 보다 폭넓은 맥락에서 재규정되고 있다. 지구 자본주의 질서에 정복된 우리 삶의 모든 현장들을 우리 스스로 (재)장악하는 것으로 말이다.

그런데 우리 삶의 여러 현장들 중에서도 상대적인 중심 고리가 있게 마련이다. 사회 세력 관계가 일상적으로 확인·고착되는 데 중심적인 역할을 하는 현장이 존재하는 것이다. 사회주의 운동은 그런 현장으로 항상 생산(서비스까지 포함한 넓은 의미의 생산)의 장소, 즉 기업을 강조해왔다. 전 지구적인 자본 우위의 세력 관계를 구성하는 가장 기초적인 세포가 곧 자본 독재가 관철되는 기업 사회다.

따라서 신자유주의를 그 가장 밑바탕부터 허물어가려면 반드시 이 기업 사회를 '점령'해야만 한다. '점령 운동'이 우리 삶 전반에 스며들기 위해서도 이는 필수적이다. 미국 앰허스트대학의 마르크스주의 경제학자 리처드 울프Richard Wolff가 '월스트리트 점령'의 다음 단계로 '기업 점령Occupy the Corporation' 혹은 '생산 점령Occupy Production'을 제안하는 이유가 여기에 있다.[6]

'기업 점령' 운동이라니 잘 상상이 안 간다. 하지만 역사 속에는 그 풍부한 선례가 있다. 가깝게는 2000년 외환 위기로 부도가 난 사업장을 점령해서 노동자 자주관리 기업으로 살려낸 아르헨티나 노동자들의 사례가 있다. 좀 더 거슬러 올라가면, 1972년 칠레에서 좌파 정부에 반발한 자본가 총파업에 맞서 노동자들이 경영진 없이 자신들의 힘만으로 공장을 가동시킨 사례도 있다. 시야를 더욱 넓히면, 여러 나라의 공장 평의회 운동 경험들이 있고, 한국의 경우에도 해방 직후의 노동자 자주관리 운동이 있다. 이러한 기억들이야말로 지나간 과거 속의 우리의 미래다. 21세기 사회주의는 우리의 삶의

6

R. Wolff, 'Occupy Production', 2 Dec. 2011; 'Occupy the Corporation', 24 Dec. 2011 (www.rdwolff.com).

시간을 이러한 미래와 (재)접속하려는 필사적 노력이다.

'녹색'사회주의여야만 하는 이유1: 지구 생태계의 위기

지금까지 21세기 사회주의의 필요성과 현실성에 대해 이야기했다. 그런데 우리는 단지 사회주의 일반이 아니라 '녹색'사회주의를 살펴보는 중이다. 왜 그냥 사회주의가 아니라 굳이 '녹색'이라는 수식어를 단 특정한 사회주의 흐름에 주목하는 것인가? 그 첫 번째 이유는 단연 지구 생태계의 문제다.

2008년 이후 지구 자본주의의 위기를 흔히 30~40년 만의 구조적 위기라고 한다. 혹자는 1929년 대공황 이후 최대의 위기라고 한다. 한 세대 만의 위기 혹은 거의 한 세기 만의 위기이니 참으로 심각한 사태가 아닐 수 없다. 그런데 사실은 이것보다 더 심각한 사태가 이와 병행하여 진행되고 있다. 그것은 인류 문명이 처음 겪는 위기, 즉 전 지구적 생태 위기다.[7] 현재 생태 위기는 주로 에너지 위기와 식량 위기로 폭발하고 있다. 이 글에서는 이 중에서 특히 에너지 측면을 중심으로 생태 위기를 살펴보겠다.

이 측면에서 가장 먼저 짚어야 할 것은 화석 에너지의 고갈

7
특정 지역 문명 차원의 생태 위기는 전에도 있었고, 사실 고대 문명의 주요한 멸망 원인이기도 했다. 그러나 '전 지구적' 차원의 생태 위기는 인류 역사상 처음이다.

이다. 석탄, 석유, 천연가스 등 화석 에너지도 그 원천은 태양 에너지다. 지구 혹성의 에너지원은 오직 태양이 있을 뿐이다. 화석 에너지는 다만 태양 에너지가 과거 지구 위에 살던 생물들의 생명 작용을 통해 탄소 함축 물질로 변형돼 땅속에 축적된 것이다. 인간이 태양 에너지를 쉽게 변형, 저장, 사용할 수 있는 기술을 갖지 못한 상황에서 화석 에너지는 손쉽게 활용할 수 있는 엄청난 양(오랫동안 무한이라고 오해되었던)의 에너지를 인류에게 제공해주었다.

18세기 말 영국에서 산업 자본주의가 시작된 것은 이 나라의 값싼 석탄 덕분이었다. 이후 한동안 석탄이 자본주의의 연료 역할을 했다. 공장을 움직이는 거대한 증기 기관, 전 세계에 철도 건설 붐을 일으킨 증기 기관차와 제국주의의 상징인 증기선이 이 시대의 상징이었다. 그러다가 20세기 들어 석유가 그 자리를 대신하게 되었다. 공교롭게도 석유가 석탄으로부터 왕관을 물려받던 그 시점에 지구 자본주의의 헤게모니 중심은 영국에서 미국으로 이동했다. 미국 문명은 곧 자동차 문명이었고 이 문명은 석유를 들이키며 전 세계를 종횡무진했다.

그런데 값싼 화석 에너지가 더 이상 값쌀 수 없는 시점이 다가오고 있다는 것이 밝혀졌다. 각 유정의 석유 생산이 최대 정점을 경과하면 급격히 그 생산 속도가 줄어든다는 것이 경험적으로 확인되었다. 이것이 바로 석유 생산 정점peak oil이다. 석유 생산 정점 이론이 곧 지구 위 모든 석유 자원의 고갈을 의미하는 것은 아니다. 지표면 어딘가에는 여전히 석유가 비축되어 있다. 하지만 미국 주도 자본주의를 지탱해주던 생산성 높은 유정을 통해 뽑아내는 석유는 줄어든다는 것이다. 이렇게 되면 수요-공급 균형이 무너지면서 석유는 빠른 속도로 값비싼 에너지가 되고 만다. 20세기의 주요 유정이었던 노르웨이, 멕시코 등은 20세기 말, 21세기 벽두에 이미 석유 생산 정점을 지났다. 사우디아라비아를 포함한 다른 모든 유정도 2020년대까지는 석유 생산 정점을 지나게 된다는 것이 중론이다.

전 세계의 모든 인류는 지난 몇 세대 동안 저렴한 화석 에너지 사용으로 인간의 편의를 증대시키는 것이 불가역적인 진보라고 생각해왔다. 그리고 이 '불가역적(이라고 생각된) 진보'에 맞춰 인류의 지난 대부분의 생존 기간과는 전혀 다른 생활 양식을 창조하고 이에 스스로를 길들여왔다. 그런데 지금 우리 세대의 생존 기간 안에, 아니 불과 10년 안에 이 시기가 급속히 끝난다는 것이다. 물론 어느 날 갑자기 모든 기계 작동이 중단되는 식의 파국은 아니겠지만, 에너지 비용이 급등하면서 인간 생활의 유례없는 긴장이 나타나게 될 것이다. J. H. 쿤슬러James Howard Kunstler는 다가오는 이 시대에 '장기 비상시대'라는 설득력 있는 이름을 붙인 바 있다.[8] 인류는 이런 비상 상황에 처하면 사회적 긴장을 대체로 전쟁이라는 형태로 폭발시키고는 했다. 지금도 강대국들은 석유나 천연가스 자원을 확보하기 위해 총만 안 든 전쟁을 펼치고 있다.

8
제임스 하워드 쿤슬러, 『장기 비상시대: 석유 없는 세상, 그리고 우리 세대에 닥칠 여러 위기들』, 이한중 옮김, 갈라파고스, 2011.

화석 에너지 고갈과 긴밀히 연관된 에너지 위기의 또 다른 측면은 핵 발전 문제다. 핵 발전은 본래 핵무기 개발과 동전의 양면을 이루는 것이기 때문에, 결코 '평화적이고 안전한' 에너지 산업일 수 없다. 그 가공할 위험성은 이미 미국의 스리마일 핵발전소 사고나 소련의 체르노빌 참사를 통해 입증되었고, 2011년 일본 도호쿠 지방의 지진 해일로 인한 후쿠시마 핵발전소 사태로 다시 한 번 그 무시무시한 모습을 드러냈다. 그런데도 대다수 국가에서 지배층은 여전히 화석 에너지 '이후'의 대안으로 핵 에너지를 선호한다. 그 가장 근본적인 이유는 화석 에너지에 맞춰 진화한 집중형 에너지 수급 체계를 그대로 유지한 상태에서 화석 에너지의 역할을 대신할 에너지원은 핵 발전밖에 없다는 데 있다. 말하자면 인류는 사실상의 핵 시한폭탄을 껴안고 집중형 에너지 수급 체계를 유지하는 것과 에너지 체계 전반을 뒤바꾸는 것, 이 양자택일 앞에 놓여 있는 것이다.

그런데 에너지 위기의 양상은 이것으로 끝이 아니다. 화석 에너지의 장기 대량 사용으로 인한 기후 변화 문제가 있다. 지난 두 세기 넘게 석탄, 석유를 대량 사용한 탓에 대기 중에 엄청난 양의 이산화탄소(CO_2)가 배출되었다. 이것은 평균 기온을 높이는 방향으로 기후를 변화시키는 요인이 되고 있다. 물론 지질학적 시간대 속에서 기후는 끊임없이 변화해왔다. 그러나 인간 문명이 방출한 이산화탄소가 기후 변화를 가속화하는 것은 지구 역사상 초유의 현상이다. 지난 1백 년간 지구의 평균 기온은 1도 가량 상승했고, 다음 세기까지 이 상승 속도는 더욱 빨라져 최대 6도까지 오를 것으로 전망된다.

이러한 기후 변화는 화석 에너지 고갈로 인한 '장기 비상시대'보다 더 심각한 '초장기 비상시대'를 낳을지 모른다. 적도 인근에 남반구의 대규모 빈곤 인구가 밀집해 있고 온대 지역에 자본주의 중심부가 퍼져 있는 현재의 지리적 분포는 기후 변화로 인해 점점 더 불안정한 양상을 띠게 될 것이다. 이것은 이미 2000년대 후반 남반구의 식량 위기로 나타났다. 2011년 아랍 혁명의 직접적 원인 중 하나는 필수 식료품 가격 인상, 즉 곡물 가격 상승이었다. 이렇게 에너지 위기와 식량 위기는 서로 얽혀서 전반적인 생태 위기로 증폭되고 있다.

에너지 위기의 이 세 측면, 즉 화석 에너지의 고갈, 화석 에너지의 대체재인 핵 에너지의 위험, 그리고 화석 에너지의 장기 대량 사용이 유발한 기후 변화의 가속화는 모두 자본주의와 지구 생태계 사이의 모순을 보여준다. 인간 노동력의 착취와 더불어 값싼 에너지원의 대규모 사용에 의존해 축적을 지속하던 자본주의는 이제 이 혹성 안에 그렇게 저렴하게 대규모로 사용할 수 있는 에너지원이 존재하지 않는다는 사실 앞에 직면해 있다. 그리고 이제까지 자본주의의 이러한 에너지 과소비가 결국은 지구 생태계의 균형을 깨뜨려 인간 사회의 위기로 돌아오게 만들고 있다.

더 심각한 것은 지금 지구 자본주의가 이 위기의 양상을 급속하게 증폭시키는 와중에 있다는 점이다. 중국, 인도가 대규모 저임금 노동력 풀로서 지구 자본주의에 개방되면서 석유 소비도 더욱 늘고 이산화탄소 배출도 더 빠른 속도로 늘어나고 있다. 그리고 그러면 그럴수록 지구 생태계의 균형도 더 빠른 속도로 파괴되어 갈 것이다. 생태 위기의 전개 양상은 그만큼 역동적이다. 유럽, 미국, 일본을 중심으로 한 산업 자본주의의 성장의 결과가 지금 이 정도 상황인데, 수십억 중국인, 인도인이 참가하는 지구 자본주의의 급성장이 계속된다면 위기의 양상이 어느 정도로 가중될지 예측하기도 힘들다.

한마디로, 지구 생태계는 지구 자본주의의 무한 성장을 지탱할 수 없다. 이것이 생태 위기가 우리에게 말해주는 진실이다. 인류가 지구 혹성에서 계속 생존하고 싶다면, 자본주의는 자본주의 아닌 다른 어떤 사회 경제 체제로 바뀌어야만 한다. 그런데 이것은 자본주의의 앞날에만 중대한 의미를 지니는 게 아니다. 이를 대체하고자 하는 사회주의에도 중요한 고민거리를 던져준다. 바로 생산력 문제다.

고전 사회주의의 종합자인 K. 마르크스와 F. 엥겔스는 자본주의의 생산력을 사회주의가 '계승'하여 노동 해방의 힘으로 전환시킨다는 사고방식을 제시했다. 자본주의 생산력에 대한 이러한 긍정적 시각은 당시 아직도 노동자들 사이에 만연해 있던 러다이트Luddite적 사고방식, 즉 기계 공업 등 자본주의 생산력 발전을 파괴 대상으로 바라보던 시각을 대체하며 반자본주의 진영의 새로운 상식으로 자리 잡았다. 이후 사회주의 운동은 자본−임노동 관계를 끊임없이 비판하면서도 자본주의 발전을 통한 생산 역량의 집중과 대형화는 대체로 긍정적으로 바라보았다. 소련 등 현실 사회주의 국가들도 서구의 국가 관료 기구나 독점 대기업이 도달한 수준을 따라잡는 데 열중했다.

그런데 이러한 자본주의 생산력의 가장 근저에 자리한 것이 석탄, 석유 등의 화석 에너지 사용이다. 마르크스, 엥겔스의 도식에 따르면, 사회주의는 화석 에너지로 지탱되는 자본주의의 생산 역량을 이어받는 것이 된다. 하지만 이것은 우리가 이제까지 살펴본 지구 생태계와의 모순 때문에 지속 가능하지 않다. 사회주의가 만약 에너지 체제를 포함한 기존 자본주의의 생산력을 그대로 계승한다면, 사회주의 역시도 지구 생태계와의 모순 때문에 지속 불가능한 상황에 처할 것이다. 에너지 문제는 자본주의의 생산력과 사회주의의 그것 사이의 관계를 '계승'의 측면에서 바라보는 시각에 심각한 교정을 요구한다.

사실 마르크스도 자본주의 생산력의 모순에 대해 그렇게 단순하게만 바라본 것은 아니었다. 생태마르크스주의자인 J. B. 포스터John Bellamy Foster가 강조하는 것처럼,[9] 마르크스는『자본』에서 자본주의적 농업 경영이 야기하는 토양 황폐화를 지적한 리비히Justus von Liebig의 학설에 주목한다. 이러한 관심을 좀 더 밀고 나가면, 자본주

9

존 벨라미 포스터,『마르크스의 생태학: 유물론과 자연』, 이범웅 옮김, 인간사랑, 2010.

의 생산력의 특정 측면은 자연 파괴를 통해 인간 사회의 지속 가능성을 위협하기 때문에 자본주의 생산력 전체가 단순한 '계승'의 대상일 수는 없다는 결론에 도달하게 된다. 마르크스는 『자본』 3권에서 이를 다음과 같은 감동적인 문장으로 정리한다.

> 고도의 사회 경제적 유형의 관점으로부터 지구상의 특수한 개인들의 사유재산은 타인들 속에 있는 어느 한 사람의 사유재산처럼 그렇게 우스꽝스러워 보일 것이다. 어떤 전체 사회, 어떤 국가 또는 현존하는 모든 사회조차도 지구의 소유주는 아니다. 국가, 사회, 개인들 모두는 단순히 지구의 점유자이자 수혜자일 뿐이며, 가장boni patres familias으로서 후속 세대들에게 좀 더 나은 상태로 전수해주어야 한다.[10]

그러나 마르크스는 자본주의 생산력의 가장 근저에 자리한 에너지 문제야말로 비판적 시각을 요구한다는 것을 알아채지는 못했다. 이것은 그가 살던 시대의 전반적 한계였다. 마르크스, 엥겔스 시대의 서구 과학에는 아직 엔트로피 개념이 정리되어 있지 못했다. 그래서 그 시대 사람들에게는 지구 위에서 인간이 쉽게 사용할 수 있는 에너지는 제한되어 있다는 생각이 너무 낯설었다. 그리고 이후

10
칼 마르크스, 『자본』 3권. 존 벨라미 포스터, 앞의 책에서 재인용, 359~360쪽.

현대 과학의 발전에도 불구하고, 대다수 사회주의자들을 포함한 사회과학계는 20세기 후반이 되어서야 엔트로피 개념이 인류 문명의 지속 가능성 문제에 대해 던지는 함의를 이해하게 되었다.[11]

이제 우리는 자본주의 생산력과 사회주의의 관계에 대해 새롭게 정식화해야 한다. 자본주의 생산력 발전은 어떤 측면에서 새로운 사회의 저력이 되기보다는 그것을 방해하는 힘이 된다. 화석에너지 체제나 핵 발전은 그 극명한 사례다. 그렇다면 사회주의는 이런 방식의 생산력 발전의 단순한 계승자일 수만은 없다. 때로는 그것을 막고 중단시키며 되돌려야만 한다. 기존의 생산 역량은 오직 노동과 사회, 생명과 지구의 관점에서 철저한 재구성을 거쳐야만 계승할 수 있는 것이다. 이것은 녹색사회주의의 선구자 중 한 명인 앙드레 고르André Gorz가 그의 대표작 『프롤레타리아여 안녕』[12]에서 전개한 문제의식이기도 하다.

이것이 '녹색'사회주의의 출발점이다. 에너지 위기에 대한 녹색사회주의의 대안은 기본적으로 태양 에너지 중심 체제로 전환하자는 것이다. 지구상의 모든 사람이 사용하는 에너지의 1만 7천 배에 해당하는 태양 에너지가 매일 지구에 도달한다. 태양광이나 풍력 같은 태양 에너지의 기술적 잠재력은 현재의 지구 전체 에

11
그 선구적 저작 중 하나가 다음의 책이다. 제러미 리프킨, 『엔트로피』, 이창희 옮김, 세종연구원, 2000.
12
앙드레 고르, 『프롤레타리아여 안녕』, 이현웅 옮김, 생각의나무, 2011.

너지 소비의 7~10배에 달한다. 태양 에너지 체제로 전환한다면, 이산화탄소 배출량의 획기적이고 즉각적인 감축은 충분히 가능하다. 이것은 결코 허황된 꿈이 아니다. 덴마크 등은 이미 20퍼센트 이상의 에너지를 태양광과 풍력으로 충당하고 있다.[13] 벨기에의 녹색사회주의자 다니엘 타누로Daniel Tanuro는 이러한 지향에 '태양 코뮌주의[공산주의]solar communism'라는 이름을 붙인다.[14] 좀 난데없는 조어造語로 들릴 수도 있다. 하지만 달리 보면 '태양'과 '코뮌주의'만큼 서로 잘 어울리는 말들도 달리 없다. '태양'이라는 지구 위 만물의 원천 앞에서 우리는 '코뮌commune(공동체)' 외에 다른 무엇일 수 없기 때문이다.

그런데 이런 태양 에너지 체제는 기존의 자본주의 생산력 중 에너지 요소 하나만을 다른 것으로 대체하는 것일 수 없다. 태양 에너지 체제로 전환함과 동시에 기존의 생산 역량 전체가 철저히 재구성되어야 한다. 왜냐하면 태양 에너지 체제는 필연적으로 분권화된 경제, 사회 체제를 요구하기 때문이다. 태양 빛은 모든 지표면 위에 공평하게 내리비추고, 따라서 한 지역에서 쓸 에너지는 그 지역 안에서 만들어내야 하는 것이다. 이것이 현재의 자본주의 체

13
이안 앵거스 엮음,『기후정의: 기후변화와 환경 파괴에 맞선 반자본주의의 대안』, 김현우·이정필·이진우 옮김, 이매진, 2012.

14
다니엘 타누로,「기후위기: 21세기 사회주의는 생태사회주의가 되어야 한다」, 이언 앵거스 엮음, 앞의 책.

제가 태양 사회로의 전환을 선뜻 내켜 하지 않는 근본 이유이기도 하다. 권력 집중과 자본 독점 없는 자본주의를 생각할 수 없는 것처럼, 집중 및 독점과 호응하는 태양 에너지 체제도 생각하기 힘들다.

　　이러한 사정은 기존의 중앙집권적 사회주의 모델들의 경우에도 마찬가지다. '바뀐' 사회주의가 아니라면 태양 에너지와 조응할 수 없다. 그것은 집중화되고 획일화된 사회주의가 아니라 다원화되고 분권화된 사회주의여야만 한다. 그것은 국가의 지령과 강압에 의한 사회주의가 아니라 대중의 참여와 자치에 의한 사회주의여야만 한다. 그것은 자본주의를 단순히 이어받거나 그것과 경쟁하는 사회주의가 아니라 문명적 차원에서 그것과 단절하는 사회주의여야만 한다.

　　그래서 이제 사회주의 운동에 어울리는 표어는 '진보'가 아니다. '전환'이다. 앞으로 나아가는 것이 아니라 멈춰서고 돌아서는 것이다. 이렇게 '멈춰서고 돌아서는 것'으로서의 사회주의는 과거의 사회주의와 너무도 다른 얼굴일 수밖에 없다. 그래서 지구 생태계 위기에 대한 절박한 인식에 기반해 재구성된 사회주의, 즉 '녹색'사회주의를 말하는 것이다.

'녹색'사회주의여야만 하는 이유2:

'국가'주의 아닌 '사회'주의이기 위해

'녹색사회주의'라고 하면 대개 기존의 사회주의에 환경 운동을 더한 것 정도로 생각하기 쉽다. 하지만 위에서도 살펴보았듯이, 생태 위기의 해법은 통상적인 환경 운동의 범위를 넘어선다. 태양 에너지 체제로 나아가기 위해서는 이에 맞춰 사회 전체가 전환해야 한다. 따라서 '녹색사회주의'의 '녹색'은 단순한 환경 보호보다는 훨씬 풍부한 의미를 지닌다.

사실은 애초에 '녹색'이 특정한 정치적 흐름으로 처음 등장했을 때에도 그것은 이런 폭넓은 의미를 담고 있었다. '녹색'의 전 세계적 선두 주자는 단연 독일 녹색당이었다. 1980년에 창당한 독일 녹색당은 본래 1968년 학생 운동으로 등장한 서독 신좌파의 정치 세력화 시도의 산물이었다. 즉, '녹색'은 신좌파가 사회민주당이나 공산당 같은 구좌파의 '적색'에 대비해 자신들의 이념–운동을 표현하는 상징색이었다. 이들의 이상과 실천 속에서 환경 문제가 중요한 자리를 차지했던 것은 사실이다. 그래서 녹색당은 대체로 '환경' 정당으로 인식되었고, '녹색'은 이후 어느 나라에서나 생태주의의 상징색이 되었다. 그러나 환경 문제는 독일 녹색당의 '녹색'의 전부는 아니었다. 이 '녹색'은 '자연'뿐만 아니라 '풀뿌리grassroots'라는 또 다른 중요한 의미를 함축하고 있었다. 우리가 '풀뿌리 민주주의'라고 이야기할 때의 그 '풀뿌리' 말이다.

신좌파가 날카롭게 비판한 것 중 하나는 생활 세계로부터 유리된 거대 관료 체제가 대중의 삶을 지배한다는 것이었다. 이 비판의 사정권에는 좌파의 전통적 비판 대상인 독점 자본의 대기업 조직만 포함되는 게 아니었다. 사회민주주의자들이 자신들의 역사적 성과라고 자부하는 복지국가나 거대 산업 노조 역시 이런 관료 체제의 사례들이었다. 물론 소련, 동유럽의 국가사회주의 체제도 마찬가지였다.

이에 맞서 신좌파는 기층 노동자, 지역 주민, 여성, 청년, 유색인종, 성 소수자 등 다양한 정체성을 지닌 구체적 개인들이 운동의 출발이며, 이들의 자율성을 최대한 발전시키는 것이 그 목표여야 한다고 주창했다. 이것은 이들 풀뿌리 대중이 직접 참여하고 결정하는 아래로부터의 민주주의를 통해서만 실현될 수 있다. 이를 위해서는 기존의 관료화된 정당, 노조 조직을 내부에서 민주화하는 노력도 필요하지만, 그보다 더 중요한 것은 관료화의 위험이 적은 자발적 결사체들을 만들어 이를 통해 대안적인 삶의 방식들을 실험하는 일이다.

이런 입장에서 보면, 자본과 싸워 이기고 나면 그때부터 새로운 사회를 고민하고 건설한다는 것은 말이 안 된다. 새로운 사회의 원리는 현 지배 체제와 싸우는 지금 여기의 운동 속에서 이미 실험되고 구현되어나가야 한다. 이러한 '예시적prefigurative' 실천이 신좌파의 전략의 핵심에 자리했다.

현재 독일 녹색당의 활동이 이러한 창당 정신에 부합한다고 말하기는 힘들다. 하지만 창당 당시 독일 녹색당이 '녹색'이라는 상징 안에 응축시켰던 이상은 이미 이 당만의 지적 재산은 아니다. 독일 녹색당이 기존 정치 문화에 흡수되어버린 지금은 영국 녹색당 등의 후발 주자들이 녹색 정치의 횃불을 이어가고 있다. 또한 좌파들 중에서 비교적 최근 녹색 좌파로 방향을 전환한 이들이 오히려 독일 녹색당 등 1세대 녹색 정치 흐름보다 더 강력하게 그 애초의 꿈을 견지하는 모습도 보인다.

아무튼 '녹색사회주의'의 '녹색'은 신좌파의 문제의식과 직결된다. 녹색사회주의는 기존의 국가나 기업 조직 내부의 지배 관계를 전복(앞에서 말한 '기업 점령')하려 할 뿐만 아니라 국가, 기업 등 거대 조직 자체를 문제시한다. 이러한 거대 조직의 역할을 최소화하면서, 개인의 자율성을 보다 활발히 꽃피울 수 있는 대안적인 자발적 결사체들이 사회 경제 활동에서 차지하는 몫을 늘려가려 한다.

그래서 녹색사회주의의 정치적 실천은 '참여'와 '자치'라는 두 축을 중심으로 전개된다. 기업이나 국가 기구에서 노동자, 민중이 실질적 결정권을 행사하도록 '참여'를 강화하고, 거대 조직 바깥에서 모든 사람이 동료 인간들과의 참된 만남을 통해 자유를 실현시켜가는 '자치'를 확대한다. 이러한 참여와 자치의 이상이 종이 위의 공상에 그치지 않으려면, 무엇보다 사람들이 이러한 활동에 나설 수 있는 자유 시간이 확보되어야 한다. 그렇기 때문에 노동 시간의 획기적 단축과 기본소득 보장이 녹색사회주의의 가장 중요하고 절박한 당면 과제가 된다.[15]

15
이에 대해서는 다음의 책을 참고할 수 있다. 앙드레 고르, 『에콜로지카』, 임희근·정혜용 옮김, 생각의나무, 2008.

그런데 이런 의미의 '녹색'은 사실 사회주의 이념-운동사 속에 면면이 이어오던 한 저류(低流)와 일맥상통한다. 이것은 '사회주의'라는 말의 본래 뜻을 소중히 하며 이를 곱씹어온 흐름이라 할 수 있다. 왜 자본주의에 대한 대안은 '사회주의'라고 불리게 되었을까? 지난 한 세기 동안의 사회민주주의와 국가사회주의 경험에 따르면, 차라리 '국가주의'라고 해야 어울리는 게 아닌가? 이들 사례에서 실제로 '자본'을 규제한 주체 혹은 그것을 대신한 주체는 '국가'였으니까 말이다. 그러나 자본주의를 넘어서려는 이념-운동에 처음 붙여진 이름은 '국가주의'가 아니라 '사회주의'였다.

이런 명칭이 정착되는 데 커다란 기여를 한 사람 중 하나가 영국의 초기 사회주의자 로버트 오언Robert Owen이다. 그는 자본주의의 그 '자본'을 대체하여 새로운 사회의 주역이 될 것은 ('국가'가 아니라) '사회'라고 보았다. 그래서 '사회'주의였다. 오언의 입장을 충실히 계승한 후대의 정치경제학자 칼 폴라니Karl Polanyi는 그의 고전적 저작 『거대한 전환』에서 이렇게 설명한다.

그 누구보다도 산업 사회라는 새로운 영역으로 깊이 파고들었던 이는 로버트 오언이었다. 그는 국가와 사회가 다른 것이라는 것을 깊이 의식하고 있었다. 그는 고드윈처럼 국가에 대해서 편견을 품는 일도 없었지만, 그것이 수행할 수 있는 것 이상을 기대하는 법도 없었다. 공동체에 끼치는 해악을 피하는 데에 도움이 될 만한 개입이라면 얼마든지 국가에 기대했지만, 사회를 조직하는 일 자체를 국가에 기대하는 법은 결코 없었다. 국가라는 정치적 메커니즘도, 또 기계라는 기술적 도구도 가장 핵심적인 현상이 무엇인지를 꿰뚫어보는 그의 혜안을 가리지는 못했다. 그 핵심적인 현상이란 바로 사회라는 것이었다.[16]

마르크스와 엥겔스만 하더라도, 이러한 오언의 문제의식을 진지하게 고민했다. 그래서 이들이 『공산당 선언』에서 궁극적 이상으로 내세운 것은 '자유인들의 연합'이었다. 마르크스, 엥겔스가 굳이 '연합association'이란 말을 쓴 것은 기존의 두 지배적인 조직 형태, 즉 기업과 국가와는 다른 삶의 조직화 형태를 염두에 두었기 때문이다. 이들을 비롯한 고전 사회주의자들에게 자본주의 이후의 대안은 '사회'주의이든가 아니면 '코뮌'주의('공산주의'로 불만족스럽게 번역되는)였다. 여기에서 '사회'와 '코뮌'은 모두 『공산당 선언』 속의 '연합'과 비슷한 함의를 지닌다. 미래의 주역은 '사회'나 그 미래형인 '코뮌'이지 '국가'는 아니다. 비록 사회가 때로 국가를 통해 대변되기는 하지만, 이것은 엄연히 독자적인 실체다.

　　오언의 나라 영국에서 이러한 전통을 충실히 계승, 발전시킨 사람이 윌리엄 모리스William Morris다. 유명한 공예가, 미술 운동가

16
칼 폴라니, 앞의 책, 366쪽.

이면서 동시에 19세기의 황혼녘에 혁명적 사회주의자로 활동한 그는 『에코토피아 뉴스』라는 유토피아 소설[17]에서 미래 사회주의를 스케치했다. 그런데 이 책과 비슷한 시기에 나온 미국 작가 에드워드 벨러미Edward Bellamy의 『뒤를 돌아보면서: 2000~1887』[18]이 미래 사회주의를 국가 통제 체제로 묘사한 것과는 달리, 모리스는 전원도시의 자치 공동체들로 이뤄진 사회를 제시했다. 모리스의 소설에서도 국가사회주의가 나오기는 한다. 그러나 이 책에서는 국가사회주의가 20세기에 잠시 등장했다가 결국 그 한계 때문에 좀 더 높은 수준의 사회주의 형태에 자리를 내준 것으로 나온다. 더 높은 수준의 사회주의, 그것은 민중의 자치로 운영되는 사회였다. 모리스는 이런 사회주의가 자본주의 생산력의 무제한한 발전이 아니라 오히려 중세 농촌 공동체와 현대 도시 문명의 새로운 종합을 통해서만 실현될 수 있다고 보았다.

20세기에 오언과 모리스의 횃불을 이어받은 인물로는 영국의 사회주의 운동가이자 경제학, 정치학, 사회학, 역사학을 두루 섭렵했던(그리고 심지어는 추리소설 작가이기도 했던) G. D. H. 콜George Douglas Howard Cole이 있다. 그는 '길드 사회주의Guild Socialism'를 제창했

17
윌리엄 모리스, 『에코토피아 뉴스(*News from Nowhere*)』, 박홍규 옮김, 필맥, 2004.
18
에드워드 벨러미, 『뒤를 돌아보면서: 2000~1887(*Looking Backward, 2000~ 1887*)』, 손세호 옮김, 지만지, 2009.

다.[19]

　길드 사회주의는 한마디로 사회가 국가 기구가 아닌 길드들로 실체화되는 사회주의다. '길드'라고 하면, 우리에게는 좀 낯설다. 이것은 본래 서구 중세의 수공업자 조합을 일컫는 말이다. 콜 등의 길드 사회주의자들은 자본주의 기업과 구별되며 또한 우리에게 익숙한 노동조합과도 다른 '생산자 조합'을 가리키기 위해 이 '길드'라는 오래된 단어를 재활용했다. 콜의 경우, 필요한 것은 생산자 조합만이 아니었다. 소비자 조합도 중요했다. 이러한 다양한 형태의 길드들을 통해 대중의 이해가 조직으로 실체화되어야 한다는 것이었다. 콜의 길드 사회주의에서 경제 전반을 조절하는 것은 국가 기구가 아니라 이들 길드 사이의 협력과 협상이다. 기존의 국가 기구는 오히려 이제까지의 그 배타적인 권력 중 상당 부분을 길드와 같은 자발적 결사체들에 이양해야만 한다.

　콜의 길드 사회주의가 의도한 것은 오언이 발견한 '사회'의 의미를 가장 충실히 구현한 사회주의였다. 이후의 사회민주주의나 스탈린주의가 지향한 사회주의가 대체로 '국가 중심 사회주의'였다면, 콜의 이상은 '사회 중심 사회주의'였다. 그리고 이것은 국가 기구라는 단일한 대리 조직이 아니라 다양한 결사체들로 실체화된 역동적 사회 자체가 주역이 된다는 점에서 또한 '다원적 사회주의'

19

길드 사회주의에 대한 개략적 설명으로는 다음의 책을 참고할 수 있다. 김명환, 『영국의 위기 속에서 나온 민주주의: 길드 사회주의』, 혜안, 2009.

이자 '복합적 사회주의'였다.

　　지금까지 '사회주의'에서 그 '사회'의 의미를 강조하는 사회주의 전통을 살펴보았다. 이들 전통은 자본이나 국가가 아니라 노동조합, 협동조합, 다양한 생활 공동체, 그리고 이로부터 발전한 대안 조직들이 권력의 주인이 되길 바랐다. 그래서 사회적 개인의 해방이라는 사회주의의 궁극 목표를 실현하려 했다. 이것은 곧 신좌파에서 비롯된 '녹색' 정치의 그 '녹색'과 다른 게 아니다. 삶의 자율성, 자기 결정권, 참여 자치 민주주의, 풀뿌리 대안 공동체, 그리고 예시적 실천 등은 '사회 중심 사회주의'의 저류를 재발견하고 부활시키는 시도였다고 볼 수 있다. 그렇다면 녹색사회주의는 21세기의 생태 위기 속에서 갑자기 새로 등장한 것이라기보다는 '제 뿌리로 돌아간 사회주의'라고 봐야 할 것이다.

　　이런 방향에서 자본주의를 극복해가는 사회를 상상해보자. 이 사회에서 사람들은 이제 더 이상 경제의 확장 운동에 자신의 온 생을 쏟아붓지 않을 것이다. 지난 2백여 년간 경제의 부단한 확장 운동이 삶의 다른 모든 부분을 지배하며 이뤄놓은 성과들을 없던 것으로 만들지는 않겠지만, 이것은 보편 복지를 보장하고 자유 시간을 확대할 기본 토대로서 새롭게 규정되고 재구성될 것이다. 인간 생활에서 경제 활동이 차지하는 위상이 이렇게 재조정되는 과정은 이 영역의 독점적 권력을 바탕으로 사회 전체를 지배하던 지배 세력이 소멸하는 과정과 함께할 것이다.

　　그간 경제적 삶에 붙들려 있던 인간의 정열은 이제 다른 곳으로 향하게 될 것이다. 우리 자신의 '내면'과 우리 사이의 '관계'가 그곳이다. 즉, '노동'이 아니라 '문화'가 삶의 지배적 영역이 될 것이며, '성장'이 아니라 '성숙'이 그 중심 가치가 될 것이다. 부의 축적이나 과시적 소비가 아니라 참여를 통한 공적 성취감과 자치를 통한 자기실현이 생의 척도가 될 것이다. 그리고 이렇게 인간이 마침내 정열의 새 대상을 발견할 때, 인간과 자연의 관계는 새로운 균형에 도달할 것이다. 이것이 녹색사회주의의 비전이다.

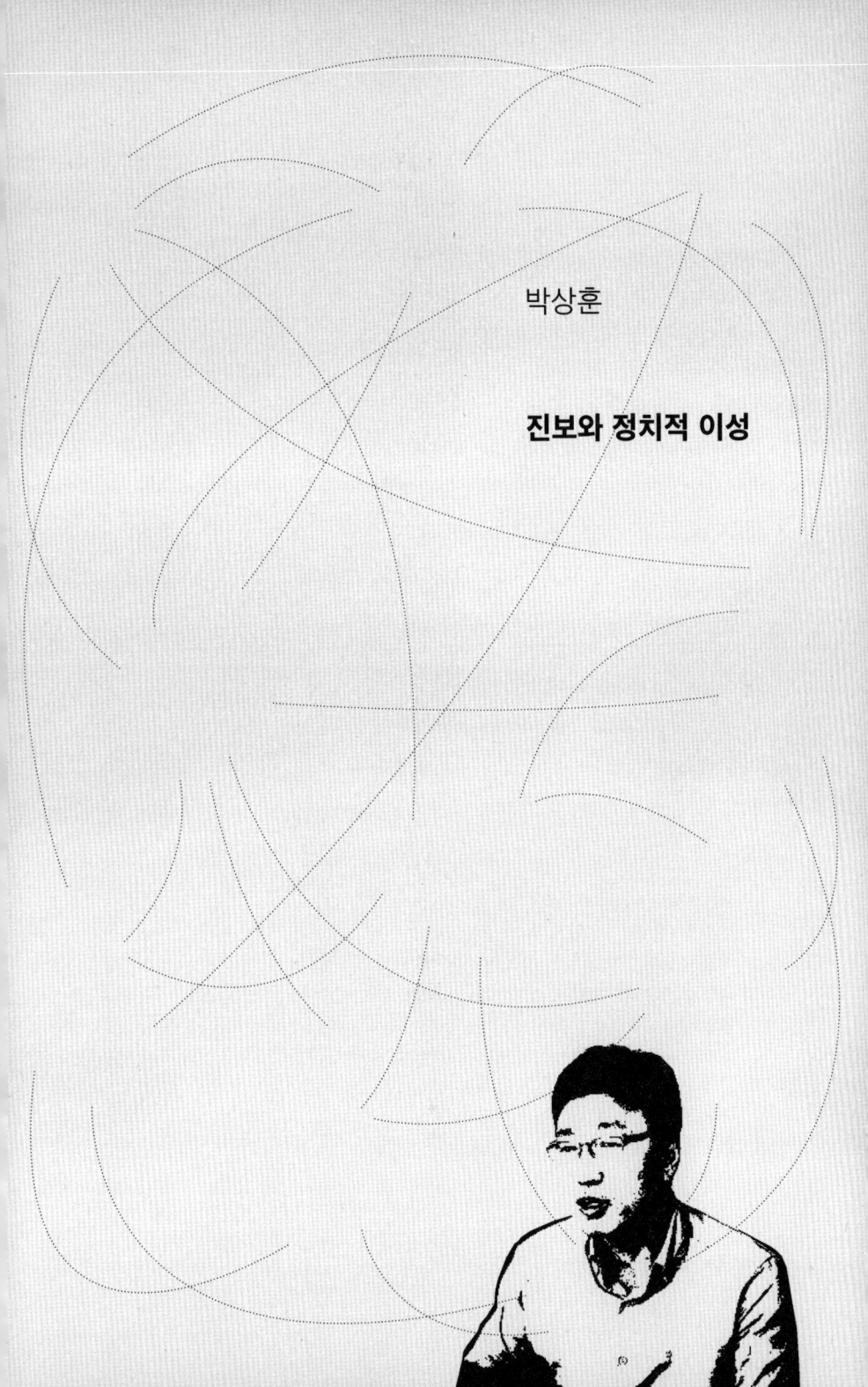

박상훈

진보와 정치적 이성

박상훈 • 서울대학교 경영학과를 졸업하고,
고려대학교에서 정치학 박사학위를 받았다.
현재 도서출판 후마니타스의 대표이다. 더
나은 삶과 사회를 위한 좋은 정치란 무엇인
가에 대해 고민하면서 글을 쓰고 강연을 하
고 있다. 쓴 책으로『정치의 발견』,『만들어
진 현실』,『어떤 민주주의인가』(공저), 옮긴
책으로『막스 베버 소명으로서의 정치』,『미
국 헌법과 민주주의』(공역) 등이 있다.

진보의 정치적 무능력

이 짧은 글에서는 우리 사회의 진보에게서 발견되는 정치적 이성의 결핍 내지 부족에 대해 이야기해보려 한다. 누구나 동의할 수 있듯이, 운동권이라고도 불리는 우리 사회의 진보(파)가 권위주의 체제를 종식시키고 민주주의를 가져오는 데 큰 기여를 했다는 것은 분명하다. 흥미로운 것은 그 이후였다. 민주화로 인해 정치의 공간이 열렸고 진보도 참여하게 되었는데, 이상하게도 정치의 세계에서 진보가 보여준 성취는 너무 빈약했기 때문이다. 운동은 잘하는데 왜 정치에서는 맥을 못 출까. 체제와 제도에 맞서 항의와 싸움은 잘하는데 뭔가 대안적인 체제를 만들고 제도를 운영하면서 성과를 일궈가는 일에 있어서는 왜 그리 무능할까.

2012년 총선이 끝난 뒤 통합진보당 안에서 일어난 여러 비이성적 사태 전개는 지켜보는 사람들로 하여금 과거 민주화 운동에서 그들이 감당했던 희생과 노력에 대해 가졌던 부채감으로부터 벗어나, 진보 그 자체를 객관적·비판적으로 이해할 기회를 제공했다. 평균적인 시민의 입장에서 통합진보당 사태는 진보도 정치적으로 무책임할 수 있고 민주적인 가치의 파괴자가 될 수 있다는 생각과 더불어, 진보를 정치적으로 신뢰할 수 있는가에 대해서도 냉정한 시각을 갖게 했다고 본다. 이제야말로 진보가 한국 정치의 독립 변수가 될 수 있는지를 따지는 본격적인 시험대에 올랐다고 할 수 있다.

필자가 볼 때 여전히 문제는, 진보 밖에서는 진보에 대해 민주적 원칙 내지 정치적 책임성을 요구하는 데 반해, 진보 안에서는 더 진보적이 되어야 하고 진정한 진보가 되어야 한다는 주장이 더 많아 보인다는 사실이다. 예컨대 지금까지의 진보 정치는 노동으로부터 멀어지고 자유주의 세력과 연합하는 등 충분히 진보적이지 못해서 문제였고, 이제라도 초심으로 돌아와 진보성을 회복해야 한다는 주장이 대표적이다. '당권파'로 불리는 세력을 두고 그들은 진정한 진보가 아니라고 보는 것도 마찬가지라고 할 수 있고, 그런 관점에서 '진보의 재구성'을 앞세우는 주장들도 다르지 않다. 그간 우리가 진보를 위해 어떻게 희생해왔는데 누가 우리를 부정할 수 있는가를 말하는 당권파의 대응 논리나, 지금 싸움은 진보와 공안 세력 사이에 전개되고 있고, 진보의 운명이 걸려 있는 상황에서 진보가 분열해서는 안 된다는 논리도 넓게 보면 진보 안의 내부자적 관점이라 할 수 있다.

필자는 누가 진정한 진보인가 혹은 어떻게 하는 것이 진보적으로 옳은가를 이야기하는 이런 이해의 틀로만 사태를 이해하고 개선하려는 접근에 대해 회의적이다. 그럴수록 '정파의 논리'가 두드러질 수밖에 없고, 또 그럴수록 진보 밖에서 문제를 보는 평균적 시민들의 정치적 이성과 더 크게 괴리되는 결과를 피할 수 없다고 보기 때문이다. 진보 정치도 정치인 한, 진보도 민주 정치에 참여한 이상, 문제의 핵심은 어떻게 해야 진보적으로 더 옳을 수 있는가의 차원이 아니라 진보적 가치를 정치적 이성 내지 책임성의 가치와 병행할 수 있는가의 차원에 있는 것이 아닐까 한다.

진보적인 것과 정치적인 것은 종류가 다른 문제이다. 진보적으로 정치하면 된다는 생각만으로 해결할 수 있는 것은 거의 없다. 정치는 진보보다 수백, 수천 배 더 넓은 세계이다. 인간이 갖고 있는 복잡성을 진보의 세계와는 비교할 수 없을 만큼 풍부하게 담고 있는, 가장 인간적인 세계가 정치라고 할 수 있다. 따라서 정치를 진보의 틀 안에 억지로 맞출 수는 없는 일이다. 진보는 제대로 정치적이어야 하고 정치에 적응해서 성과를 낳는 방법을 익혀야 할 것이다. 이런 생각으로 민주주의와 정치, 그리고 진보의 관계에 대한 소견을 자유롭게 말해볼까 한다.

현대 민주주의의 두 핵심, 노동과 정당

우선 민주주의 내지 민주 정치를 말하면서 왜 진보를 문제 삼는지부터 이야기해보자. 현대 민주주의는 19세기 중엽 여성 운동과 노동 운동이 중심이 된 보통선거권 투쟁에서 시작되었고, 그 뒤 투표권을 갖게 된 노동자들이 대중정당을 조직해 귀족과 부르주아 중심의 의회주의와 명사정당 체제에 도전하는 과정에서 만들어졌다. 이는 고대 그리스 민주주의가 노동자(노예)와 여성에게 생산과 재생산을 전담시킴으로써 여가를 가질 수 있었던 남성 가부장들만의 시민권에 기초를 두었던 것과 매우 대조적이지 않을 수 없다. 달리 말해 현대 민주주의는 출발부터 노동과 진보적인 대중정당을 그 중심적인 요소로 안게 되었다는 것이다. 이 점에서 필자는 고대 그리스 민주주의보다 현대 민주주의가 수천 배 더 민주적이고 진보적이라고 생각한다.

노동 운동과 진보적 대중정당이 현대 민주주의를 만들었다는 사실만 중요한 것이 아니다. 그 뒤 민주주의의 가치를 실현하는 문제에 있어서도 노동과 진보 정당의 존재는 결정적이었다. 어느 나라든 그 나라의 민주주의가 만들어내는 사회적 가치에 있어서도 노동과 진보 정당은 중심적인 요인으로 작용했기 때문이다.

이 문제를 살펴보자. 어떤 민주주의 국가든 그 나라 헌법에는 일정한 가치 합의가 있다. 크게 보아 그 내용은 자유, 평등, 생명, 행복 추구에 대한 것이다. 즉, 좀 더 자유롭고 좀 더 평등하고 좀 더 건강하고 좀 더 평화로운 공동체가 되어야 한다는 의미를 담는 것이라 할 수 있다.

그렇다면 이렇게 질문해볼 수 있겠다. 민주주의 국가들 가운데 어떤 나라가 빈곤율이 낮을까. 계층 간 불평등 정도가 낮으며, 비정규직의 규모도 작은 나라는 어디일까. 투표율은 높고, 인권 및 자유화 지표가 좋으며, 소수자 및 이주민에 대한 권리 부여 정도가 높고, 여성 장관 비율도 높은 나라는 어디일까. 기대 수명은 높고, 불법 약물 복용·10대 임신·10대 자살·저체중아 출산율·정신질환 발병률·영양실조·비만율이 낮은 나라는 어디일까. 후천적으로 계층 상승이 가능한 사회적 유동성이 높은 나라, 즉 기회의 평등이 높은 나라는 어디일까. 강력 범죄율과 재소자 비율이 낮은 안전한 나라는 어디일까.

다양한 방식의 조사 연구를 종합하면 결론은 크게 두 가지다. 하나는 진보 정당이 있고 그들의 영향력이 큰 나라일수록 성과가 좋다. 그들의 집권 기간이 길수록, 득표력이 클수록 위의 질문과 관련한 통계적 지표가 좋다. 다른 하나는 노조의 조직력이 큰 나라일수록 결과가 좋다. 노조 조직률이 높을수록, 단체협상 적용 범위가 넓을수록, 산별 노조나 정상 노조의 영향력이 클수록 지표들이 좋다. 혁명파 내지 사회주의자들에게는 실망스럽게도 현대 민주주의는 자본주의의 토대 위에서 번성했는데, 그때 민주주의의 질은 어느 사회든 가장 중요한 생산자 집단인 노동을 배제하는 정도가 덜하고 노동의 시민권이 강한 나라일수록 높다. 진보적인 정당들이 보수적인 정당들과 겨뤄 상당한 득표를 하고 집권의 전망도 있는 나라들이 좀 더 자유롭고 평등하고 건강하고 평화롭게 살 가능성이 높은 것이다.

예컨대 미국의 경우 진보 정당이 없고 노동의 시민권도 취약한데, 그런 미국은 세계에서 가장 강력한 경제대국이지만 동시에 가장 불평등한 사회이다. 미국은 가장 강한 군사대국이면서 동시에 유색인 등 약자 집단들의 자유권이 가장 취약하고, 재소자율과 범죄율이 높으며, 투표율은 낮고 10대의 임신과 약물 복용이 심각한 사회이다. 한마디로 말해 경제적으로나 군사적으로 강대국을 추구한다면 모를까, 그렇지 않다면 역시 노동의 가치가 존중되고 진보적인 정치 세력들도 독자적인 목소리를 갖는 사회를 만드는 것이 민주주의의 가치에 훨씬 상응하는 일이라는 것이다.

우리는 어떨까. 노동 있는 민주주의 혹은 진보 정당 있는 민주주의의 길은 개척될 수 있을까. 누구도 이 질문에 긍정적으로 답하기는 어려울 것이다. 아직까지 노동과 진보는 정치적으로 주요한 행위자로조차 인식되고 있지 못하는 것이 현실이기 때문이다. 민주화 이후 사반세기가 지나고 있는데도 현실이 이렇다는 것은 안타까운 일이다. 대체 정치란 무엇이고, 진보는 그런 정치를 어떻게 이해하고 대면해왔을까.

진보와 정치의 불편한 만남

정치는 인간이 사회를 이루면서 가장 먼저 만들게 된 기능이라 할 수 있다. 정치학은 가장 오래된 학문이자, 아리스토텔레스의 말을 빌리자면 '제1의 학문master science'으로 출발했다. 사회가 있는 한 정치는 없을 수 없다. 정치가 최소화된 세계 혹은 정치가 아닌 다른 원리가 정치를 대신하게 된 세계가 있다면, 아마 우리는 교황이 지배했던 중세 혹은 나치나 공산주의 같은 전체주의 사회를 떠올릴 수 있을지 모른다.

가장 고결한 종교의 가치가 정치의 역할을 대신했을 때, 가장 순수한 민족성을 실현하고자 하는 세력이 국가를 지배했을 때, 역사 발전에 헌신하는 공산주의 인간형을 만들 수 있다고 보는 당이 사회를 지배했을 때, 그것이 가져왔던 비극성은 생각하기도 무서울 정도로 어마어마했다. 따라서 정치는 없앨 수 없고, 또 없앨 수 있다고 생각해서도 안 된다. 괴롭지만 우리가 해야 할 고민은 어떻게 정치를 다뤄야 인간과 사회를 위해 선한 결과를 가져올 수 있는지에 대한 것일 수밖에 없다.

정치가 모든 것은 물론 아니다. 정치가 인간 사회의 미래를 모두 책임질 수도 없다. 그러나 정부 정책의 우선순위와 방향을 약간만 바꾸더라도 부조리한 현실을 개선하는 데 크게 기여할 수 있다는 것은 분명하다. 정치가 아니더라도 인간의 삶과 공동체를 풍요롭게 하는 일은 얼마든지 많다. 그러나 국가 예산의 일부만이라도 좋게 쓰인다면 다른 어떤 일보다도 결핍된 조건을 가진 많은 아이들이 내일의 삶을 스스로 개척하도록 도와줄 수 있다.

정치가 이상사회를 만들 수는 없고, 정치의 일상에서 권력·위계·강제·복종과 같은 요소들을 없앨 수도 없다. 그러나 아무리 그래도 지지하는 정당이 있고 그 정당이 집권할 수 있을 만큼 대중적 기대와 유능함을 발휘할 때, 거기에 기대를 거는 사회적 약자 집단도 무시당하지 않고 다른 사람의 온정에 의존하지 않는 주체적 시민권력을 행사할 수 있으며 공동체의 미래에 대한 책임감도 커진다.

이런 정치가 가능하지 않다면, 소외되고 배제된 사회 집단은 체제에 대한 끝없는 자기 희생적 저항과 좌절을 피할 수 없다. 크레인에도 올라가야 하고 촛불도 들어야 하고 희망버스도 타야 하고, 그러면서도 좌절하는 사람들은 스스로 목숨을 끊고, 차라리 폭동이라도 가능한 사회라면 모르겠는데 그것도 불가능하다 보니 자기 파괴적 심리에 갇혀 살아야 하는 사회가 되고 말았다. 민주주의를 하고 있다고 말하는 사회에서 이렇게 살 수는 없다.

그러나 인간이 갖고 있는 한계와 가능성을 이해하고 그 기초 위에서 정치가 갖는 긍정성을 말하는 것은 쉬운 일이 아니다. 민주주의 체제라면 어디든, 정치를 부패와 부정, 권력 다툼으로 비난하고 정치로부터 사람들을 멀어지게 만드는 반(反)정치주의의 이데올로기가 강력하다. 민주주의를 싫어하는 사람조차 민주주의를 직접 공격하지는 못한다. 적어도 공식 담론의 차원에서는 민주주의가 거의 사회적 합의처럼 되었기 때문이다. 대신 그들은 정치를 야유하고 정치인을 비난함으로써 민주주의의 권능을 무력화시킬 수는 있다. 가난한 보통의 시민들이 정치를 멀리하게 될 때, 자신들에게 유리하도록 정치를 움직여갈 수 있기 때문이다.

말로는 늘 정치와 정치인을 부정적으로 말하고 비난하면서 실제로는 가장 정치적이고 투표도 열심히 하고 정부 정책이나 예산에 민감하게 반응하는 사람들은 누구일까. 민주주의를 탐탁잖게 생각하는 상층계급들이다. 오늘날의 한국 정치가 이들의 전유물일 수 있게 된 데는, 인정하기 싫겠지만 진보의 책임도 크다. 그들이야말로 진보적인 것을 앞세우고 진정성과 운동의 고결함만을 고집하면서 반정치주의의 도덕성을 뒷받침해줬기 때문이다.

진보만큼 정치와 정치인 알기를 우습게 아는 사람들도 없을 것이다. 어찌어찌해서 정치를 하게 되었을 때조차 진보파들은 스스로는 원치 않았는데 상황이 어쩔 수 없었다는 자기변명을 하거나, 자신은 정치적인 사람이 아니라는 말을 버젓이 하는 자기기만을 보여주는 경우가 많다. 그래서 그런지 "나는 정치를 하는 사람이고, 정치의 본질인 권력을 선용할 수 있도록 실력을 쌓고 자신감을 갖기 위해 노력한다"는 말을 들어본 적이 별로 없다. 그러다보니 정치의 세계에 들어가기 전은 물론 들어가서조차 실력을 갖출 수 없었고, 시민들이 준 기회를 살리지 못하고 실망과 좌절감만 확산시켰다. 최근 일어나고 있는 진보 정치의 여러 난맥상을 지켜보면서 진보 정치와 노동 정치를 주장했던 많은 사람들이 갑자기 정치에 대한 헛된 기대는 이제 때려치우자고 말하는 또 한 번의 자기 부정을 아무렇지도 않게 하기도 한다. 정당은 이제 아닌 것 같으니 운동으로 돌아가자는 주장도 고개를 들고 있고, 기존 정치와는 다른 정치, 새로운 노동 정치를 말하는 사람도 있다.

그런 심정을 갖게 된 것이야 이해할 만한 일이나, 그렇다고 문제의 핵심은 진보가 정치를 잘못 이해하고 정치를 잘못 다룬 데 있다는 진실을 피해갈 수는 없다. 아무리 정치에서 성과를 내는 게 어렵다고 해도 예전처럼 운동의 순수성만 회복하면 될 것 같이 말하는 것도 복고적 패배주의 이상이 될 수 없다. 새로운 정치? 그런 건 없다. 인간의 정치는 지금까지 우리가 보아온 그런 것이고 그 속에서 성과를 낼 만큼 실력을 키워야 하는 것이지, 지금까지 했던 사람들이 아닌 좀 더 순수한 다른 사람들이 더 진보적인 마음으로 잘하면 될 것 같이 말하는 것은 순진하거나 아니면 무능하거나 그것도 아니면 자신들의 책임을 회피하고자 하는 심리를 드러내는 것에 불과할 때가 많다. 그렇게 생각해서 '새로운 정치'를 해도 정치적 무능력은 재현될 것이고 또 다른 '당권파'는 나올 것이며 결국 좌절할 수밖에 없을 것이다.

오래전 마키아벨리가 말한 것이지만, 인간의 정치가 대면하고 있는 고민은 5천 년 전이나 지금이나 별로 달라진 것이 없다. 앞으로 5천 년 뒤에도 인간의 정치적 고민은 다르지 않을 것이다. 지금까지 우리가 겪고 보아온 정치, 그것이 앞으로도 우리가 해야 할 정치이고 그 속에서 좀 더 진보적인 성과를 낼 수 있도록 실력을 키우는 것이 진보의 몫일 뿐이다. 다른 건 없다. 정당을 어떻게 운영해야 다양한 이견이 공존하면서도 체계와 조직으로서의 힘을 발휘할 수 있을까. 당의 정책 능력과 교육 기능을 어떻게 확대할 수 있고, 당원들이 활기찬 당 생활을 할 수 있으려면 무엇이 필요할까. 시민사회와 의회 나아가 국가 관료제와 마주하는 과정에서 어떻게 하면 우리 사회의 가난한 보통 사람들의 권능을 더 강하게 실현할 수 있을까.

이런 문제들을 다루면서 가능성의 공간을 확장해가는 것이 정치이지, 뭔가 진정성이나 초심을 회복하면 다 될 것 같이 생각해선 안 된다. 복잡하게 말했지만, 핵심은 인간의 정치를 있는 그대로 이해하고 그 속에서 성과를 낼 수 있는 유능함을 진보가 키우지 못한 문제였지 정치 자체가 문제가 아니라는 것이다. 오류와 잘못을 회피하지 않으면서 개선의 방법을 찾는 것이 중요하지, 지금까지 늘 그랬던 것처럼 또다시 화만 내고 남 탓만 하면서 정치적 열정을 소진시키는 실수를 반복해서는 안 될 것이다. 거저 얻어지는 것은 세상에 아무것도 없다. 인간이 가진 가장 복잡한 문제를 다루는 정치는 말할 것도 없다.

많은 사람들이 오늘날 진보 정치의 여러 난맥상을 개탄하면서 "(부패로 망하는 보수와는 달리) 진보는 분열로 망한다"는 말을 자주 한다. 진보 정당에서 활동하는 내부자들 사이에서도 반은 농담 반은 자조적으로 같은 말을 하는 사람이 늘고 있다. 분열로 망하는 것을 마치 회피하기 어려운 운명적 귀결처럼 이해하는 경향이 커지는 것은 좋지 않다. 진보가 보수보다 분열의 양상을 더 자주 보이는 것은 어느 정도 분명한 사실이다. 우리에게는 아직 그런 사례가 많지 않지만, 과거 유럽이나 일본의 경우 진보 세력들 사이의 갈등이 커져서 서로에게 폭력을 행사했던 사례가 숱하게 존재한다.

이웃나라 일본의 경우, 진보파 내부에서 벌어졌던 비극적 린치 사건들을 '우치게바內ゲバ'라고 한다. '우치게바'는 내부라는 뜻의 일본어 '우치內'와 폭력이라는 뜻의 독일어 '게발트Gewalt'의 합성어로 진보파 내의 주도권 다툼이 폭력으로 표출된 사례를 뜻한다. 성공회대 권혁태 교수에 따르면[1] 1969~1999년 동안 무려 1,960건의 폭력이 있었고, 사망자 113명, 부상자 4,600명에 달했다고 한다.

1
「권혁태의 일본 읽기 <13>: 1950년대의 우울과 예감」, 『프레시안』, 2008년 6월 3일.

1973년 12월 한 정파가 발표한 문건을 보면, 이런 표현이 있다. "현관에서 과감하게 들어간 우리 부대는 (……) 놀라서 어쩔 줄 몰라 하며 창문으로 도망가려 하는 ××에게 강력하게 쇠망치 한 방을 가했다. 방바닥에 나뒹굴어 우리 영웅적 부대의 진격에 겁에 질려 있는 가족 앞에서 용서 없는 철퇴를 모든 힘을 모아서 전신 모든 곳에 가해 피바다에 침몰시켰다." 이 사례만큼 진보파 내부의 정파 간 증오감의 비극성을 잘 보여주는 경우도 드물다.

진보 정당이 하나인 나라는 없다. 한때는 공산당 계열과 사회당 계열로 나뉘어 대립했는데, 이제는 그렇게 분류하기 어렵지만 그 경향이 사라진 것은 아니다. 지금도 여전히 혁명적 지향을 가진 세력과 점진적 개혁주의를 지향하는 세력 사이의 갈등은 존재한다. 게다가 노동 정치의 연장선에 있는 흐름과 생태와 환경처럼 탈물질적 가치를 중시하는 경향 사이에 차이도 적지 않다. 민족 문제나 지역 문제 때문에 갈등이 더 복잡한 나라들도 많다. 정파 갈등이라고 이야기되는 우리의 문제도 본질적으로 같은 성격을 갖는다고 할 수 있다.

그러나 진보가 이러저러한 이유로 분열돼 있고 그로 인해 치유되기 어려운 갈등의 상처를 주고받는 사례가 많다고 해도, 그게 다는 아니다. 민주 정치의 역사가 우리보다 긴 나라들을 보면, 진보 정당들이 분열돼 무기력해지고 주변화되거나 아예 존재하지 않는 나라보다 진보 정당도 집권의 경험을 한 나라가 훨씬 더 많다. 집권 기간이 길지 않더라도 유력한 정당으로 역할을 하는 나라들의 사례도 많다. 따라서 진보는 분열로 망한다는 말이 항상 실제 사실과 부합하는 진리인 것은 전혀 아니다.

어느 사회에서든 진보가 성장하는 데 있어 가장 중요한 도전은 '이견을 다루는 문제'에 있다. 이견은 언제 어디서든 있다. 이견은 없앨 수 없다. 유사한 생각을 갖는 사람들끼리 모여 서로 다른 의견 집단을 이루게 되는 것은 정치의 본질이자 인간의 본성에서 기인한 현상이다. 따라서 없앨 수 없는 이견을 없애려 하거나 그로 인해 발생하는 문제의 원인을 다른 의견 집단에 전가하는 것은 분열을 심화시키고 각자의 내면만 황폐하게 만들 뿐이다. 생각이 다른 세력을 모욕하고 경멸하는 것만으로 달라지는 것은 아무것도 없다. 성공한 진보 정당들의 과거 경험 속에서 얻을 수 있는 교훈은 분명하다. 그것은 이견을 갖는 집단들을 합리적인 경쟁과 공존의 틀 안에 묶어두고 각자가 갖는 영향력의 크기만큼 책임성을 부과할 수 있어야만, 분열보다는 협동의 가능성을 키워갈 수 있다는 것이다.

정파 때문에 문제라는 말도 많이 하는데, 그것 역시 인과적으로 잘못된 이해 방법이라 할 수 있다. 파당을 짓고 정파를 만드는 일은 인간의 정치에서 자연스러운 일이다. 과거 권위주의 독재정권과 싸우면서 자연스럽게 정파가 등장했고 또 유익한 측면도 많았다. 그것은 감시와 탄압을 피해 저항을 효과적으로 조직할 수 있는 방법이었고, 두려움을 떨쳐낼 수 있는 심리적 지지대의 역할도 했으며, 서로 신뢰하는 운명 공동체로서 편안함을 갖게 했다. 문제는 민주화가 되고 진보적 대중정당의 공간이 열렸을 때 발생했다. 안정된 리더십을 구축하고 조직의 공식 결정 기구를 확고하게 자리 잡게 하면서 참여와 대표, 책임성의 원리가 실천되는 다양한 제도와 조직 문화가 성장했어야 했는데, 이 과제들에서 성과를 내는 데 실패하다 보니 진보 정당이 잘 조직된 정파들의 사냥터로 전락하고 말았기 때문이다. 요컨대 문제의 핵심은 정당을 제대로 만들지 못해 결과적으로 정파가 전횡하게 된 데 있고, 따라서 정파의 폐해를 극복하는 문제 역시 정당을 제대로 만드는 차원에서 접근해야 한다는 것이다.

정당은 이탈리아 좌파 정치가인 안토니오 그람시가 말했듯 '현대판 군주modern prince'라 할 수 있다. 정당이 제자리를 잡은 뒤에는 합리적 제도와 절차에 따라 운영되어야 하겠지만, 정당을 그렇게 만드는 형성기 내지 전환기에는 강한 리더십이 핵심이다. 많은 사람들이 부러워하는 스웨덴의 진보 정당 역시 수권 정당으로 성장하는 과정에서 당 리더들의 평균 재임 기간이 20년에 가까웠다. 예나 지금이나 정치의 중심 문제는 좋은 통치자를 뽑는 것에서 시작된다. 미국 헌법의 아버지 제임스 매디슨이 강조했듯, "먼저 통치를 가능케 하고 사후적으로 통치가 자의적이 되는 것을 통제"해 가는 접근 없이 어느 인간의 조직도 성과를 낼 수 없다.

독일의 사회학자 막스 베버의 말마따나, "리더십이 없는 민주주의는 관료 본능이 아니면 도당들의 지배로 귀결될 뿐"이다. 권력은 가시적일 때 책임을 물을 수 있다. 강력한 리더십 없이 강력한 대중 권력은 불가능하다. 그럴 경우 당은 보이지 않는 정파 권력들의 놀잇감으로 전락할 수밖에 없다는 게 정치학의 가장 오래된 기초 이론의 하나이다. 이번엔 '경기동부'가 초점이 되었을 뿐, 낡은 정파 구도 위에 서 있는 정당의 틀을 바꾸지 않고 달라지는 것은 별로 없을 것이다.

로마의 법 격언에 "무지는 용서받지 못한다"는 말이 있는데, 마찬가지로 정치에서 무능력은 변명될 수 없다고 생각해야 한다. 리더십과 권력의 문제를 회피하고 이룰 수 있는 정치적 성취는 없다. 권력을 통해 권력을 통제하는 접근, 야심을 통해 야심을 견제하는 접근, 이것이 곧 근대 정치학의 출발이다. 이러한 정치의 본질 속에서 어떻게 선한 목표를 성취할지 고민하는 것이 진보가 해야 할 일이지 다른 것이 될 수 없다.

진보적이기만 해서는 위험한 이유

진보가 정치에서 사회에 유익한 성과를 내는 데 있어서, 출발점은 '정치란 무엇인가'에 대한 제대로 된 이해이다. 정치를 우습게 알고, '정치 별거 있나 초심 잃지 않고 부패하지 않고 진보적으로 하면 되지' 정도의 태도로는 충분치 않다. 특히 진보의 가치와 열정을 가지고 정치가가 되고자 하는 사람이 있다면, 그에게 '정치가가 된다는 것은 무엇을 의미하나' 하는 문제에 대한 자각적 이해는 결정적으로 중요하다.

그러려면 진보적 관점의 연장선에서 정치를 생각하지 않아야 한다. 그보다는 인간 사회에서 정치가 갖고 있는 보편적 측면이 더 많이 강조되어야 하고, 나아가 마르크스주의적 토대 이론이든 운동론이든 다른 영역의 논리로 치환될 수 없는 정치 나름의 독자적 논리가 있음을 더 중시해야 한다. 운동과 정치의 논리는 다르기 때문이다. 두 논리가 매우 다르다는 사실이 충분히 인정되고 또 정치의 논리가 있는 그대로 이해될 수 있을 때, 비로소 운동과 정치의 논리가 좀 더 유익한 방향으로 결합될 수 있는 길이 열린다고 본다.

인간을 이해하고 정치의 방법으로 사회를 좋게 만드는 문제와 관련해 '옳음을 앞세우는 것'은 좋지 않을 뿐 아니라 위험하다. 정치에서 옳음은 하나가 아니라 복수라는 생각을 해야 한다. 특히 민주주의는 여러 부분적 옳음을 말하는 정당들 사이의 경쟁을 통해 사회적으로 선한 결과를 낳고자 하는 체제라 할 수 있다. 따라서 정치에서 운동에 대한 헌신을 내세우며 개인 권리를 가볍게 여기거나 역사·이념·민중을 과도하게 이상화하는 것으로는 대중의 지지를 얻기 어렵다. 그런 접근은 선지자주의 내지 진보적 엘리트주의일 수는 있어도 민주주의와는 잘 양립이 안 되기 때문이다.

자신이 진보적이라는 것을 앞세우고 그것을 도덕적 무기로 과시하는 일 또한 무능력함 내지 무책임함을 은폐하는 기능을 많이 한다. 인간의 현실을 그렇게 다루면 무엇이 더 옳은지를 따지는 데 과도한 열정을 허비하고, 누가 더 진정성이 있는지를 두고 다투게 되는데, 역설적이게도 그런 사람들은 주변을 온통 어두운 분열과 상처로 얼룩지게 만들기 쉽다. 자신의 주장에 대한 확신도 과도해서 자신과 생각을 달리하는 견해를 최대한 욕보이고자 하는 열정을 잘 억제하지 못할 때가 많다. 설득력 있는 논리를 세우고 실증적 자료도 준비하는 등의 성실함은 경시되기도 한다.

가끔 진보만이 옳다고 생각하거나 혹은 보수를 박멸의 대상으로 말하는 사람을 보게 된다. 그런 태도는 자신의 진보성을 과시하는 데는 유용할지 모르나 민주주의나 인간적 가치와 양립하기는 어렵다. 그런데도 그런 잘못을 보이는 진보파의 사례가 적지 않다. 이정희 전 통합진보당 대표는 미국 국무장관을 강간해 살해해도 좋다는 말을 해 논란이 되었던 야권 후보 김용민에 대해 "점잖은 새누리당 후보"보다 신뢰한다는 생각을 밝힌 적이 있다. 새누리당이나 보수가 싫다고 그들을 폭행하고 강간해도 좋다고 말하는 사람을 우리 편이라서 신뢰한다고 할 수 있는 윤리적 기초는 세상에 없다고 본다. 그런데도 민주당과 통합진보당이 중심이 된 야권 연대의 틀 안에서 이런 발언은 별로 문제시되지 않았다.

김용민 후보는 사퇴 요구를 거부하면서 "조중동 프레임"에 따르는 일은 할 수 없다고 말했다. 그에 대한 비판과 사퇴 주장 모두를 보수적 주류 언론과 동일시하는 것도 비열했지만, 더 큰 문제는 어떤 경우라도 보수 쪽의 입장은 인정할 수 없다는 태도였다. 진보도 잘못하면 보수로부터 비판받을 수 있고 그래야 한다고 생각한다. 보수 없는 진보만의 세상? 그게 가능하다면 전체주의일 것이다. 민주주의의 원칙에서 말할 수 있는 것은, 보수와 진보의 공정한 경쟁이지 다른 것이 될 수 없다. 인간적인 문제에서 진보가 보수보다 특별히 더 낫다고도 생각하지 않는다. 보수에도 상종 못할 사람이 있지만 진보도 그 점에서는 크게 다르지 않다고 본다.

인정하기 싫겠지만, 민주주의에서라면 보수의 집권이 좀 더긴 경우가 일반적이다. 인간은 유기체이고 따라서 병들고 죽는 것에 대한 공포만큼 두려운 것이 없다. 사회도 일정한 균형의 체계를 갖는데, 1997년 외환 위기 때 경험했듯이 체계의 균형이 붕괴되는 것만큼 고통스러운 건 없다. 따라서 유기체로서의 인간이든 인위적으로 만들어진 체계로서의 사회든 생존과 지속성을 중시하게 되는바, 보수성은 어쩌면 생래적인 것인지도 모른다. 마찬가지로 변화와 진보도 인간 삶 내지 인간 사회의 생래적 측면이다. 누구도 지루한 삶 내지 정체된 사회를 좋아할 수는 없다. 그렇기에 좋은 민주주의라면 진보와 보수가 경쟁해서 유익한 사회적 결과를 낳게 하는 것이 중요하다. 진보만의 아름다운 세계는 꿈으로는 존재할지모르나, 그게 현실이 된다면 일원주의적 전체주의를 피할 수 없다.

보수와는 달리 진보는 민주 정치에서 많은 핸디캡을 갖는다. 기성 체제의 수혜자로서 보수는 자신들에게 유리하게 편재되어 있는 '지금의 현실'을 고정시켜 해석하는 것만으로도 프리미엄을 얻을 수 있다. 반면 진보는 운명적으로 '지금의 현실이 변화되고 개혁된 미래'를 행위의 기준으로 삼아야 하는 존재이기에 어려움이 많다. 당연히 어떤 미래여야 하는가를 둘러싼 관점과 지향은 여럿일 수밖에 없고, 그렇기에 정파적 분열과 사상 투쟁의 가능성은 상존한다. 누군가 뛰어난 사람이 등장해 개혁되고 진보된 미래 사회의 모습을 제아무리 잘 이론화한다 하더라도, 그것이 갖는 불확실성 때문에 언제나 '확신의 딜레마'를 안을 수밖에 없기도 하다.

그것이 의미하는 바는 분명하다. 보수와는 달리 진보는 실력이 없으면 정치적으로 성장하기가 어렵다는 것이다. 그런 '구조적인 불이익'에 맞서 물리력이나 폭력을 동원할 수도 없다. 그런 시도는 그들을 곧 '반민주' 세력으로 만들거나 혹은 정치적으로 배제되는 계기로 작용할 것이다. 따라서 '혁명의 방법'이 아닌 '민주주의의 방법'으로 보수와 경쟁하는 일은 애당초 진보에게 불공정한 게임인 면이 분명 있다. 그러나 진보가 넘어서야 할 도전의 벽이 높다는 바로 그 사실 때문에, 인간의 역사에서 진보의 성취가 더 빛나고 그 효과도 오래간다는 점도 분명하다. 어쩌면 진보의 가치는 바로 그런 점에 있지 않나 싶기도 하다.

문제는 진보가 정치, 특히 민주 정치에 적응하는 일이 쉽지 않다는 데 있다. 대개의 경우 진보란 절대적으로 옳은 어떤 판단 위에 서 있는데, 정치에서는 진보적인 기준으로 볼 때는 옳지 않은 결정을 해야 할 때도 있다. 평화와 안전이라는 옳은 목적을 위해 전쟁과 강제력이라는 악마적 수단의 선택을 감수해야 할 때가 있는 것이 정치이다. 진보적으로 옳고자만 한다면 이런 역설을 감당하지 않아도 되겠지만, 정치적이고자 한다면 그런 윤리적 딜레마 속에서 일을 해야 한다. 그만큼 진보적 가치와 정치적 이성이 양립할 수 있는 길을 개척하는 과업이란 간단치 않다.

그렇다면 정치란 무엇이고 어떻게 하면 좋은 정치적 실천을
할 수 있을까. 정치학을 배우면 그럴 수 있을까. 정치학을 잘 아는
사람은 그걸 알고 있을까. 그렇지 못하다. 아무리 뛰어난 정치학자
내지 정치철학자라도 정치적 실천에 있어서 성공한 모델을 찾기가
어렵다. 좋은 정치를 실현하는 것은 좋은 정치가의 몫이고 정치학
자나 정치철학자는 그걸 관찰하면서 사후적으로 말하는 것이 일반
적이다.

　　플라톤도 정치에 관여했으나 성과를 내지 못했다. "서양 철
학은 플라톤에 대한 주석"이라고 할 만큼 대단한 그도 시라쿠사 왕
국에 두 번 정치 자문을 하러 갔으나 별 효과가 없었고, 한 번은 노
예시장에 팔릴 뻔하고 또 한 번은 죽다 살아나 도망쳐야 했다. 마키
아벨리는 정치에 대해 가장 독창적이고 대담한 생각을 연 사람이
라 할 수 있다. 그는 피렌체 공화국에서 요즘 말로 외교안보 수석의
역할을 했으나 쫓겨나 투옥되어 고문을 당하고, 이후 저술가로서
초라하게 삶을 마감했다.

　　루소는 공화주의 내지 직접 민주주의의 원조 격인 정치철학
자 가운데 한 사람이다. 그 역시 베네치아 프랑스 대사 보좌관 역할
을 했으나, 1년 만에 쫓겨나듯 그만둘 수밖에 없었다. 막스 베버는
정치가라면 한 번쯤 읽었음 직한『소명(직업)으로서의 정치』의 저
자이자 당대 최고의 지식을 가졌던 학자였다. 그도 정치를 하고 싶
어 했고 그래서 자신에게 정치란 "비밀 연애 같은 것"이라고 고백
할 정도로 강한 열정을 갖고 있었으나, 1919년 1월 바이마르공화

국을 여는 제헌의회 선거에 출마했고, 낙선했다.

정치는 어렵다. 그만큼 인간이 가진 복잡성을 거의 다 담고 있는 풍부한 세계라 할 수 있다. 앞서도 말했지만, 정치학을 많이 안다고 정치를 잘 하는 것도 아니다. 그래서 필자는 훌륭한 정치학자가 되는 일보다 훌륭한 정치가가 되는 일이 훨씬 어렵고 위대하다고 생각한다. 정치가 왜 어려운지에 대해 다 말할 능력은 없지만, 정치의 세계가 갖는 이율배반적 본성을 통해, 좀 더 나은 정치적 실천을 위해 고민해봐야 할 주제 몇 가지는 이야기해볼 수 있지 않을까 한다. 끝으로 이 문제를 이야기해보고 싶다.

정치의 이율배반성과 진보

정치의 상황을 포착하는 일은 어렵다. 뭔가 알게 되었다 싶으면 금방 새로운 상황이 도래하고 앞선 지식이나 정보를 무용지물로 만드는 것이 정치이다. 정치의 미래를 예측하는 것도 너무 어렵다. 정치를 어떻게 다뤄야 하는지에 대해서도 체계화하기 어렵다. 한마디로 말해 정치란 교과서를 만들 수 없는 분야라고 할 수 있을 정도이다. 경제(학)와 비교하면 금방 알 수 있다.

경제(학)는 가격 메커니즘에 의한 조정, 이를 결정하는 수요와 공급, 그 원천으로서 제한된 자원과 경제 주체들의 선호 등을 중심으로 한 가정과 연역의 체계로 이루어져 있다. 따라서 늘 교과서가 있고, 그런 교과서를 배우지 않고는 경제(학)를 다룰 수 없다. 예측은 경제(학)의 생명에 가깝다. 반면 정치학은 연역의 체계를 세울 수 없고, 따라서 교과서를 쓸 수가 없으며, 아무리 많은 정보와 변수를 통제할 수 있어도 예측이 잘 맞지 않는다.

김대중 정부가 들어섰을 때 대통령 자문기구에 연구원으로 1년간 참여한 적이 있다. 그때 청와대에서 정치 개혁 보고서를 만드는 일을 도왔는데, 각 당의 정무 브레인들과 정치 전문가들을 많이 볼 수 있었다. 당시 내 눈에 그들은 정치에 대해 모르는 게 없는 사람들 같았다. 모든 정치 세력들의 전략적 행동을 예측하고 대응 전략을 이야기했다. 당시 나는 박사과정을 수료한 상태였으니 정치학이라는 학문에 어느 정도 훈련받았다고 볼 수 있었지만, 그들을 보면서 내가 정치에 대해 아는 게 뭔가 하는 자괴감이 들기도 했다. 그런데 나중에 알게 된 것은 그렇게 해서 만들었던 수많은 정치 개혁 보고서들이 하나도 현실로 실현된 것이 없다는 사실이었다. 정당의 브레인이든 정치 전문가들이든 누구의 예측도 맞지 않았다.

정치가 갖는 불가예측성 내지 가변성을 마키아벨리는 포르투나fortuna(운명의 여신)로 개념화했다. 서양의 신화에서 눈을 가린 여신은 법의 여신과 운명의 여신 둘이 있다. 법의 여신은 공평무사하기 위해 눈을 가렸지만, 운명의 여신은 눈 감고 칼을 휘두르는 존재처럼 누구도 통제하기 어렵다는 것을 비유한다고 볼 수 있다. 마키아벨리는 정치란 변덕스런 운명의 힘이 작용하고, 이 속에서 신념과 의지를 가진 인간이 싸워가는 세계라고 이해했다.

베버 역시 정치의 본질은 합리적으로 이해되고 분석되기 어려우며, 민주 정치 역시 그렇다고 생각했다. 그는 지배의 유형을 전통적 유형, 합리적 유형, 카리스마적 유형으로 분류했는데, 흥미롭게도 민주 정치의 본질을 합리적 지배의 유형이 아닌 카리스마적 지배의 유형에 있다고 봤다. 그래서 합리적으로 설명되지 않는 정치의 본질을 말하려 신화에서 카리스마라는 개념을 빌려왔다.

윤리적인 측면에서도 마찬가지이다. 예를 들어 베버는 정치의 윤리적 기초로서 신념 윤리와 책임 윤리를 말했는데, 이 두 윤리를 이론적으로 통합하는 것은 불가능하다고 봤다. 결국 그런 모순, 갈등, 긴장 속에 있는 것이 정치이고 어떤 철학자나 이론가도 해결책을 낼 수 없기 때문에, 다른 누가 아닌 정치가 스스로 의지와 신념, 책임성을 갖고 실천적으로 상황을 개척해가야 한다고 생각했다.

정치가 갖고 있는 민중적인 측면도 있다. 정치 하면, 누구나가 다 전문가다. 의학이나 물리학 등 다른 분야처럼 대중 앞에서 전문가로서 일방적인 권위를 갖기는 어렵다. 물론 대중의 판단과 무의식적 행위가 집합적으로는 훨씬 합리적이고 현명할 때가 많다. 그러나 대중의 집합적 열정은 그야말로 변덕스러운 면이 있다. 모두가 정치를 말하고 모두가 정치를 욕한다는 것은 그만큼 정치가 민중적인 세계라는 뜻인데, 그것이 만들어내는 비합리적인 흐름 내지 바람은 개인을 한순간 영웅으로 만들 수도, 반대로 처참하게 만들 수도 있다.

이런 포퓰리즘과 데마고그적 현상이야말로 민주 정치가 숙명적으로 안고 있는 역동성의 원천이자 동시에 위험한 운명의 발원지이기도 하다. 대표적인 사례로서 민주주의에 의해 희생된 페리클레스의 아들을 들 수 있다. 잘 알다시피 페리클레스는 아테네 민주주의의 전성기를 대표하는 지도자였지만, 그 뒤 아테네 민주주의가 쇠퇴하면서 아버지처럼 선출된 전쟁지도자였던 그의 아들은 민회에서의 선동 정치에 휘둘린 대중들에 의해 사형에 처해지고 말았다.

대중의 문제를 어떻게 다루느냐 하는 것은 정치에서 가장 어려운 주제로, 수많은 정치철학자들이 이 문제에 대해 말했지만 안정된 이론이나 처방을 내놓은 사람은 없었다. '좋은 정치가 좋은 시민을 만드는가 아니면 좋은 시민이 좋은 정치를 만드는가'라는 플라톤 이래의 오랜 질문은 여전히 계속되고 있는 상황이다.

대중적인 것, 민중적인 것의 이율배반성 문제를 리더십의 차원에서 봐도 동일하다. 통념과는 달리, 정치가 가운데 축재한 사람은 생각보다 많지 않고 오히려 가족과 주변에 고통을 남긴 사람이 많다. 대표적인 사례로서 "사쿠라" 혹은 "밤에는 여당, 낮에만 야당" 소리를 들었던 유진산이 있다. 1960년대 한국 야당사를 대표한 그가 죽고 난 뒤, 진보당에 참여했던 정태영(『조봉암과 진보당』의 저자) 등 평소 그를 비판했던 젊은 정치인들이 그래도 그의 미망인을 위로할 겸 남은 가족들이 어찌 사는지 궁금하기도 해서 찾아간 적이 있었다고 한다. 집은 끝이 없이 올라만 가는 달동네 꼭대기에 있었다고 한다. 그런데 마침 그날 이사를 하고 있었는데, 짐이라는 게 고작 리어카 한 대 분량이 안 되었다. 정치가로서의 그의 모습과는 달리 가족에게 남긴 것은 가난밖에 없었다. 거의 모두 사법처리 대상이 되거나 비극적인 죽음을 맞이했던 우리나라 대통령들의 사례도 정치가 얼마나 사나운 동네인가를 잘 말해주고 있다. 김우중과 정주영 등 재벌들의 정치 참여도 가족들의 입장에서 볼 때는 처참한 일이었다.

정치가의 길은 권력감을 갖게 하고, 남들 앞에 나서는 것에서 삶의 보람을 느끼는 직업이라고 할 수 있다. 돈이 생기면 가족이 생각나는 그런 종류의 사람들이 아니라 지지자를 찾아 나서고 자기를 알아주는 사람을 찾아가는 욕구를 가진 사람들의 세계이다. 그래서 늘 영웅심과 허영심이라는 두 심리적 요소를 만들어낸다. 영웅심은 분명 리더십이 갖지 않으면 안 되는 요소이자 공동체에 대한 헌신을 집약하는 개념이다. 그러나 영웅심의 다른 면은 자신을 과시하고자 하는 허영심이다. 공익적 영웅심과 그것이 동반하는 허영심, 아무리 생각해도 이에 대해 어떻게 생각하고 말해야 할지 참으로 어려운 문제가 아닐 수 없다. 따라서 베버는 정치가라면 자기 스스로를 들여다볼 수 있도록 내면의 힘을 튼튼히 해야 한다는 점을 강조했다.

현실적인 것과 이상적인 것의 관계도 복잡하다. 공동체에 대한 이상 혹은 이상적 비전을 갖지 않는 정치는 있을 수 없다. 그것이 없다면 아무도 감동시킬 수 없을 것이다. 그러나 이상주의적 태도나 도덕주의적 정치를 앞세우면 역설적이게도 공동체를 위기에 빠뜨리기 쉽다.

500년 전 르네상스 시대 피렌체 공화정을 연 사보나롤라라는 이가 있다. 그는 청렴과 숭고함으로 존경을 받았다. 로마 교황과 귀족들의 사치와 탐욕을 비판했고 허영에 찬 세속의 삶을 버릴 것을 강조했다. 한마디로 도덕주의적 진보파의 전형적 인물이라고 할 수 있다. 타락한 사회를 정화하고자 스스로 대속의 십자가를 지는 자세로 통치를 했다. 처음 그에 대한 민중들의 기대는 대단했다. 그러나 시간이 지나도 갈등과 분열, 불안한 현실은 여전했다. 실망과 불만은 커져갔고 그러는 동안 귀족과 교황의 음모가 효과를 발휘하게 되어 4년 만에 그의 통치는 처참하게 무너졌고 그는 엄청난 고문을 받고 화형에 처해지고 말았다.

인간의 위대함과 함께 인간의 한계를 이해하는 기초 위에서 정치의 현실을 다루어야 하고, 공동체의 바람직한 모습을 구현한 이상과 비전의 정치가 균형을 만들어갈 수 있어야 한다. 그러나 어떻게 그럴 수 있는지에 대해서는 아무도 사전에 논리적으로 뚜렷한 처방이나 대안을 말할 수는 없다. 베버에 따르면 그런 정치의 세계에서 자신을 지킬 수 있는 것은 "삶의 현실을 있는 그대로 들여다볼 수 있는 단련된 실력, 그런 삶의 현실을 견뎌낼 수 있는 단련된 실력, 그것을 내적으로 감당해낼 수 있는 단련된 실력"뿐이다.

그 밖에도 정치의 이율배반성은 끝도 없이 많다. 어쩌면 그것은 선하게만 살 수 없는 인간의 운명적 한계에서 비롯된 것이라

할 수 있다. 그걸 부정할 수는 없다. 인간은 천사가 아니고 천사에게 정치를 맡길 수도 없다. 시민을 모두 아리스토텔레스로 만들거나 철학 세미나를 하듯 정치를 운영할 수도 없다.

정치가 혹은 정치적 실천에 나선 사람들이라면 이런 조건을 이해할 수 있어야 한다. 그래야 차이와 갈등 속에서도 서로 협력할 수 있는 현실적 방법을 찾을 수 있고, 허황된 기대 때문에 쉽게 좌절하고 냉소하고 방치하는 일을 줄일 수 있다. 누가 더 진보적이고 누가 더 민중적이고 누가 더 고생했고 누가 더 착하고 누가 더 진정한지에 대한 것으로 시간과 열정을 다 소진하지 않고, 누가 더 정치적이고 권력을 선용할 만큼 담대하고 결국 성취를 이룰 수 있는지에 대한 생각도 어느 정도 균형을 이루어야 한다고 본다.

인간은 피조물이다. 아무도 원해서 태어난 사람은 없다. 누구든 병들고 죽을 수밖에 없는 '비극적 운명'의 존재이다. 그래서 공허한 삶이 되지 않도록 신념을 갖는 것이 중요하다. 정치에서 신념은 더욱더 중요하다. 그것이야말로 허영심 내지 권력 본능으로부터 자신을 지킬 수 있는 내면의 힘이기 때문이다. 물론 신념이 중요하다고 해서 근본주의자가 되면 안 된다. 정치를 통해 인간의 문제를 다 해결할 수는 없다. 정치를 통해 인간을 근본적으로 바꾸려고 했던 실험은 모두 엄청난 비극을 가져왔다는 것을 생각해야 한다. 나치의 우생학, 스탈린의 농촌공사, 기회주의를 없애겠다던 크메르루주의 대학살, 그 밖에 많은 공산주의 국가들에서의 인간 교화 프로그램 등이 가져온 문제를 생각해야 한다. 진보적이기만 해서는 위험할 수 있다는 생각을 해야 한다.

　　정치는 그야말로 사납고 위험한 분야가 아닐 수 없다. 감당할 수 없는 윤리적 딜레마로 둘러싸여 있다. 그러나 횔덜린의 시에서 말하고 있듯이 "구원은 위험이 있는 곳에 있다." 어쩌면 인간의 사회에서 위대한 성취를 가져오는 모든 일이란 다 그런 위험한 도전 속에 있는 것이라 할 수 있다. 결국 우리가 말할 수 있는 정치의 시작과 끝, 알파와 오메가는 바로 이 지점이 아닐 수 없다. 객관적 자질과 책임 의식을 갖추는 문제도 중요하다. 실존적 차원의 고민과 결단도 중요하다. 그 사이에서 누구도 대신해주기 어려운 결정을 스스로 감당해야 하는 정치의 테마, 그 속에서 빛나는 인간 정신을 어떻게 고양시킬 수 있을지에 대한 '영원한 질문' 앞에 우리는 서 있다.

　　그래서 우리가 바랄 수 있는 것은, 좀 더 인간적이고 좀 더 정치적 이성을 갖춘 진보파가 늘어나 부디 이 질문에 대한 멋진 대답을 실천으로 보여주었으면 하는 것이다. 그게 진보 정치에 대한 우리의 기대가 가질 수 있는 현실적 범위이고, 이걸 인정하면 진보 정치에 대해서 훨씬 제대로 격려하고 제대로 지지하고 제대로 동참할 수 있지 않을까 생각한다.

홍기빈

**살림살이
경제(학)의 전통:
산업 사회에서 경제의
조직 및 운영 원리**

홍기빈 • 서울대학교 경제학과와 같은 대학
외교학과를 졸업하고, 요크대학교 정치학과
에서 정치경제학으로 박사학위를 받았다. 현
재 글로벌정치경제연구소 소장으로 활동하
고 있다. 신자유주의의 '돈벌이 경제학'이 아
닌 행복과 좋은 삶을 추구하는 '살림살이 경
제학'의 길을 모색하고 있다. 쓴 책으로『살
림/살이 경제학을 위하여』,『비그포르스, 복
지 국가와 잠정적 유토피아』, 옮긴 책으로
『거대한 전환』,『자본의 본성에 관하여 외』
등이 있다.

진보 세력에게 경제란 무엇인가

역사적으로 진보 세력의 담론과 실천에서 경제 문제가 차지하는 위치는 실로 아이러니하다고 말하지 않을 수 없다. 19세기 초산업혁명과 시민혁명을 배경으로 처음 근대적 진보 운동이 태동하기 시작하던 무렵, 그 비판과 공격의 예봉은 무엇보다도 '자본주의'라는 모순을 향하고 있었다. 자본주의라는 사회경제 체제는 놀라운 물질적 풍요만 가져온 것이 아니라, 노동자의 몸과 마음 그리고 사회 전체를 갉아먹고 파괴하는 자본의 착취와 횡포, 이윤 동기라는 이름으로 횡행하는 이기심과 탐욕으로 인해 도처에서 파괴되는 사회의 가치와 윤리, 생산의 무정부성으로 인해 간헐적으로 벌어지는 파괴적인 공황과 그로 인한 전반적 빈곤 등 숱한 사회경제적 모순을 배태하고 있었다. 따라서 아나키즘, 공산주의, 사회주의 그 어떤 깃발과 모습을 취하든 진보 운동의 이론과 실천에서 경제라는 문제는 가장 중심적인 위치를 차지하고 있었다. 지난 1백 년간 진보 세력의 경제 담론에서 지배적 영향력을 행사해왔던 마르크스주의 경제학은 그러한 19세기 흐름의 정점에서 태어난 것이라 하겠다.

하지만 마르크스주의 경제학이 20세기에 들어선 이후 실천적 과제를 제시하는 데에서는 물론이고 현실 설명력에서도 파탄을 보이고, 종국에는 그 저변에 깔려 있는 세계관의 낙후성과 보수성까지 드러나게 되면서, 진보 담론 내에서 '경제' 문제가 차지하는 위치 또한 함께 내리막을 걷게 되었다. 20세기 초까지만 해도 걸출한 사회주의자나 아나키스트들은 뛰어난 정치경제학자인 경우가 많았고, 경제 문제에 대한 중요한 아이디어를 제시하는 기여를 최소한 하나씩은 했었다. 하지만 2차 대전 이후가 되면 전혀 형세가 달라진다. 진보 담론의 중심은 철학과 문화 비판 등의 '인문학'으로 이동해버리며, 경제 문제는 오로지 자본주의 시스템의 비인간성과 비도덕성을 고발하는 현실 묘사의 수준을 넘어서지 못한다. 자본주의는 20세기에도 환골탈태의 근본적 변화를 몇 차례 거치면서 눈부시게 진화해갔지만, 이를 설명하는 진보 세력의 이론적 틀은 여전히 노동가치론과 M-C-M´라는 순환 도식, 그리고 궁극적인 자본주의의 위기라는 도식에서 거의 바뀐 것이 없다.

우리나라에서도 이러한 현상은 1990년대 이후 두드러지게 나타났다. 1980년대만 해도 이름난 문학 계간지나 인문학 잡지에도 온갖 정치경제학 논쟁이 항상 실려서 관심을 끌었으며, 진보적 지식인이라면 '국가독점 자본주의'니 '식민지 초과 이윤'이니 하는 그야말로 생경한 용어 몇 마디를 입에 담지 않을 수 없었다. 하지만 1990년대 들어서 동구권의 몰락과 뒤를 이은 소위 '문화적 전환'의 시기 이후에는 영화 비평과 포스트주의 철학 논쟁이 그 자리를 메꾸게 된 것이 지금까지의 현실이다.

이렇게 진보 담론 안에서 경제학과 경제 사상의 혁신이라는 과제가 주변화되면서 직접적으로 피해를 본 분야는 바로 경제 정책 분야이다. 계속 모습을 바꾸는 자본과 자본주의의 파상적 공세로 사회경제적 모순은 양적으로나 질적으로나 심화되어왔지만, 이런 상황에서 약자와 피억압자들을 보호하고 역량을 강화시킬 수 있는 구체적인 정책은 좀처럼 마련될 수 없었다. 심지어 '자본주의를 근본적으로 변혁해야 한다'라는 추상적 당위에 밀려 '자본주의와 자본 축적의 순탄한 진행을 돕는 반동적 개량주의'라는 어처구니없는 오명까지 쓰기도 한다.

2007년의 서브프라임 위기를 필두로 세계 자본주의는 다시한 번 깊이를 알 수 없는 심각한 역사적 위기로 들어서게 되었다. 곳곳에서 불리한 위치에 처해 있는 약자와 피억압자들의 경제적 고통이 이루 말로 다할 수 없이 가중되고 있다. 1930년대에 그랬던 것처럼, 지금도 사람들은 실업과 빈곤 그 밖의 각종 모순으로부터 다시 사회와 경제를 구출하여 건강하고 합리적인 모습으로 재구성해줄 계획을 요구하고 있다. 이러한 작업을 위해서 진보 세력은 경제 문제를 다시 과학적으로 인식하고, 이를 우리가 꿈꾸는 자유와 도덕이라는 진보의 가치에 맞게 변형시킬 수 있는 구체적 정책과 제도 설계를 제시해줄 진보적 정치경제학을 다시 구성할 필요가 있다. 나는 그 진보적 정치경제학의 핵심 원리를 '돈벌이 경제학'과 대조되는 의미에서 '살림살이 경제학'이라고 부를 것을 제안한다.

'돈벌이 경제학'과 '살림살이 경제학'

이 두 가지의 구별은 서양 사상에서 최초면서 또 가장 영향력 있는 자본주의의 분석을 행했던 아리스토텔레스로부터 이미 명확하게 이루어졌던 바이다. 그는 집안을 경영하는 '살림살이oikono-mia'와 필요로 하는 재화와 돈을 획득하는 기술인 '획재술chrematistike'을 명확하게 다른 성격의 활동이라고 구분한다. 전자는 그 목적이 함께 가족을 구성하는 배우자와 자식들, 노예들의 행복과 '좋은 삶'이며, 이를 달성하기 위하여 이런저런 물자와 수단을 조달하는 행위를 그 일부로 포함한다. 반면 획재술은 더 많은 재화와 돈의 획득과 축적 그 자체를 목적으로 하는 행위로 변질될 수가 있으며, 이렇게 되면 오히려 인간들의 삶과 활동 전체를 그 목적을 위한 수단으로 종속시켜버린다. 이것이 아리스토텔레스가 당시 아테네에서 막 태어나고 있던 시장 경제와 고대 '자본주의'를 분석하고 비판했던 기본적 논의의 틀이었다.

그는 본래 획재술은 살림살이의 수단이자 일부로서 자리매김되는 것이 옳고 또 '자연적인' 일이라고 말한다. 하지만 시장 경제가 발달하면서 엄청난 양의 상품이 사방에서 밀려들어오게 되고 빈부 격차로 인해 생계 수단을 찾아야 한다는 불안함이 사람들을 사로잡게 되면, '좋은 삶'이 무엇인가에 대한 생각이 희박해지고, 사람들은 돈과 재물을 쌓아놓는 것 그 자체를 삶의 목적으로 착각하여 획재술이 독립된 하나의 활동이 될 뿐만 아니라 최고의 목적이 되어버린다. 이에 따라 본래 살림살이 활동의 일부로서 필요한 것을 편리하게 바꾸어오기 위한 수단으로 발명되었던 화폐가 그 자체로 획득의 목적이 되어 경제 활동의 목표가 '돈벌이'가 된다. 그리하여 결혼도 생식도 할 수 없는 죽은 물건인 화폐가 자신과 똑같이 생긴 '새끼'—'이자'를 뜻하는 그리스어 토코스tokos는 본래 '새끼'라는 뜻도 가지고 있다—를 치는 '비자연적인' 사태가 나타나게 되었다는 것이다.

따라서 시장 경제와 자본주의의 병폐를 극복하는 방침 또한 명백하다. 성원들의 행복과 '좋은 삶'이라는 목적을 다시 최상으로 내세워 살림살이 경제를 복원하고 돈벌이 경제를 원래 있던 자리로 돌려보내는 것이다. 이를 위해서 우리 모두에게 '좋은 삶'이 무엇인지를 사색과 명상과 토론을 통해 모색해야 하며, 그것을 구성원들에게 보장할 수 있는 구체적 방법과 이에 필요한 것들을 필요한 만큼만 조달할 수 있는 방법도 찾아내야 한다. 이는 비단 집안 살림에만 적용되는 이야기가 아니다. 규모를 크게 하여 나라 전체의 살림살이, 즉 '폴리스의 살림살이political economy' 또한 동일한 원리로 다스려야 한다. 이러한 '살림살이 경제학'은 중세기의 유럽뿐만 아니라 아리스토텔레스의 영향을 공히 받았던 이슬람 문명에서도 오래도록 중심적인 패러다임이 된다.[1]

물론 아리스토텔레스의 저작에 나타난 이 고대적인 '살림살이 경제학'을 그대로 현대의 진보적 정치경제학의 기초로 삼을 수는 없다. 그가 상정하고 있는 '좋은 삶'이란 분명히 많은 노예를 거

1

아리스토텔레스의 경제 사상에 대해서는 다음 책을 참고하라. 홍기빈,『아리스토텔레스, 경제를 말하다』, 책세상, 2001.

느리고 경제적 자립을 이룩한 이들이 하나의 보수적·귀족적 가치와 이상을 실현하는 삶이다. 산업혁명이 시작된 이래로 계속 발전해가는 기술과 사회적 관계의 변화에 계속 적응하고 또 그 변화를 스스로 만들어나가는 것을 삶의 중심으로 삼게 된 현대의 인류에게, 그러한 보수적·귀족적 경제 관념은 분명히 케케묵은 옛날 것일 수밖에 없다. 하지만 19세기에 들어오면서, 산업 시대와 민주주의라는 새로운 시대적 상황에서 이 '살림살이 경제학'을 새롭게 전개하여 자본주의와 시장 경제의 '돈벌이 경제학'을 제압하고자 했던 이들이 나타났다. 바로 초기 사회주의자들이다.

초기 사회주의자들

19세기 들어와 영국과 서유럽을 필두로 시작되어 이후 200년간 전 지구로 확산되면서 인류의 생활 방식을 완전히 뒤흔들어놓은 것이 기계제 생산과 산업혁명의 도입이다. 이는 인간이 스스로의 살림살이를 조직하는 방식, 즉 동료 인간들과 관계를 맺으면서 자연과 교호 작용하고 그를 통해 사회를 형성해나가는 방식을 근본적으로 바꾸어놓았다. 그래서 인간의 살림살이를 어떻게 조직할 것인가라는 고대 이래의 오래된 경제 사상의 전통, 하지만 그 후 돈벌이 경제학의 발호로 인하여 많이 흐려졌던 이 경제 사상의 전통을 되살려야 한다는 물음이 산업혁명이라는 미증유의 대사건 속에서 새롭게 그리고 그 이전과 비교할 수 없는 강도와 절박함으로 다시 제기되었다. 이 문제를 제기하는 이들은, 기계제 생산이라는 새로운 조건이 도입되면서 몇 천 년간 인간이 알아왔던 인간적 가치가 실현되는 살림살이의 방식이 근본적으로 파괴될 위험에 처했고, 이를 해결하기 위해서는 기계제 생산과 양립·공존할 수 있는 새로운 살림살이의 방식으로 사회를 근본적으로 재조직해야 한다고 주장했다. 이것이 사회주의 운동의 가장 근본적인 출발 지점이다. 요컨대 산업 시대라는 새로운 조건 속에서 처음으로 인간의 살림살이의 문제를 사회 사상의 중심 문제로 제기한 공은, 두말할 것 없이 19세기의 사회주의자들에게 돌아가야 할 것이다.

여기에 중요한 사실이 있다. 살림살이 경제 사상의 필요성이 대두된 계기는 고대나 중세의 경제 사상 혹은 삶의 표준으로 돌아가자는 식의 낭만주의적인 지적 운동이 아니며, 오히려 기계제 생산의 도입과 산업 사회의 도래라고 하는 극적으로 새로운 상황에 19세기 이후의 인류가 직면하게 되었기 때문이다. 영국의 공업 지역과 프랑스의 도시 지역에서 본격적인 산업화가 시작되고 있던 19세기 초, 영감과 혜안을 가진 이들은 이것이 지금까지 존재해왔던 인간 사회를 근본적으로 바꾸어놓는 대사건이며 따라서 인간들은 지금까지 존재한 적이 없었던 새로운 형태의 사회를 조직해야 한다는 것을 자각했다. 그리고 그러한 조직에 실패한다면 이루 말로 다할 수 없는 인간적·사회적 비극이 올 것이라고 주장했다. 이 중 중요한 몇 사람을 나열하자면, 영국의 로버트 오언Robert Owen과 프랑스의 생시몽Comte de Saint-Simon, 푸리에Charles Fourier, 블랑Louis Blanc,

프루동Joseph Proudhon 등을 들 수 있다. 이들은 1848년 유럽 혁명이 끝나고 유럽의 국제적 노동 운동이 제1인터내셔널로 조직되고 마르크스·엥겔스의 '과학적 사회주의'의 영향 아래로 들어가기 이전의 사회주의자들이라는 점에서, 잠정적으로나마 '초기 사회주의자들'이라는 이름으로 부를 수 있을 것이다.[2]

　'사회주의'라는 이름은 오늘날 너무나 많은 이론과 명제와 개념들을 포함하고 있는 복잡하고 거대한 꾸러미로 바뀌었다. 하지만 그 기원에 있어서 이 말이 의미하는 바는 대단히 명쾌한 것이었으니, 이는 개인들을 단위로 하여 사회를 재구성하자는 시장 경제의 기획에 맞서서 사회 단위에서의 재구성이 필요하다는 주장이었다. 즉, 사회주의란 처음에는 개인주의의 반대말이었던 것이다.[3] 이들은 당시 새로이 나타난 기계제 생산이 인간 사회에 근본적인 도전을 던지고 있음을 뼈저리게 인식하고 있었지만 기계 그 자체를 적으로 돌리지는 않았다. 기계에 의한 생산이라는 새로운 생산력이

2
이 '초기 사회주의' 운동의 성격과 영향에 대한 좋은 입문서로는 George Lichtheim, *The Origins of Socialism*, London: Weidenfeld and Nicolson, 1968; G. D. H. Cole, *A History of Socialist Thought I: The Forerunners, 1789~1850*, London: Macmillan, 1953 [『사회주의 사상사 1』, 이방석 옮김, 신서원, 1992]; Alexander Gray, *The Socialist Tradition: Moses to Lenin*, London: Longmans, 1946을 보라.

3
따라서 이 말은 본래 혁명적 사회 변혁, 민주주의, 부의 평등한 재분배 등의 이상과 반드시 연결되는 것이 아니었고, 초기 사회주의자들 중에는 이러한 것들

인류가 수천 년간 보존해왔던 여러 가치들과 양립할 수 있는 사회를 만드는 것이 이들의 바람이었다. 따라서 그들이 문제로 삼았던 것은 기계 그 자체가 아니라 그것을 사용하는 인간 세상의 조직 방식, 즉 '사회'였던 것이다.

이 점에서 이들은 당시 굳건한 '과학'의 자리를 차지하고 있었던 돈벌이 경제학, 즉 고전파 정치경제학이 제시하고 있던 시장 경제로서의 사회라는 비전을 근원적으로 공격하려고 했다. 칼 폴라니Karl Polanyi가 지적한 바 있듯이, 시장 경제란 기계제 생산에 적합한 형태로 인간 사회를 재조직하기 위한 첫 번째 시도였다고 할 수 있다. 본래 생산은 인간과 자연이 직접 상호작용하는 과정이었지만, 이제는 그 주역의 자리를 기계가 맡게 되었고 인간과 자연은 기계의 필요에 따라 필요한 만큼 필요한 때에 적절히 공급되어야 하는 '투입물'의 위치로 떨어지게 된 것이다. 인간과 자연(그리고 화폐)은 그것들을 단단하게 엮어주던 기존의 정치적·사회적·문화적 관계로부터 뜯겨 나와 기계 소유주가 원할 때 원하는 만큼 원하는 방식으로 마음껏 구입하고 판매될 수 있는 '상품'의 형태를 띠도록 설계되었다. 그리하여 인간은 노동, 자연은 토지 및 자원이라는 이름의 '허구적 상품'이 된다. 이렇게, 인간과 자연과 기계를 기계제

에 노골적으로 적대적 입장을 가진 이도 적지 않았다. 사회주의라는 말이 최초로 나타난 문헌은 1827년 영국의 오언주의자들이 발간하던 신문으로 알려져 있다.

생산을 운영할 수 있도록 시장 경제의 자기 조정 과정 속에서 유기적으로 재조직하자는 것이 고전파 정치경제학의 비전이었다.

초기 사회주의자들은 이렇게 인간 사회의 만물만사를 시장에서 판매되는 상품으로 만들어버리는 조직 방식이 인간과 자연의 본성과 맞지 않으며, 화폐적 이윤의 추구라는 원리로 산업 사회를 조직하게 되면 결국 자연과 인간과 사회가 파괴될 것이라고 주장했다. 그러면서 이들은 넓은 의미에서의 살림살이가 벌어지는 장으로서의 '사회'를 발견하게 된다. 사실상 인간 세상을 '사회society'라는 말로 파악하기 시작한 것도 이들이 처음이다. 그 이전의 서구 사상에서 인간 세상을 지칭하는 말들은 항상 종교적·도덕적인 함축을 지니고 있었다. 근대 정치철학의 발전 이후 인간 세상에 대한 합리적으로 구성된 개념들— 예를 들어 공영체commonwealth나 시민 사회civil society— 이 없었던 것은 아니지만, 이들은 어디까지나 정치적·법적 질서의 수립이라는 문제 영역이나 인간 집단의 부와 번영의 추구라는 문제 영역에 한정되어 있었다. 하지만 초기 사회주의자들은 지금까지는 전혀 없었던 '사회'의 개념을 제시했다. 아니, 칼 폴라니의 표현대로, 이들이 인류의 사상사에서 최초로 사회를 '발견'했다고 보는 것이 옳을지도 모르겠다. 인간 세상은 신의 섭리라든가 자연법, 나아가 시장 경제의 균형 등과 같은 추상적 논리에 따라 얼마든지 수동적으로 재배치·재배열될 수 있는 것이 아니다. 사람이 노동과 소비를 통하여 자연과 교호 작용을 맺고 다른 사람들과 만나서 협동하고, 그를 통하여 스스로의 인격과 정신을 형성할 뿐만 아니라 전체 공동체의 생활에 의미와 활기를 불어넣는 능동적인 과정이자 그 결과로서 나타나는 하나의 실체가 바로 '사회'라는 것이다.

따라서 초기 사회주의자들은 이러한 인간의 정신적·물질적 살림살이의 원칙에 따라 기계제 생산이라는 현실을 재구성할 것을 요구했을 뿐 아니라, 사회 현실과 그 작동 방식을 과학적으로 파악하여 그에 따라 사회 전체를 합리적으로 재구성해야 한다고 주장했다. 뒤르켐Émile Durkheim이 사회(과)학과 사회주의가 동시에 발생했다는 점을 강조하면서 그 진정한 창시자가 최초의 사회주의자라 할 생시몽이었다고 말하는 것도 전혀 무리가 아니다.[4] 초기 사회주의자들은 인간과 자연이 원자와 같은 알갱이로 쪼개어진 채 얼마 얼마의 가격표를 달고 나와 거래되는 과정에 사회 전체의 재구성을 맡기자는 돈벌이 경제학의 비전에 대해서 공격적인 입장을 취할 수밖에 없었다. 이들은 기계제 산업에서의 생산과 소비를 돈벌이 경제학의 원리에 의해서가 아니라 사회 전체 차원에서의 토론과 계획에 의해 조직하자고 주장했다. 푸리에의 팔랑스테르Pha-lanstère, 블랑의 국민작업장Ateliers Nationaux 등은 이러한 계획의 잘 알려진 예이며, 특히 후자는 1848년 프랑스 혁명 당시 실질적인 정치적

4

Émile Durkheim, *Socialism and Saint-Simon*, London: Routledge, 2009.

강령과 정책으로 제도화되기도 했었다.

　　물론 엘리트주의와 심지어 전체주의적인 코포라티즘Corpo-ratism의 냄새까지 느껴지는 생시몽주의자들부터 독립적 소생산자들 중심의 아나키즘적 사회를 꿈꾸었던 프루동까지 이들의 사상적·정치적 경향은 실로 다양했다. 하지만 이러한 복잡함과 다양함에도 불구하고 살림살이 경제 사상의 계보를 추적할 때 이들을 첫자리에 놓을 수밖에 없는 이유는, 서두에 말한 대로 산업 사회라는 새로운 조건 속에서 인간의 살림살이를 가장 중심에 놓고 사회와 경제의 조직을 이 원리에 복속시켜야 한다는 주장을 처음으로 가장 명확하게 제시했던 것이 바로 이들이기 때문이다. 엥겔스는 이들에게 '공상적 유토피아주의자들'이라는 딱지를 붙여버렸지만, 산업 사회의 여러 모순과 문제의 본질을 분석하는 이들의 저작을 실제로 읽어보면 몇 백 년의 시간적 격차가 있는 오늘날에도 신선하고 충격적으로 느껴지는 날카로운 혜안에 놀라지 않을 수 없다. 또한 이들의 사상이 19세기 이래 오늘날까지, 넓은 의미에서 서구 사회의 여러 가지 진보적인 정책과 제도의 변화를 이끄는 데 깊은 영향을 주고 끝없는 영감의 원천이 되어왔음을 깨닫게 된다.

종교적 교리로서의 마르크스주의 경제학

　　하지만 이렇게 초기 사회주의자들이 시작했던 바, 기계제 생산이 지배하는 산업 사회를 어떻게 돈벌이 경제학이 아닌 인간의 살림살이라는 원리로 조직할 것인가라는 프로젝트는 마르크스주의가 사회주의 운동을 지배하게 되면서 뒷전으로 밀려나고 사실상 거의 망각 상태로 들어가게 된다. 대신 마르크스주의 경제학이 이야기하는 자본주의의 운동 법칙과 거기서 도출되어 나온 생산수단의 사적 소유 철폐만이 무한히 반복되는 것이 진보 진영의 경제 담론의 내용이 된다.

마르크스주의 경제학은 너무나 많은 크고 작은 쟁점들을 품고 있기 때문에, 그 유산에 대한 포괄적인 반성과 평가를 여기서 할 수는 없는 일이다. 다만 이 글의 목적에 비추어볼 때, 지난 100년간 전 세계 범진보 진영의 경제 담론을 거의 지배하다시피 했던 마르크스주의 경제학의 몇 가지 특징과 편향을 지적하는 것은 필요하리라 생각한다.

마르크스가 시작한 경제학 전통의 특징으로서 비판적으로 반성해야 할 첫 번째 측면은 그 폐쇄성이다. 19세기 이래 부르주아 경제학이 18세기에 정초定礎된 자연법사상의 신화에서 거의 한 걸음도 벗어나지 못하고 있는 것과 마찬가지로, 마르크스주의 경제학은 헤겔을 거쳐 마르크스에게 유증된 사상, 즉 인류 사회의 역사 발전이 논리적 변증법의 과정을 따르게 되어 있다는 역사 변증법에서 거의 한 걸음도 벗어나지 못하고 있다. 그래서 소위 '역사 발전의 보편 법칙'과 그것이 '자본주의 체제의 운동과 발전과 위기 및 소멸'이라는 형태로 특수하게 전개되는 과정을 논리적으로 확인하고 또 확인하는 것이 마르크스주의 경제학의 주된 내용이 된다. 여기에서 벌어지는 현실의 '실증적' 연구라는 것은 이렇게 미리 정해져 있는 개념과 범주들로 구성된 자본주의 운동의 '일반 법칙'이 어떻게 현실에서 관철—논리 그대로이거나 약간의 수정을 거쳐서이거나—되고 있는가를 다시 재확인하는 과정이 된다. 그래서 1890년대에 시작된 '가치론'과 '공황론'을 둘러싼 논쟁은 120년이 흐른 지금에도 똑같이 반복되고, 또 똑같은 논적과 반론들이 다시 '새롭게' 논파되고 재논파되는 과정이 반복되고 있다.

　　이는 사실상 마르크스가 원래 의도했었던 바, 부르주아들의 추상적 세계관으로서 이데올로기로 변질되어버린 고전파 정치경제학에 대한 '비판'이 아니라, 또 하나의 추상적 세계관으로서의 이데올로기를 교조의 체계로 만들어 강화하는 다른 이름의 정치경제학이라고밖에 할 수 없다. 그것이 대변하는 것이 근대적 대공장에서 일하는 남성 위주의 노동자들의 이익이라는 차이는 있지만, 과학이나 '비판'이 아니라 하나의 정치경제학이라는 점에서는 아무런 차이도 없다. 경제 행위의 본질은 이기적 개인들의 시장 교환에 있으며, 이는 인류에게 보편적인 최대한의 부와 자유를 가져오게 되어 있고, 이를 위해 우리가 할 일은 시장에 최대한의 자유를 허용하는 것이라는 세 가지 교리가 애덤 스미스에서 오늘날까지 주류 경제학에서 똑같이 반복되어왔듯이, 자본주의의 본질은 항상 생산 현장에서의 임노동자들에 대한 노동 착취이며, 자본주의는 결국 공황과 모순으로 치닫게 되어 있고, 그 모순을 해결하는 방법은 생산 수단의 사적 소유를 철폐하는 것뿐이라는 세 가지 교리의 반복을 거듭하는 것이 지난 120년간 마르크스주의 경제학이 해왔던 일이다. 이 때문에 숱하게 많은 비과학성의 문제들이 터져나왔다.[5] 이글에서는 우리의 목적에 맞게 몇 가지 문제점만 생각해보자.

첫째, 그러한 역사 발전의 법칙이 정확하게 어떤 논리와 과정으로 관철되는지에 대해 아무런 구체적인 설명을 찾을 수 없다. 이 점에서 『자본』 3권은 철저하게 실패한 저서라는 점을 부인할 수 없다.[6] 마르크스는 『자본』 1권을 출간한 후부터 죽기까지 14년간 2권과 3권의 초고에 아무런 수정 작업도 하지 못했으며, 그 결과 마르크스 사후 출간된 3권에는 자본주의의 운동 법칙이 어떻게 시스

5
지난 100년 동안 마르크스 경제학의 제반 개념과 범주 및 이론에 대한 무수한 비판이 있었고 그 중 많은 것들이 실로 치명적이었다. 하지만 마르크스주의 경제학자들이 이러한 비판을 '극복'하는 천편일률의 방법이 있었으니, 그것은 마르크스주의 이론이 '변증법'이라는 입장에 서는 것이다. 따라서 경험적 사실에 의한 반증(反證)도 애초부터 불가능한 것일 뿐만 아니라 여러 개념과 범주들 또한 변증법으로 서로 맞물려 있기 때문에 이를 형식 논리학적인 방법으로 구성하는 것 또한 오류라는 것이다. 아닌 게 아니라, 이렇게 되면 마르크스주의 경제학은 실제로 논박할 수 있는 방법이 없어지기 때문에 천하무적의 무오류 진리가 된다. 하지만 이렇게 주장하는 이들은 어떤 이론이 이 지경이 되면 이미 과학이 아니라 하나의 형이상학에 불과하다는 것을 망각하고 있는 듯하다. 마르크스주의가 변증법이라고 주장하는 것은 하나의 '바보선언'에 불과한 것이다.
6
놀랍게도 마르크스주의자들은 아직까지도 『자본』을 자본주의의 비밀을 모두 드러내주는 『격암유록』쯤으로 여기는 경우가 많다. 거꾸로 마르크스의 『자본』 프로젝트가 어째서 실패하였는가를 염두에 두고 그의 전 일생과 사상을 재구성한 저서로는 F. Raddatz, *Karl Marx: A Political Biography*, London: Wiedenfeld and Nicolson, 1975; J. E. Siegel, *Marx's Fate: The Shape of a Life*, University Park, Pa.: Pennsylvania State University Press, 1993.

템 전체를 붕괴로 가져가는지에 대한 체계적 설명이 전혀 나와 있지 않다. 소위 '이윤율 경향적 저하의 법칙'은 그것만큼이나 긴 분량으로 그 경향을 상쇄하는 다른 경향들의 이야기와 섞여 있으며, 뒷부분으로 가면 "주식회사를 인민적 소유의 맹아적 형태로 볼 수 있을지 모른다"는 어이없이 빗나간 짐작까지 난삽하게 튀어나온다.[7] 이렇게 되면 마르크스 경제학이 자본주의의 진정한 운동 법칙을 해명했다는 주장과 신앙만이 있을 뿐, 막상 그 구체적 내용에 대해서는 모두 다 말이 다르고 그 중 아무도 권위 있는 대답을 할 수가 없는 어처구니없는 상황이 오게 된다. 실로 카프카 소설의 한 대목을 연상시키는 이 부조리한 상황은 100년이 지난 지금까지도 계속되고 있다.

둘째, 더욱 치명적인 문제가 있으니, 그것은 자본주의의 몰락 이후 나타나게 될 사회주의 정치경제 시스템이 어떠한 조직 및 운영 원리를 가지고 있으며 그것의 건설은 어떠한 현실적·논리적 과정으로 전개되는가에 대한 이야기도 전혀 없다는 것이다. 오전에 일하고 오후에 셰익스피어를 읽게 될 것이라는 꿈같은 이야기나 '자유로운 생산자의 연합' 등과 같은 듣기 좋은 말 이외에는, 자

7
이렇게 3권이 출간된 후 독일 사회민주당과 국제 사회주의 운동 진영에서 『자본』을 놓고 벌어진 혼란과 실망 속에서 베른슈타인 등의 수정주의 진영이 생겨나게 되었음은 주지의 사실이다. Bo Gustafsson, *Marxismus und Revisionismus*, Frankfurt am Main: Europäische Verlagsanstalt, 1972, ch. 1 [『마르크스주의와 수정 사회주의』, 홍성방 옮김, 새남, 1996].

본주의의 대안적 경제 질서가 무엇을 원리로 하여 어떻게 누구에 의해 조직되고 운영되는지에 대해 마르크스주의 경제학은 아무런 답을 해주지 않는다. 더욱이 그러한 유토피아적 질서가 어떻게 자본주의 붕괴의 폐허로부터 나타나게 되는가라는 결정적인 순간을 해명하는 데 '역사적 법칙'은 전혀 모습을 드러내지 않는다. 오로지 생산 수단의 사적 소유를 철폐하면 계급이 사라지게 되니 이후에는 만사형통하지 않겠는가라는 애매한 희망만이 암시될 뿐. 소비에트 러시아를 필두로 그러한 희망을 품고 시장 경제와 자본주의적 소유를 철폐했던 수많은 나라의 수많은 민중들은 그 이후 나타난 혼란과 빈곤 속에서 엄청난 대가를 치러야 했다.

셋째, 생산 수단의 사적 소유 철폐와 그것을 가능케 할 '프롤레타리아 독재 권력'의 수립을 이야기하지만, 그 이외에 혹은 그 이전에 어떠한 경제 정책을 입안하고 어떠한 경제 제도를 설계할지에 대해서 마르크스주의 경제학은 거의 아무런 도움도 주지 못한다. 여기에는 구체적 현실 속에 존재하는 자본주의라는 사회적 관계가 역사적으로 계속 변모하면서 새로운 제도와 새로운 작동 방식을 창출하며 진화한다는 사실에 대한 무시가 깔려 있다. 소위 '자본주의의 일반적 운동 법칙' 하나만을 틀어쥐고 있다면 주식회사나 자본 시장이 지배하는 자본주의이든 국가 기구의 산업 정책으로 주요 산업 부문이 (재)구조화되는 자본주의이든, 아니면 지구적인 자본 이동으로 전 지구적 경제가 하나로 엮이는 자본주의이든, 아무런 차이 없이 다루게 된다. 따라서 시대마다 나라마다 다른 구체적 현실 속에서 구체적 방법으로 자본 축적이 인간과 자연을 파괴하는 양상을 파악하고 그를 해결하기 위한 구체적 정책과 제도를 세우는 것에 대한 이야기는 나올 수가 없다.

서론에서 이야기한 대로, 이와 같은 문제들이 중첩되다 보면 어느새 경제 문제는 진보 진영의 '약한 고리'가 되고 만다. 자본주의의 비도덕성과 필연적 종말이라는 신앙을 북돋고 그 이후에 나타날 사회주의라는 천년왕국에 대한 신앙을 북돋는 것 말고는 경제 담론이 할 수 있는 기능과 역할이 아무것도 없게 되니까.

제도주의 전통의 부활

경제 사상사를 들여다보면 그동안 일관되게 외면되고 무시되어온, 미국과 영국의 비非마르크스주의 진보 경제학의 전통이 있다. 이에 속하는 중요한 논자들을 열거한다면 아주 긴 목록이 작성될 정도이다. 하지만, 경제 사상사에서 이들은 독자적인 흐름을 구성하는 하나의 전통으로서 존재를 부여받지 못하고, 각각의 논자들은 그저 이런저런 '이단적' 경제학자쯤으로 여겨지거나 아예 경제학자로 포함되지도 못하는 경우가 많다. 미국의 경우는 그래도 상황이 좀 나은 편으로, 베블런Thorstein Veblen, 미첼Wesley C. Mitchell, 코먼스John Commons 등의 대가들이 소위 '제도주의 학파institutionalist school'라는 이름을 얻어서 경제 사상사 책의 '쉬어가는 페이지' 정도로나마 다루어지기도 한다. 하지만 영국의 경우에는 이러한 정도의 정체성조차 주어지지 않고 있다. 대략 주요한 흐름만 보아도『자본』을 단호히 거부한 기초 위에서 독자적인 경제 이론에 근거하여 정책을 논했고 이후 노동당 정책에 큰 영향을 준 웨브 부부Beatrice Webb 과 Sidney Webb와 '페이비언 협회Fabian Society'의 여러 논자들, 길드 사회주의자로서 일관된 계획 경제 이론을 마련하는 데 큰 역할을 했던 콜George Douglas Howard Cole, 급진파 자유주의자로서 영국 독립노동당 Independent Labour Party에 큰 영향을 주었던 '이단아' 홉슨John A. Hobson, 나아가 영국 자유당 근처에서 진보적인 사회·경제 정책을 마련하려고 애썼던 홉하우스L. T. Hobhouse 등 여러 이론가들이 있었다. 이들은 서로 인간적으로나 이론적·정책적으로나 많은 영향을 주고받으면서 함께 성장해왔지만,[8] 이러한 독자적 전통에 대한 논의는 찾아보기 힘들다.[9] 하지만 대서양 양쪽의 영어권 세계에서 마르크스주의

8

또 이러한 영국 쪽의 '제도주의자들'과 미국 쪽의 제도주의자들 사이에도 이론적으로뿐만 아니라 제도적인 차원에서도 여러 교류가 있었다. Malcolm Ruth-erford, 'American Institutionalism and Its British Connections', *European Journal of the History of Economic Thought* 14(2), 2007. 특히 양쪽의 가장 중요한 이론가들이라고 할 미국의 베블런과 영국의 홉슨은 서로의 저작을 높게 평가하면서 많은 영향을 주고받았던 사이이다. 또 베블런은 웨브 부부의 산업 민주주의와 콜의 길드 사회주의를 잘 알고 있었고 일정한 영향을 받았다고 보인다. 이는 Stephen Edgell, *Veblen in Perspective: His Life and Thought* (London: M. E. Sharpe, 2001)를 참조하라.

9

Noel Thompson, *Political Economy and the Labour Party: The Economics of Democratic Socialism, 1884~2005* (London: Routledge, 2006) 1부를 보라.

와 자유주의 정치경제학에 대해 모두 비판적 거리를 두었던 진보적 경제학자들 사이에서 몇 가지 중요한 공통된 입장과 전제들을 구성해낼 수 있으며, 이들의 입장은 20세기 초중반 스웨덴 사회민주당을 이끌었던 비그포르스Ernst Wigforss의 경제 사상과 정책으로 이어졌다.[10] 이를 편의상 '제도주의 전통'이라고 이름을 붙여 구성해보도록 하자.

첫째, 이들은 정통파 자유주의 경제 사상뿐만 아니라 마르크스주의 경제학에서도 공유되고 있는 바, '경제'의 영역이 사회로부터 분리된 독자적인 운동 법칙을 가지고 있다는 신념을 받아들이지 않았다. 자유주의 경제 사상은 시장 경제의 작동이 일종의 '자연적'인 우주의 섭리에 따라 이루어지는 것이라고 신성화하고 있지만, 이들이 보기에 이것은 18세기의 자연법사상을 무비판적으로 이어받은 하나의 미신에 불과한 것이다. 또 마르크스주의자들은 자연법 대신 변증법을 내세우면서, 비록 그 철학적 기초는 달라도, 인간의 의지와 독립되어 있는 하나의 '운동 법칙'이 자본주의 경제에 관철되고 있다고 보았다. 그러나 제도주의 전통에서는 이러한 논리적 구조의 과학성에 대해서도 회의를 품고 있었다. 이들은 자유주의와 마르크스주의 정치경제학 양자 모두 19세기의 형이상학적 세계관에 뿌리를 두고 있고, 철저하게 현상과 현상의 인과관계

10

비그포르스의 사상에 대해서는 다음 책을 참고하라. 홍기빈, 『비그포르스, 복지 국가와 잠정적 유토피아』, 책세상, 2011.

의 해명에 기초하는 현대 과학의 방법과는 양립하기 힘든 것이라고 생각했다.

둘째, 따라서 이들은 연역적인 방법보다는 구체적인 현상과 제도에 대한 경험적 관찰에 기초하여 실질적으로 효과를 낼 수 있는 정책과 처방을 만들어내는 것에 더 큰 관심을 가졌다. 여기에서 중요한 위치를 점하고 있는 것이 산업 사회의 현실과 제도가 끊임없이 변화한다는 의식이었다. 산업 사회는 기술의 끊임없는 발전이라는 변화의 계기가 늘상 존재하는 한편으로, 과거로부터 물려받은 사고방식과 이에 기반한 각종 제도와 법률들이 작동하고 있었다. 이들은 현실 사회에서 각종 문제와 갈등과 모순이 끊이지 않는 가장 큰 이유가, 산업 사회가 이렇게 계속 변화해가는 역동성을 지녔음에도 불구하고 그에 걸맞은 합리적인 제도와 사고방식이 새롭게 창출되지 못하기 때문이라고 보았다. 이들의 '경험적' 태도에 특징이 있다면, 일체의 선험적인 윤리적 태도나 형이상학을 배제하고 있는 그대로의 현실에서 벌어지는 변화를 정확하게 파악하여, 지금 여기에서 어떤 정책과 제도가 실질적으로 사람들이 원하는 효과를 가져올 것인가를 논의하고자 했다는 것이다.

셋째, 이들이 현존하는 자본주의 시장 경제 메커니즘에 대해서 공유했던 태도는, 그것이 산업의 조직과 생산의 효율이라는 관점에서 비합리적이고 비효율적이라는 것이었다. 이는 자유주의와 마르크스주의 양쪽 모두와 중요한 대립점을 갖는다. 두말할 것도 없이 자유주의 측은 인간 세상에서 자원의 사용과 배분을 가장 효율적으로 달성할 수 있는 방법은 오로지 자유로운 시장 경제 논리를 따르는 것뿐이며, 따라서 모든 산업 활동의 조직은 물론 기타 모든 인간 사회의 경제 활동은 자기 조정 시장의 작동에 권한을 위임하는 것보다 더 좋은 방법이 없다고 주장한다. 하지만 제도주의 전통에서는 그 평가가 정반대가 된다. 몇 백 년 전 시장 경제가 처음으로 등장하여 무수한 소규모 생산자와 소비자가 시장에서 만나던 당시에는 각각의 행위자가 저마다의 이윤 동기에 따라 움직이면서 벌이는 '경쟁'이 최선의 조정 메커니즘으로 작동했었을지 모른다. 하지만 목전에 존재하는 20세기 초의 산업 사회는 높은 기술에 근거한 대규모 자본 및 독점 기업이 전 세계적 차원에서 경제를 장악하고 있었다. 이렇게 제도적·사회적 환경이 완전히 일변한 상황에서 민간 자본가들의 개인적 이윤 동기에 사회적 생산 조직 전체를 넘겨주게 되면, 비효율과 생산 자원의 불완전한 활용-underuse이 필연적으로 나타날 수밖에 없다는 것이다.

이러한 생각을 가장 극명하게 보여주는 것이 바로 베블런의 '영리 활동-business'에 의한 '산업-industry'의 '깽판놓기-sabotage'라는 생각일 것이다.[11] 산업이란 인간 사회 전체의 물질적 복리를 증진시키

11

베블런에 대해서는 다음 책들을 참고하라. 소스타인 베블런,『자본의 본성에 관하여 외』, 홍기빈 옮김, 책세상, 2009; 조나단 닛잔, 심숀 비클러 저,『권력 자본론: 정치와 경제의 이분법을 넘어서』, 홍기빈 옮김, 삼인, 2004; E. K. 헌트,『경제사상사 2』, 김성국·김양화 옮김, 풀빛, 1982. 또한 책세상의 'GPE 총서'에서 베블런의 주저인『영리 기업의 이론(*The Theory of Business Enter-*

는 것을 목적으로 하는 것으로서, 인간 사회 어디에서나 존재해왔던 활동이다. 반면 영리 활동은 본질적으로 상업에서 파생된 것으로 생산 그 자체나 근대적 산업과는 본질적인 관련이 없는 일이다. 이 두 가지가 합쳐지게 된 것은 18세기 영국 경제와 같이 소생산자들이 자기가 만든 물건을 직접 시장에 내다 팔아서 생산과 영리 활동을 함께하면서부터였다. 하지만 산업혁명 이후 소생산자들이 사라지고 대규모 주식회사가 지배하는 현대의 산업 사회에서 그 관계는 산업에 대한 영리 활동의 지배가 되어버리고 만다. 현대의 대기업이라는 생산 조직은 본질적으로 영리 활동 조직으로서, 이윤의 창출을 통한 기업의 가치 극대화라는 목적에 부합하는 한에서만, 또 그 정도까지만 산업을 조직하게 되어 있다. 그런데 산업의 발달로 생산성이 폭발적으로 증가한 오늘날 기술적 생산력은 시장에서 소화할 수 있는 물량을 항상 초과하게 되어 있다. 따라서 대기업을 소유한 '비즈니스맨들'은 항상 화폐적 이윤 극대화라는 전략적 목표에 따라 산업 활동의 정도를 조정해가며, 특히 자신들의 목표를 위협할 만한 상황에서는 항상 '사회 공동체의 물질적 복리의 극대화'라는 산업 고유의 목표를 '깽판'놓게 되어 있다는 것이다. 그래서 베블런은 자본 측에서 행하는 이러한 '깽판놓기'를 '효율성의 주의 깊은 철회conscientious withdrawal of efficiency'라고 정의하고 있다. 베블런이 보기에, 이는 결코 이따금씩 벌어지는 우연적인 현상이

prise)』이 번역 출간될 예정이다.

아니다. 오히려 오늘날 대기업이 창출하는 이윤의 주된 근원은 이러한 사회 전체 산업의 잠재적 효율성과 생산성을 '깽판'놓는 것이며, 이것이 아예 구조적·체계적 특징으로 자리 잡은 것이 현대 자본주의라는 것이다.

이러한 입장에서의 자본주의 비판은 피상적으로 보면 마르크스주의와 비슷해 보일 수 있지만, 내용을 파고 보면 완전히 상이한 맥락이 되고 또 상이한 처방으로 이어지게 된다. 마르크스주의 경제학은 자본주의 경제 체제에 여러 '모순'이 있음을 지적하고 있지만, 그것이 자본주의의 '비생산성'에 근거한 것은 결코 아니다. 『공산당 선언』에서 『자본』에 이르기까지 마르크스와 엥겔스가 지적하는 자본주의의 가장 주요한 특징은 더 많은 자본 축적, 즉 생산 설비의 확장을 통한 생산성 향상이다. 요컨대 마르크스주의의 경우 자본 축적 과정은 물질적 생산성 확장 과정과 불가분으로 엮여 있는 것이다. 자본주의의 여러 모순—무정부성과 이윤율 저하 또 제국주의와 전쟁 등—은 자본주의의 비효율성이 아니라 이렇게 인간으로서의 노동자와 인간 집단의 사회적 복리를 무시하고 오로지 생산성 향상과 자본 축적이라는 목표만을 맹목적으로 추구하는 자본주의 기계의 폭력성, 즉 '과잉 설비'의 문제에서 비롯한다고 보는 것이다.

이러한 자본주의 생산성에 대한 두 전통의 차이는 비판의 관점의 차이로 귀결된다. 마르크스주의 전통에서 주로 문제를 삼는 것은 '착취'와 '궁핍' 같은 '불평등'의 측면이다. '제도주의 전통'

도 물론 이러한 '불평등'의 문제를 도외시하는 것은 결코 아니지만, 그 주된 비판의 관점은 '자본주의가 비효율적'이라는 것에 맞추어져 있다. 따라서 처방의 방향도 달라진다. 마르크스주의의 경우, 사회적 불평등의 근원을 사적 소유에 두어 이를 혁명적으로 폐지하려는 오랜 공산주의 전통에 입각하여, 착취와 불평등을 근본적으로 시정하는 방법은 오로지 생산 수단을 독점하고서 온 사회와 인간 성원들을 생산과 자본 축적의 기계로 만들어버리는 자본가들의 사적 소유를 철폐하는 것뿐이라고 본다. 따라서 생산 수단의 사회화야말로 가장 근본적이고도 유일한 처방이 된다. 반면 '제도주의 전통'은 이러한 정의의 철퇴를 휘두르자는 도덕적인 처방에 대해 일정한 거리를 유지한다. 중요한 것은 산업 사회의 작동을 더욱 효율적이고 생산적으로 만들 수 있는 대책이 무엇이냐는 것이다. '사회화'라는 것도 자본가들에게 정의의 철퇴를 내리자는 측면에서 목적으로 추구되는 것이 아니라, 그것이 과연 산업 사회의 생산성과 효율성을 제고할 수 있는 구체적 수단이 될 수 있는가의 측면에서 사고되며, 그렇지 못하다는 판단이 서면 간단하게 기각될 수 있는 것에 불과하다.

넷째, 여기에서 제도주의 전통에서 공통적으로 선호되고 지지되는 '제도적 개혁을 통한 계획과 통제'의 사상이 나타나게 된다.[12] 핵심 목표는 사회 공동체의 복리를 극대화하여 모든 성원들이 인간으로서의 존엄과 자유를 보장받을 수 있도록 산업을 합리적으로 조직하는 것, 즉 사회 전체의 '살림살이'를 제대로 돌보자는 것이다. 그런데 18세기와 19세기에서부터 내려온 전통적인 자유 시장 경제의 메커니즘만으로 이러한 목적을 제대로 수행할 수 없고, 도처에서 비효율과 자원 낭비가 발생하는 것이 20세기 산업 사회의 현실이다. 그렇다면, 그 현실에 적합한 제도를 창출하여 과감한 계획과 통제를 실시하는 것이 당연하다는 것이다. 특히 민간의 사적 자본만으로 사회의 살림살이를 제대로 조직할 수 없게 되는 극명한 사태가 공황과 실업이다. 따라서 공황과 실업에 대한 대책은 결코 시장 경제의 자기 조정 능력에 맡겨놓을 수 없으며, 국가 개입을 위시한 여러 다종다기한 차원에서의 정책과 제도를 통해 산업이 제대로 충분히 조직될 수 있도록 해야 한다는 것이다.

'살림살이 경제학'으로서의 제도주의 정치경제학

방금 살펴본 대로 20세기 초반 이후 진보 진영의 경제 정책과 제도의 설계 및 입안에 지대한 영향을 끼쳐왔던 제도주의 전통은 부르주아 경제학과 마르크스주의 경제학의 교조와 신화 모두를 극복하고, 사회와 경제 그리고 산업과 자연의 관계를 더욱 인간적이고 진보적인 방향으로 재구성하는 것을 적극적인 연구와 실천

12
이러한 입장을 간명하고도 강력하게 제기하는, 미국 제도주의 학파의 성립에 이정표가 된 문서를 소개한다. Walton Hamilton, 'The Institutional Approach to Economic Theory', *American Economic Review* 9(1), 1919. 이 글의 번역은 글로벌정치경제연구소 웹 사이트에서 내려받을 수 있다.

과제로 삼는다. 이러한 제도주의 정치경제학의 중요한 핵심 원리는 바로 초기 사회주의 사상가들과 마찬가지로 '돈벌이 경제학'이 아니라 '살림살이 경제학'으로 산업 사회의 경제를 조직해야 한다는 것이었다.

현재의 지구적 자본주의는 새로운 위기, 그것도 1930년대 이래 최대의 위기에 봉착하고 있다. 이런 상황에서 부르주아 경제학처럼 시장의 경기 순환이 우리를 이 수렁에서 끌어내줄 때까지 시장의 자율에 몸을 맡기자는 체념도 있을 수 없지만, 지난 100년간 경기가 좋지 않을 때마다 틈만 나면 마르크스주의자들이 외쳐온 '자본주의의 구조적 위기'와 그 '필연적 파국'을 되뇔 수도 없는 일이다. 지금 필요한 것은 인간 집단과 자연이 최대한 안전하게 보호되면서 각자 스스로의 존재 방식을 지킬 수 있도록 구체적인 경제 제도와 정책을 구성할 수 있는 능력이다. 이러한 능력을 진보 진영이 갖추기 위해서는, 지난 30년간 지구적 자본주의를 지배해왔던 신자유주의적 금융 자본주의의 조직 및 운영 원리에 대해 체계적인 대안이 될 수 있는 조직 및 운영 원리를 틀어쥐는 것이 반드시 필요하다. 나는 그것이 초기 사회주의자들 이래 20세기의 제도주의적 전통에서도 면면히 맥을 유지하며 흘러온 '살림살이 경제학'이라고 생각한다.

한국은 사회적 관계와 인간의 상품화가 진전된 정도에 있어서는 어느 나라에도 뒤지지 않는 신자유주의의 '선진국'이다. 개인의 삶도, 가족이나 공동체의 삶도, 또 나라 전체의 삶도 그 '돈벌이 경제학'의 논리 하나로 철두철미하게 지배되는 상황이 부동의 규범이 되어버린 지도 벌써 10년이 넘는다. 지금 한국인들 모두가 함께 느끼고 고통스러워하는 문제의 최소한 절반 이상은 이 '돈벌이 경제학'의 전횡으로 개인과 공동체와 나라의 삶이 파괴되고 왜곡되는 데에서 비롯된다고 해도 과언이 아니다. 지금 대한민국에서 살아가는 나 자신과 내 가족과 내 마을과 내 나라의 삶을 다시 이성적이고 인간적인 질서로 회복하기 위해 절실하게 필요한 것이 바로 이 '살림살이 경제학'이라고 나는 믿는다.

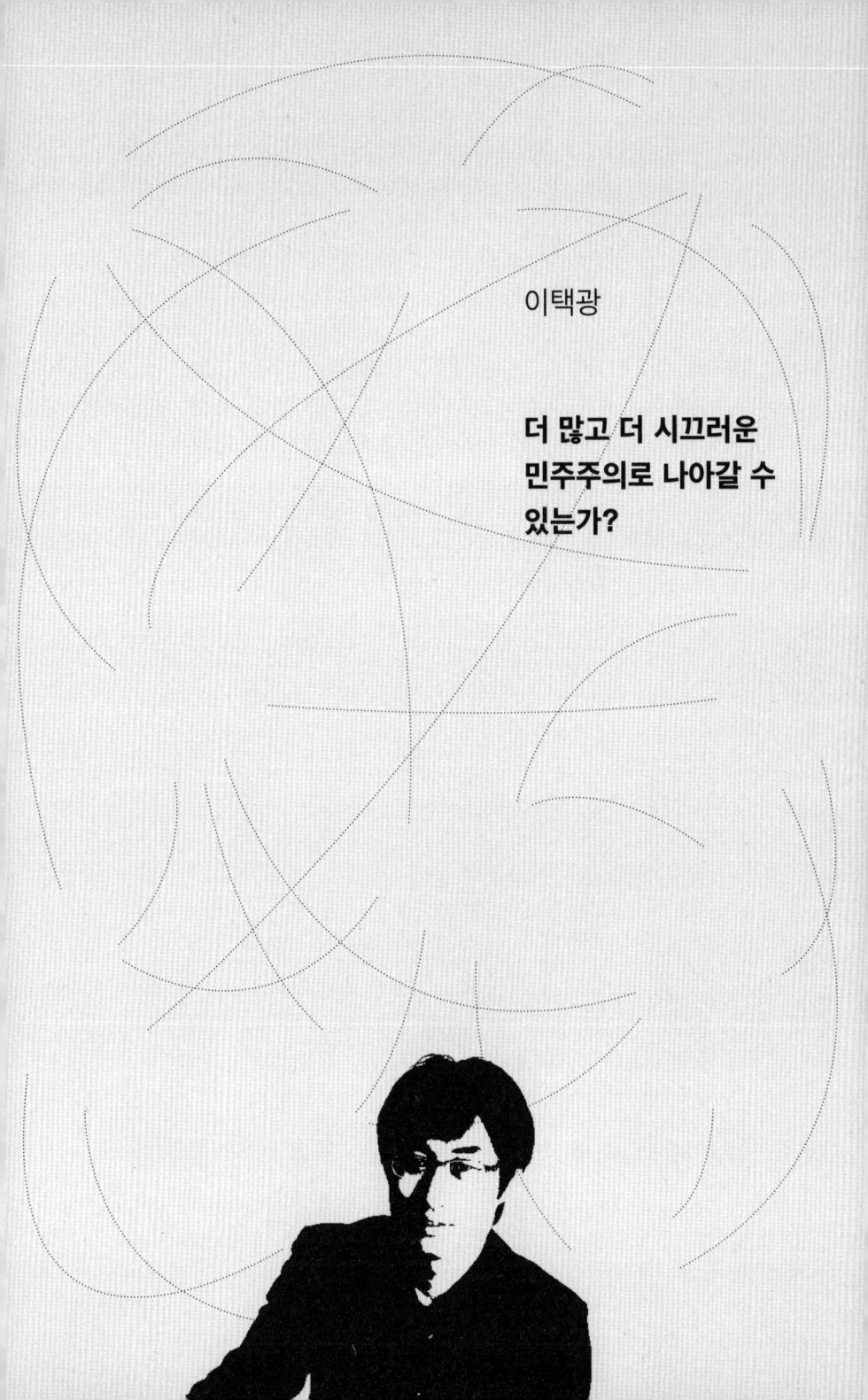

이택광

**더 많고 더 시끄러운
민주주의로 나아갈 수
있는가?**

이택광 ● 워릭대학교 철학과에서 석사학위
를, 셰필드대학교 영문학과에서 문화이론 박
사학위를 받았다. 문화비평가이자 경희대학
교 영미문화전공 교수이다. 대중문화, 미술,
사회 현상에 대한 분석을 통해 현실 정치적
문제에 대해 고찰하는 글을 쓰고 있다. 쓴 책
으로 『99% 정치』, 『이것이 문화비평이다』,
『인문좌파를 위한 이론 가이드』, 『무례한 복
음』, 『민족, 한국 문화의 숭고 대상』, 『한국
문화의 음란한 판타지』 등이 있다.

사라진 '시민들'

정치는 원래 시끄럽다. 이 시끄러운 정치와 지금 여기에서의 진보의 과제에 대해 이야기하는 것이 이 글의 목적이다. 지난 총선 이후 우리는 일정한 실망의 정서를 목격하고 있다. 이런 정치적 실망의 상황은 정치에 대한 새로운 생각을 가다듬게 만든다. 그러나 현실은 그렇지 않다. 19대 총선 기간 동안 숱한 가설들이 난무했지만, 정작 그에 대한 평가의 목소리는 거의 들려오지 않는다는 데 문제가 있다.

19대 총선에서 가장 큰 화제는 바로 투표율이었다. 수많은 명사들이 투표율을 높이기 위해 독려를 했다. 몇몇 남성 명사들은 투표율이 70퍼센트를 넘으면 망사스타킹을 신겠다거나, 미니스커트를 입고 춤을 추겠다는 식의 캠페인을 벌여 화제가 되기도 했다. 그 결과는 이미 확인했지만, 왜 하필 목표 투표율이 70퍼센트였는지 생각해볼 필요가 있다. 이 목표 투표율이 등장한 것은 오연호 기자가 조국 교수를 인터뷰한 내용을 담은 『진보집권플랜』이었는데, 높은 투표율이 보장된다면 정권 교체가 가능하다는 논리였다. 투표율 70퍼센트를 목표로 잡게 만든 것은 2002년 대선 투표율이었다고 할 수 있다. 이때 투표율이 바로 71퍼센트였기 때문이다. 우여곡절이 없지 않았지만, 2002년 대선은 이른바 민주화 세력이 독자적인 힘으로 정권 교체를 이룬 사건이었다(1997년 김대중 정부가 민주화 세력의 지지를 업고 집권하긴 했지만, 김종필의 자민련과 연합할 수밖에 없었다는 문제가 있었다). 2002년의 승리를 다시 재연하자는 소망, 이것이 투표율 70퍼센트라는 상징적 숫자에 포함되어 있던 것이다.

물론 이 목표치는 달성할 수 없었다. 결과는 54퍼센트였다. 2002년 71퍼센트였던 투표율이 정확하게 십 년이 지난 2012년에 54퍼센트가 되었다. 17퍼센트가 사라진 것이다. 이 17퍼센트가 어디로 간 것인지를 두고 갑론을박이 한동안 벌어졌다. '철없는 20대'나 '여성'이 공격받기도 했다. 그러나 이런 단순한 추측으로 사라진 17퍼센트를 설명할 수는 없다. 이 17퍼센트는 누구일까? 쉽게 말하자면 이들은 2002년 대선 때 투표에 참여했던 사람들이라고 할 수 있다. 그러나 이들은 노무현 정부와 이명박 정부를 거치면서 투표를 하지 않는 사람들로 바뀌었다.

정치 혐오증이나 탈정치화라고 쉽게 정의되는 이런 현상 배후에 좀 더 깊은 의미가 숨어 있을지도 모른다. 말하자면, 투표를 하고 싶어도 할 수 없는 처지에 놓인 사람들이 바로 이 17퍼센트라고 생각할 수 있는 것이다. SBS의 「순간포착 세상에 이런 일이」라는 시사교양 프로그램에 등장하는, 산속이나 다리 밑, 또는 동굴 같은 곳에서 쓰레기를 쌓아놓고 살아가는 '별난 사람들', 이 '거주지 없는 존재들'이 여기에 속한다고 볼 수 있다. 민주주의의 주체를 보통 '시민'이라고 부른다. 이 말의 어원은 라틴어 '키빌리타스civilitas'인데, '거주'라는 의미를 지니고 있다.

이런 맥락에서 '시민'은 특정한 장소에 거주할 수 있는 권리를 가진 존재를 지칭한다. 이렇게 '시민'이 되고자 한다면 구체적인 거주지를 가져야 하는 것이다. 그런데 지난 정부를 거치면서 우리의 삶은 급속하게 유동적으로 바뀌었다. '흐르는 자본주의'가 전일적으로 맹위를 떨치게 된 것이다. 투표에 참석했던 71퍼센트의 '시민들' 중 17퍼센트가 거주지를 가질 수 없는 처지로 전락해버린 것이 그동안 진행된 한국 사회의 변화라고 하겠다.

높아진 비정규직 비율과 실업률 증가는 이런 사정을 간접적으로 증명한다. 이들은 투표를 하고 싶어도 할 수가 없는 처지이다. 과연 어떤 택배 기사가 용감하게 투표를 한 뒤에 배달에 나설 수 있겠는가? 어떤 시급 아르바이트가 눈치도 없이 투표장을 찾기 위해 근무 시간을 뺄 수 있겠는가? 물론 그렇게 하는 이들도 있을 것이다. 온갖 따가운 눈총을 뒤로 하고 정권 심판을 위해 투표하러 갔다면, 정말 대단한 결단을 실행했다고 할 수 있다. 이런 불가항력적인 구조적 변동으로 인해서 이른바 부동층이 40퍼센트에 달하는 현상이 발생하고 있다고 보아야 할 것이다. 정당 지지율을 보여주는 통계를 참고하면, 새누리당은 30퍼센트대이고 민주당은 20퍼센트대이다. 이런 정당들이 집권했을 때 과연 대중을 대변한다고 볼 수 있을까? 솔직히 말해서 부르주아 정당 정치에 속하는 어떤 정당도 독자적으로 정치적 영향력을 확보하기 어려운 처지가 된 것이다. 부르주아 정치 자체가 위기에 봉착하고 있는 셈이다.

그런데도 야권연대를 과제로 내세우는 이들은 이런 문제에 대한 깊은 천착을 보여주지 못했다. 단순하게 투표를 하지 않았기 때문에 17퍼센트가 사라진 것이 아니라, 투표를 할 수 없는 조건이 만들어졌기 때문에 상황이 이렇게 되었다는 인식이 필요한데, 이에 대해서는 별반 관심을 보이지 않았다. 그렇지만 중요한 것은 끊임없이 거주의 조건을 무너뜨리는 '흐르는 자본주의' 속에 우리가 살고 있다는 이 부정할 수 없는 사실이다.

자본주의는 궁극적으로 실업을 양산할 수밖에 없다. 이 사실이 바로 정당 정치를 위기에 빠트리고 있는 요인이다. 자본주의는 기본적으로 노동의 소외를 전제한다. 노동자가 자신의 노동을 투여한 생산물에서 소외되는 것은 단순하게 보이지만 중요한 의미를 가진다. 이것은 생산수단에서 소비되는 사용가치의 재생산이 불가능하다는 것을 말하기 때문이다. 재생산되는 것은 만들어서 팔리는 상품에 새겨진 교환가치가 재현하는 새로운 사용가치일 뿐이다. 상품을 구매하는 소비자의 사용가치가 재생산되는 것에 지나지 않는다는 말이다. 생산수단의 가치를 증식시키는 것은 노동자가 노동을 통해 만들어낸 생산물의 가치이다. 이 가치는 화폐의 교환가치이면서 동시에 소비자의 사용가치이기도 하다.

이런 가치의 문제와 결합해 있는 것이 욕망이다. 이 욕망은 증상과 밀접한 관련을 갖는다. 정신분석학자 자크 라캉은 증상에 대한 독특한 해석을 내놓았는데, 예를 들어 증상 때문에 분석가를 찾아오는 이들은 증상을 없애달라는 것이 아니라 그것을 다시 회복시켜달라고 요구한다는 것이다. 증상이야말로 쾌락의 원천이기 때문이다. 자본주의에 대한 소비자의 태도도 이와 비슷하다고 할 수 있다. 자본주의 자체를 거부한다기보다, 사실은 그 자본주의가 즐거움을 주지 못하는 현실에 불만을 제기하는 것에 불과한 것이다. 자본주의는 쾌락의 원천이기 때문에 파국이 도래하지 않는 한 거부할 수가 없다. 어떻게 생각하면 자본주의를 지탱하려는 부르주아 정치는 이런 파국을 저지하는 정교한 장치를 발명해내는 수단이기도 하다.

이명박 정부를 탄생시킨 2007년 대선을 상기해보면 이해가 될 것이다. 이명박 정부가 내세운 경제를 살리겠다는 공약은 자본주의를 극대화하겠다는 것에 지나지 않았다. 당시 도시 중간계급은 '나도 부자가 되고 싶다'는 생각을 공유하고 있었다. 부동산과 증권으로 한몫 잡는 것이 성공의 지름길처럼 통했다. 말하자면 자본주의에서 즐거움을 얻고자 하는 욕망이 있었고, 그것이 이명박 정부를 집권하게 만든 지지기반이었던 셈이다. 이 욕망의 실체는 자신들이 누리고 있는 혜택이나 행복, 다시 말해서 쾌락원칙을 지속시킬 수 있는 시스템이었다. 딱히 이명박 정부라서 그랬던 것이 아니다. 2002년 노무현 후보에게 지지를 보낸 이유 중 하나도 자본주의를 정상화시킬 것이라는 기대감이었다. 당시 지지자 중 상당수가 노무현 정부의 출범으로 인해 한국 경제가 안정궤도에 올라설 것이라고 낙관하는 분위기였다.

그 당시 노무현 지지 사이트에는 '노무현 대통령이 당선되었기 때문에 경제가 바로 서고 외교가 정상화될 것이다. 이제는 민주주의만 남았다'는 글들이 게시되고 있었다. 다시 말해 이명박 정부에 기대했던 것은 노무현 정부를 지속시켜달라는 욕망이었다.

다음에 도래할 정부도 마찬가지이다. 이런 도시 중간계급의 열망을 등에 업지 않는다면 집권하기 어려울 것이다. 결국 '다시 노무현'인 셈이다. 왜냐하면 '자본주의를 정상화시켜달라'는 요구는 그때나 지금이나 크게 달라지지 않았기 때문이다.

안철수라는 달콤한 사탕

한동안 정치 지형을 뒤흔들고, 여전히 꺼지지 않은 불씨로 잠재해 있는 '안철수 현상'도 마찬가지라고 말할 수 있다. 이 현상은 지금 현재 진보가 어떤 국면에 처해 있는지를 잘 보여주는 거울상이다. 안철수라는 이름 석 자는 단순히 한 개인에 국한되는 것이 아니었다. 출마도 아니고 출마 의사를 표명하는 정도에 그쳤음에도, 그가 불러일으킨 반향은 엄청났다. 기성 정치권이라고 부를 수 있는 정당 구도 자체를 뒤흔드는 결과가 초래된 것이다. 이를 두고 다양한 설왕설래가 오갔고, 경청할 만한 다양한 의견들이 개진되었다. 그러나 무엇보다도 안철수 현상을 문화적인 관점에서 일종의 신드롬으로서 바라보았을 때, 그 실체가 더욱 선명하게 드러난다는 사실을 부정하긴 어렵다. 안철수를 둘러싼 일련의 현상은 바로 문화적 차원에서 발생한 것이라고 말할 수 있다.

여기에서 '문화적인 것'이라는 말을 달리 표현하면 '미학적인 것'이라고 지칭할 수 있다. 미학적인 것은 감각의 문제이다. 감각적인 것은 인식을 지배하는 요소이다. 감각을 통해 받아들인 것을 해석하기 위해서 우리는 지식을 발명한다. 안철수 현상은 기본적으로 감각적인 차원에서 분출한 상황에 가깝다. 이런 까닭에 이 현상을 이해하는 문제에서 기존의 인식 구조는 혼란에 빠질 수밖에 없다. 물론 문화는 새로운 것을 출몰시킨다기보다, 이미 존재하는 것들을 가시화해서 보여주는 '감각의 관리'에 가깝다.

그러므로 안철수 현상을 문화적인 것이라고 파악한다는 것은, 안철수를 둘러싼 모순적 상황 자체야말로 본질적인 것이라는 사실을 의미한다. 대중이 위험한 정치를 요구하면서 안전한 안철수를 선택하는 모순이 여기에서 발생한다. 정치는 세상의 질서를 바꾼다는 점에서 위험한 것인데, 안철수라는 안전한 개인을 통해 이것을 실현한다는 점에서 모순적인 것이다. 자기 삶의 개선을 요구하면서 좀 더 근본적인 문제에 접근해가기보다, 안철수라는 '좀 더 합리적인 존재'에게 자신의 이성을 기탁해버리고자 하는 현상이 곧 안철수 신드롬의 본질인 것이다.

안철수 현상은 기존에 한국 사회에서 되풀이해서 나타났던 메커니즘의 반복처럼 보인다. 그것은 이사야 벌린이 말했던 '적극적 자유주의'에 가깝다. 자신보다 더 높은 합리성을 소유하고 있는 것처럼 보이는 존재에게 자신의 합리성을 교정해주기를 바라고, 자신의 자유를 포기하는 태도가 여지없이 드러나는 것이다. 최소한 자유주의의 관점에서 보더라도, 정치의 문제는 개인이 자신의 주권과 자유를 주장하면서 궤도에 오른다. 따라서 안철수 현상은 대중 스스로 자신의 주권을 주장했다는 점에서 정치적인 것이

긴 하지만, 자유에 대한 요구로 나아가지 않았다는 점에서 급진적인 정치라고 보기는 어렵다.

안철수에 대한 지지가 어떤 '정치적 함의'를 가진 것인지는 중요하지 않다. 문제는 안철수 현상이 출현했다는 것, 그것도 기성 정치에 대한 혐오가 극에 달하고 이명박 정부와 여당에 대한 불만이 최고 수위에 오른 시점에서 안철수라는 '성공한 개인'에 대중이 호응했다는 것이며, 바로 이 점에 관심을 기울여야 한다. 안철수라는 개인이 대중에게 어떤 즐거움을 줄 수 있는 요소를 갖추고 있었던 것이다.

안철수 현상이 문화적인 차원에서 출현한 것이라는 사실은 이런 분석에서 타당성을 확보할 수 있다. 대중은 처음부터 체제 자체에 대한 전복을 요구하지 않는다. 앞서 이야기했듯이, 대중이 자본주의를 비판하는 까닭은 자본주의를 혐오하기 때문이라기보다, 그 자본주의가 제대로 작동해주기를 바라기 때문이다. 증상을 즐기는 주체는 증상을 없애주기를 바라는 것이 아니라, 그 증상에서 계속 즐거움을 얻기를 바란다. 한국 사회를 지배하는 쾌락의 평등주의는 이런 심리에서 구조화한다. 지속 가능한 쾌락의 평등주의에 대한 요구가 안철수 현상을 가능하게 만든 원인인 것이다.

로널드 드워킨의 말이 옳다면, 결국 쾌락의 평등주의는 '평등의 고원'을 계속 유지하겠다는 의미에 지나지 않는다. 노동자와 시민 사이를 구분하고 비정규직과 정규직을 나누는 것을 정당화하는 것이 쾌락의 평등주의이다. 고원은 일정한 높이를 전제한다. 그

높이에 도달하지 못하는 주변은 고원의 평등주의에서 배제된다. 솟아오른 고원의 평등에 집착하면서도, 주변과 고원 사이에 조성되어 있는 근본적인 불평등에 대해 눈 감는 것이 바로 쾌락의 평등주의이다.

이 평등주의는 부단한 자기계발을 통해 고원에 올라올 것을 주문한다. 고원에 거주할 수 있는 '자격'을 갖춘 뒤에야 비로소 개인은 하나의 시민으로서 주권을 획득한다. 물론 여기에서 정치는 주권에 대한 요구로부터 더 나아가 주권과 자유의 분리를 도모하는 것이다. 주권과는 다른 자유를 주장하는 것, 이것이야말로 공통적인 것에 대한 요구이고, 이를 통해서 급진적인 정치가 발생한다.

안철수에 대한 지지는 주권에 대한 요구에 머물고 있다는 점에서 기존의 논리를 되풀이하는 것이지만, 동시에 신자유주의 이데올로기를 통해 주체화한 '표준시민'이 대중의 욕망으로 흘러넘쳐 과잉을 요구하고 있다는 점에서 기성 정당 정치의 한계를 비판하는 측면도 내포한다. 안철수 현상에서 주목해야 할 것은 따라서 안철수라는 개인에 대한 지지 표명이라기보다, 이를 통해서 표출되는 기성 정당 정치에 대한 부정이다.

겉으로 보기에 이것은 정당 정치 자체에 대한 부정으로 보이지만, 사실은 정당 정치에게 '똑바로 할 것'을 주문하고 있다. 이는 '어떻게 하는 것이 똑바른 것인가'라는 질문에 봉착하는데, 이 요구에 대한 상이 정확하게 그려지지 않기 때문에 곤혹감을 느낄 수밖에 없는 것이다. 과잉의 욕망은 고정점을 갖지 않는다. 따라서 그 대상은 흐릿하게 보이게 마련이다. 물론 일부의 주장처럼 이런 과잉의 욕망이 '표'라는 구체적인 표현으로 내려앉지 않으면 아무런 의미를 갖지 못한다는 것도 사실이다.

그러나 '득표율'이라는 산술적인 표현으로 실현되지 못하는 정치라고 해서 존재 자체가 사라지는 것은 아니다. 때로 '표'가 대중의 정치를 재현하지 못할 수도 있기 때문이다. 이럴 경우에 대중의 정치는 더욱 강하게 재현에 기반을 둔 대의제 민주주의를 압박하게 마련이다. 안철수 현상은 이렇게 대의제 민주주의가 적절하게 대중의 정치를 재현해주지 못했기 때문에 출현한 것이다. 따라서 안철수 현상에서 확인할 수 있는 기성 정당에 대한 대중의 혐오는 정당 정치 자체에 대한 부정을 의미한다기보다, 이 재현의 구조를 개선해줄 것을 요청하는 행위이다. 기본적으로 대중은 변화를 원하지 않는다. 대중이 요구하는 '변화'는 기존 질서의 위기에 대한 대응, 다시 말해서, 기존 환경 자체의 유지이다.

따라서 안철수 현상의 배후에 드리워져 있는 것을 근본적으로 새로운 질서에 대한 갈망이라고 예단하는 것은 그렇게 설득력을 갖지 못한다. 오히려 안철수 현상을 통해 대중이 말하고 있는 것은, 지금까지 자신들에게 즐거움을 부여한 질서를 유지해달라는 것이다. 안철수라는 '멘토'에 열광하는 젊은 세대의 모습은 이런 분석을 뒷받침하는 사례라고 할 수 있다. '청춘콘서트'에서 안철수는 젊은 세대에게 아무것도 해준 것이 없는 기성세대를 향해 반성을 주문함으로써 호응을 받았다.

이런 태도가 전제하는 것은 젊은 세대 또한 기성세대가 누렸던 것과 같은 즐거움을 누려야 한다는 주장이다. 이런 까닭에 젊은 세대에게 안철수는 자신의 불만을 이해해주고 인생에 대해 아낌없이 조언을 해주는 멘토로서 각인되고 있는 것이다. 각종 여론조사에서 안철수는 '우리 시대 멘토의 아이콘'으로 높은 지지율을 보여준다. 안철수 현상은 이처럼 무엇보다도 '문화'를 통해 정치를 표출하는 아이콘으로 작동하고 있다.

탈정치화의 대표 격이었던 젊은 세대가 안철수를 지지한다는 것은 다양한 의미를 내포한다. 정치인이 아니기 때문에 안철수에 대한 지지가 훨씬 표면화하는 측면도 있다. 기존의 정당 정치가 안정을 해치는 주범처럼 보이게 된 것도 한몫을 한다. 보수 양당 구도가 붕괴하면서 이런 부정적 인식은 더욱 강화되었다. 탈정치화의 배면에 도사리고 있는 것은 그 무엇도 아닌 자기계발의 욕망이다. 한국 사회가 구성원에게 내면화시킨 것이 바로 쾌락의 평등주의라면, 이것을 계속 유지하기 위해 필요한 것이 바로 '평등의 고원'에 안전하게 진입하는 것이다. 이 방법으로서 한국 사회가 젊은 세대에게 강조하는 것이 자기계발의 논리인 것이다.

자기계발의 논리는 자기를 좀 더 안정적으로 착취해주기를 바라는 역설을 함축한다. 실업의 상태를 능력 없음으로 치환하는 사고가 이런 논리를 지속시킨다. 젊은 세대에게 실업이나 미취업 또는 비정규직은 사회적 문제라기보다, 개인의 능력이 부족한 것으로 받아들여진다. 그들에게 '복지'란 이런 능력을 안정적으로 계발할 수 있는 조건을 확보해주는 것이다.

　　이런 측면에서 안철수의 위로는 젊은 세대의 불만을 관리할 수 있는 새로운 보수주의를 보여준다고 할 수 있다. 김난도의 『아프니까 청춘이다』에서 촉발된 이 분위기는 『88만원 세대』가 던진 세대 갈등의 화두를 자기계발이라는 신자유주의의 자기통치 기술로 전환시키는 기능을 적절하게 수행하고 있다. 안철수 현상은 이 과정에서 출현한 것이라고 볼 수 있다. 안철수 현상을 추동한 기저에 드리워져 있는 것은 다른 무엇도 아닌 '소비자 주권'의 평등을 주장하는 소비자 민주주의이다. 이 소비자 민주주의야말로 지금 한국 사회를 지배하고 있는 가장 핵심적인 민주주의 원리이다.

소비자 민주주의를 넘어서

　　칼 마르크스가 『자본』에서 말한 자본주의의 핵심은 '소외' 였지만, 한국 사회만큼 이런 주장을 확실하게 증명하는 실례도 없을 것이다. 지금까지 도시 중간계급을 형성해온 경제는 바로 부동산과 주식이었다. 그러나 이런 경제는 노동자를 배제한 경제였다. 한국 사회는 점점 노동이라는 범주 자체를 현실에서 지워버리는 방향으로 변화했다.

　　'흐르는 자본주의'는 이런 상황을 더욱 가속화시켜서 이제 일상에서도 어렵지 않게 그 증거를 발견할 수 있다. 요즘 곳곳에서 발견할 수 있는 프랜차이즈 레스토랑을 주목해보자. 프랜차이즈 레스토랑을 갈 때마다 느끼는 것이지만, 이곳에 없는 것이 딱 하나 있다. 주인도 있고, 아르바이트 학생도 있고, 음식도 있고, 테이블 같은 집기도 있지만, 유일하게 요리사가 눈에 띠지 않는다. 요리사처럼 보이더라도 사실은 이미 만들어진 음식을 데우거나 끓이는 정도의 작업을 수행하는 조리사에 가깝다. 요리사가 맛을 낸다든가 하는 과정이 없다. 주어진 지침에 따라서 요리를 조립해서 제공할 뿐이다. 요리사가 필요 없는 음식은 공장에서 만들어진다.

공장에서 음식을 만드는 노동자들은 분명 있겠지만, 이들 역시 보이지 않는다. 노동자들은 끊임없이 현상계로부터 은폐된다. 또한 일상에서도 이들은 소비자로 존재하지 생산자로 존재하지 못한다. 스마트폰을 만드는 노동자가 하루에 10개의 스마트폰을 만든다고 해도, 그것은 자기 자신을 위한 것이 아니다. 은행에 근무한다고 해서 거기에 있는 화폐를 자기 것으로 생각하는 어리석은 사람은 없다. 소외의 문제는 이처럼 어떤 생산품을 만들기 위해 노동을 하지만, 결국 그 노동이 자기 자신의 생계와 아무런 관련이 없다는 사실에 있다. 노동자는 생계를 위해서 열심히 일하는 것처럼 보이지만, 사실은 상품의 교환가치를 위해 일하는 것일 뿐이다. 이런 까닭에 노동자의 생계보다 생산수단이 보전되는 것이 더 중요한 것처럼 받아들여지는 것이다.

자본주의의 비밀은 교환가치에 있다. 상품을 쌓아두는 것이 아니라 교환해야 부를 축적할 수 있다. 옛날에 부자들은 곳간에 쌀을 많이 쌓아두곤 했지만, 자본주의에서 그랬다가는 망하기 일쑤이다. 자본주의에서 중요한 존재는 생산자라기보다 상인이다. 생산자는 생산의 담당자라서 필요하지만, 또한 소비자이기 때문에 필요하기도 하다. 자본주의 사회에서 소비자와 생산자는 결코 분리될 수가 없다. 이 소비자들은 누구인가? 바로 상품을 구매하면서 쾌락을 얻는 존재들이다.

더 많은 쾌락을 위해 더 많은 화폐가 필요하다는 것을 깨닫고 있는 존재가 소비자이다. 더 많은 화폐에 대한 열망을 내재하고 있다는 점에서 이들은 자본가의 논리를 체화하고 있다. 이것을 소비주의라고 부를 수 있을 것이다. 이 소비주의야말로 대통령은 비난하지만 재벌 회장은 비판하지 못하는 한국 사회의 보수주의를 낳는 이데올로기이다. 1987년 이후 한국 사회에서 '민주화'라고 불린 과정은 소비자 민주주의의 확산이었다고 볼 수 있다. 노동에서 소외된 소비자는 '자본가-되기'의 과정에서 그 노동 자체를 잊어버리는 것을 '성공'이라고 부르게 된 것이다.

자본주의 시스템에 복속된 소비자가 탄생하기 위해 필요했던 것이 민주주의라는 현실의 매개였다. "화폐만 있으면 너도 ○○○을 할 수 있어"라는 속삭임은 평등에 대한 환상을 만들어내고, 이를 통해 소비자 주체의 재생산이 이루어졌던 것이다. 평등이라는 것은 사실 부르주아가 만들어낸 근대의 논리이다. 이런 근대의 평등이 전제하는 것은 등가화인데, 이것은 상품 교환의 논리이기도 하다.

칼 마르크스가 비판한 것은 서로 질적으로 다른 노동을 똑

같은 것으로 취급해버리는 화폐의 등가화였다. 부직포를 만드는 노동자의 노동과 가방을 만드는 노동자의 노동, 그리고 농사짓는 농부의 노동을 같은 것으로 만들어버리는 이 요술에 자본주의의 원리가 숨어 있는 것이다. 노동을 지워버린 말끔한 얼굴로 상품은 시장에 진열되어 있다. 말하자면 노동의 특수성이 사라진 화폐가치의 보편화가 상품이고 그것을 사고파는 교환이다.

이런 교환의 연쇄에 갇혀 있는 소비자 민주주의가 극명하게 한계를 드러내는 지점에서 평등의 문제를 정치적 차원으로 개방할 필요가 있다. 여기에 대한 하나의 가능성을 보여준 것이 2008년 촛불시위였다. 촛불은 한국에서 대의정치가 작동하지 않을 때 시민의 정치가 어떤 방식으로 출현할 수 있는지를 보여준 사건이었다. 지배 이데올로기가 그대로 되풀이되는 지점에서 시민의 정치가 출몰한 것이다.

당시 거리에서 시민들은 "이명박 과장님 경리과에서 퇴직금 받아가세요"라고 외쳤다. 대통령을 해고의 대상으로 본 것이다. 마음에 들지 않으면 언제든지 해고할 수 있다는 신자유주의의 논리, 또는 자본가의 논리가 그대로 되풀이해서 나타난 것이다. 집권한 이후 이명박 정권은 '너희가 자본가가 아니라 내가 자본가다'라는 사실을 보여주고자 했지만, 이에 대해 너도 나도 자본가적인 가치를 체현하고 있던 '국민'이 들고 일어난 것이 촛불이었다.

한국의 촛불은 차분했지만, 2011년 영국 폭동처럼 좌절한 소비자가 극단적인 폭력을 행사하는 경우도 없지 않다. 상품에 대한 욕망이 통제되지 않았을 때, 소비자 자신들이 교환가치를 중단시키는 사태가 발생하는 것이다. 이것을 파국이라고 부를 수도 있겠지만, 향후의 과제는 정치가 이 문제와 어떻게 관련되어 있는지를 밝히는 것이다. 이런 파국의 상황에서 정치를 호명하기 위해 필요한 것은 더 많은 민주주의를 요구하는 것밖에 없다.

19대 총선에서 드러났듯이, 정당이 정치적 열망을 제대로 재현하지 못할 때 언제든 위기는 도래할 수밖에 없다. 따라서 일상에서 항상 '어떤 민주주의인가'를 질문하는 과정이 요구되고, 이 요구에 근거해서 민주주의를 확대시켜나가는 공론의 장을 만들어야할 것이다. 중요한 것은 자본의 몰락과 삶의 종언을 동일시하지 말아야 한다는 사실이다. 이 문제는 앞으로 우리가 추구해야 할 진보의 이념과 무관하지 않다. 이것은 우리가 만들어가야 할 민주주의가 어떤 민주주의인지에 대한 질문이기도 하다. 또한 더 나아가서 소비자 민주주의가 아닌 내 삶의 민주주의는 어떻게 만들어가야 할 것인지에 대한 실천 지침이기도 하다.

'삶의 민주주의'를 위하여

2008년 경제 위기는 일시적인 것이라기보다, 2차 세계대전 이후 자본주의를 지탱해온 세계체제의 균열이라는 진단이 많다. 국가 정책 입안자나 자본가들까지 나서서 자본주의가 끝이라고 말하는 지경이다. 그러나 그 끝은 우리 모두의 것이라고 말하기 어렵다. 자본주의가 끝난다고 우리의 삶이 끝나는 것이 아니다. 자본주의는 언젠가 끝날 것이다. 마치 영화 「멜랑콜리아」에 나오는 사람들처럼, 우리는 그 종말을 실감하지 못할 뿐이다. 자본주의의 종언이 누구의 끝을 의미하는지 되물어봐야 한다. 두말할 것도 없이 자본가들의 끝이다. 몇 번 위기를 맞이할 때마다 자본가들은 민주주의를 압살해가면서 자본의 이해관계를 지켜왔다. 국가의 공공재를 동원해서 자신들의 손실을 보완해왔던 것이다. 자본주의의 지속이라는 명목으로 말이다. 그러나 이런 조처에도 한계가 있다.

이제 이런 시스템을 유지시킬 수 없는 한계 상황으로 나아가고 있다는 진단에 귀를 기울여야 한다. 이 위기를 자본가의 위기로 돌려주는 것이 지금 진보에 필요한 기획이다. 자본가의 끝이 우리 모두의 끝을 의미하지는 않는다. 과거 아르헨티나의 국가 부도가 그 사실을 증명한다. 자본의 교환가치가 중단된 그곳에서 새로운 삶이 등장했다. 자본주의가 무너진다고 해서 우리 삶이 무너지는 것이 아니라는 자각이 중요하다. 국가 부도가 우리 삶의 부도는 아니다. 삶은 계속될 수밖에 없다. 자본이 우리 삶을 소외시키는 소비자 민주주의에서 벗어나서 자본을 소외시키는 삶의 민주주의로 나아가야 한다. 우리에게 진보의 이념이 필요하다면, 바로 이 문제를 해결할 수 있는 이론적 통찰과 실천적 지침을 만들어낼 수 있어야 하기 때문이다.

더 많고 더 시끄러운 민주주의로 나아갈 수 있는가?

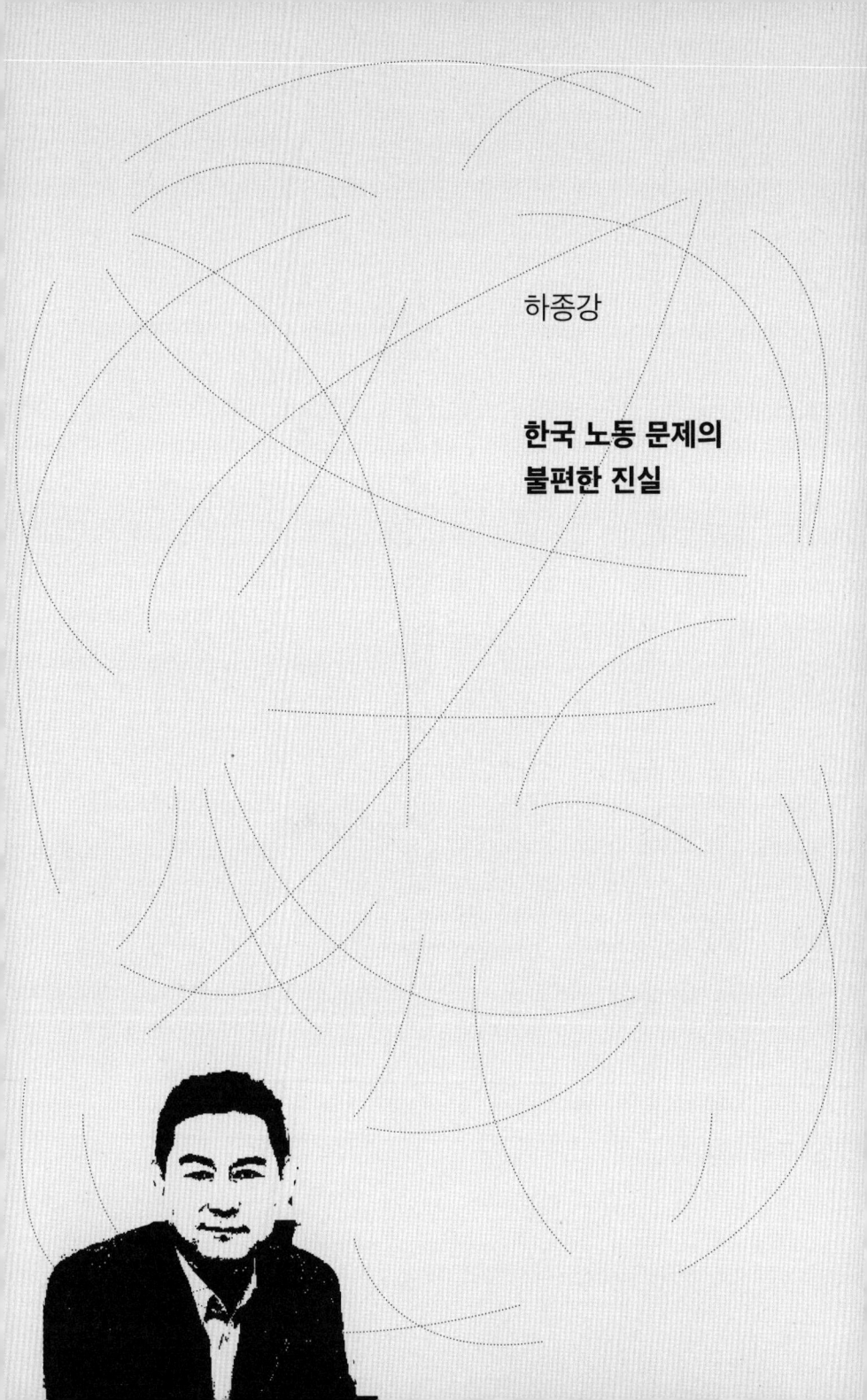

하종강

**한국 노동 문제의
불편한 진실**

하종강 • 30여 년 동안 줄곧 노동 상담과 노동 교육 분야에서 일해왔다. 한울노동문제연구소 소장으로 일했으며, 현재는 성공회대학교 노동대학 학장으로 활동하고 있다. 홈페이지 '노동과 꿈(www.hadream.com)'을 통해 노동 현장의 목소리를 전하고 있다. 쓴 책으로 『울지 말고 당당하게』, 『아직 희망을 버릴 때가 아니다』, 『길에서 만난 사람들』, 『철들지 않는다는 것』, 『그래도 희망은 노동운동』 등이 있다.

사회 문제에 대한 구조적 관점

역사와 사회를 보는 올바른 관점이 반드시 지식과 교양과 인격의 수준에 비례하지는 않는다. 여성이나 노인 또는 장애인 등 사회적 약자들의 요구가 옳은 이유는 우리 사회의 잘못된 구조가 그들에게 올바른 선택을 강제하는 측면이 있기 때문이지, 사회적 약자의 지식과 교양이나 인격 수준이 사회적 강자보다 더 높기 때문은 아니다. 죄 없이 고통당하는 사회적 약자의 문제를 올바로 해결하는 바람직한 방식은 그 사람들에게 성실과 노력을 강조하는 것이 아니라 우리 사회의 구조를 조금씩 평등한 방향으로 바꿔가는 것이다.

"불굴의 노력으로 성공하라", "노력하는 사람은 반드시 성공할 수 있다" 같은 충고는 우리가 어릴 때부터 훈련받아온 익숙한 미덕이다. 하지만 열심히 노력해도 성공하지 못하는 사람이 훨씬 더 많은 것이 현실이다. "어둠을 뚫고 솟아나 세상의 빛이 되시오" 같은 격언들이 곳곳에 보이지만, 실제로 그런 일은 우리 사회에서 거의 불가능하다. 개인의 노력만으로 모든 문제가 해결될 수 있는 것처럼 가르치는 교육은 사람들로 하여금 사회 문제의 본질을 보지 못하게 할 우려가 있다.

소년소녀 가장이 명문대에 합격했다거나 장애인이 피눈물 나는 노력 끝에 세계적 음악가로 성공했다는 이야기는 충분히 감동적이지만, 사회의 여러 문제들은 그러한 개인의 성실한 노력만으로는 해결되지 않는다. 어려운 처지에 있는 사람들의 눈물겨운 노력을 폄하하자는 것이 아니라, 다른 많은 사람들이 그러한 성공담을 읽으면서 '내가 성공하지 못한 것은 결국 나의 게으름과 무능과 불성실 때문'이라고 열등감을 느끼도록 하는 것은 옳지 않다는 것이다. 소수의 초인적 성공담이 일방적으로 강조되면 사회의 모순된 억압구조가 개인의 불성실로 은폐되는 역효과가 발생한다.

자연의 이치를 거슬러 키가 지나치게 커진 나무는, 그 나무의 마음이 아무리 착해도 키 작은 나무들이 받아야 할 햇볕을 가리는 존재가 될 수밖에 없다. 키 작은 나무가 햇볕을 받으며 살기 위해서는, 자신의 키를 키우거나 햇볕을 가리는 큰 나무의 가지를 걷어내는 수밖에 없다. 즉 키 작은 나무는 자신의 생존을 위해 숲의 구조가 더욱 평등해지는 방향으로 노력할 수밖에 없는데, 자본주의 사회 노동자들의 노동 운동도 비슷한 현상이라고 볼 수 있다. 노동자 개인의 성실한 노력만으로 해결할 수 없는 문제들을 사회구조(법과 제도)를 개선함으로써 해결하려는 것이 바로 노동 운동이다.

다양한 노동자 유형

2009년 7월 정부 산하 연구기관 최초로 한국노동연구원에서 박사들로만 구성된 노동조합이 설립됐다. 노동조합 설립을 주도한 사람은 고등학교 시절 학력고사 전국 1등을 차지하기도 했던 화려한 경력의 소유자다. 노동부에서는 '불법 노조'라 주장했고 대학교수 출신의 기관장은 노조위원장에게 외부 파견 발령을 내리는 등 다른 기업에서 하는 것처럼 노조 설립을 무산시키기 위해 온갖 노력들을 했다.

곰곰 생각해보면 이런 일은 마치 '데자뷔'처럼 되풀이돼왔다. 전교조가 설립되던 20여 년 전을 돌이켜보자. 당시 대통령은 "신성한 교직자가 어떻게 노동자인가? 교사노조는 절대로 용납할 수 없다"고 대국민담화를 발표했다. 전교조 활동을 이유로 2천 명 가까운 교사들이 해직당하기도 했다. 그러나 중요한 사실은 막강한 권력이 그토록 방해를 했지만 전교조가 이 땅에 뿌리내리는 것을 막지 못했다는 것이다. 전교조 조합원수가 10만 명에 이를 때도 있었으니, 초·중·고등학교에서 학생들을 가르치는 선생님 4명 중 1명이 전교조 조합원이었던 셈이다.

그로부터 10년 세월이 지난 뒤에 설립된 공무원노조 역시 마찬가지다. "국민의 공복인 공무원이 어떻게 노동자인가?"라고 생각하는 사람들이 많았고 공무원노조가 이 땅에 뿌리내리는 과정에서 3천 명 가까운 공무원들이 파면·해임 등 징계를 당했지만, 전국의 도청·시청·구청·군청마다 공무원노조가 설립되는 엄연한 현실을 막을 수는 없었다.

길게 보면, 이런 현상은 자본주의 역사 3백여 년 세월 동안 계속됐다. 그동안 다양한 노동자들이 새로운 노동조합을 설립하는 일이 끊이지 않았다.

이런 현상은 어느 정도까지 계속될까? 다른 선진국들을 살펴보면 그 답을 쉽게 얻을 수 있다. 2007년 말 한국을 방문했던 핀란드 교장협의회 피터 존슨 회장이 인터뷰 기사에서 다음과 같이 말한 대목이 눈에 띈다. "핀란드는 교원노조와 교장협의회 사이가 아주 좋다. 보통의 교장들은 대부분 교원노조에 가입해 있다. 나도 그렇다." 다른 나라에서는 교장 선생님도 전교조에 가입한다. 영국에는 교사노조National Union of Teachers, NUT와 별도로 교장노조National Association of Head Teachers, NAHT가 아예 따로 있다. 교장 선생님도 자신의 계급 정체성을 노동자로 인식한다는 뜻이다.

몇 해 전 EBS가 제작한 공무원노조 관련 프로그램 인터뷰에서 주한프랑스대사관의 다니엘 르 가르가송 전 부대사가 한 말도 주목할 만하다. "제가 원한다면 노조에 가입할 수 있습니다. 직급의 제한은 없습니다." 부대사도 자신을 노동자로 인식하는 것이다.

독일에서는 심지어 장관들 중에도 노동조합에 가입하는 사람이 있다. 독일 사회에서는 진보적 정치인이라고 말하기 어려운 메르켈 총리도 "할 수만 있다면 총리가 된 뒤에도 노동자 계급 신분을 유지하면서 노동조합비를 계속 내고 싶다"고 말했다. 자신이 노동자 계급의 범주에서 벗어나는 것에 대해 아쉬움을 느낀다는 것이다. 우리로서는 상상하기 어려운 일이겠지만, 어릴 때부터 제도권 교육에서 노동의 가치, 노동 운동이 경제에 미치는 영향, 역사 속에서 노동자 계급이 수행했던 역할 등에 대해 제대로 가르치고 배운 나라에서는 충분히 가능한 일이다.

경제협력개발기구(이하 OECD) 가입국들에서는 경찰노조와 소방노조가 일반화돼 있고 심지어 군인노조가 활동하는 나라도 적지 않다. 프랑스에는 변호사노조, 판사노조도 있다. 장관, 경찰, 군인, 판사, 변호사도 자신의 계급 정체성을 노동자로 인식한다는 뜻이다. 한국에서는 이런 현상을 도저히 받아들일 수 없는 사람들이 대부분이겠지만, 우리 사회도 장차 이렇게 변해갈 것이며 이 엄연한 흐름은 막을 수 없다.

"언젠가는 의사들도 노동조합 깃발 아래 모이게 될 것"이라고 말해온 지 근 20여 년 세월이 넘었다. 그렇게 말하면 사람들의 반응은 대개 두 가지로 나뉘어졌다. 고개를 끄덕이며 동의하는 사람과 비웃는 사람으로……. 그러나 우리나라에도 '대한전공의노동조합'이 설립된 적이 있는 지금, 그 두 가지의 반응 중에서 어느 쪽의 생각이 옳았는지 굳이 설명할 필요가 없을 것이다. '봉직의노조준비위'에서 활동하는 한 의사는 "현재 봉직의는 전문의로서 인정받기보다 또 다른 일용직 노동자가 되어가고 있다. 전공의에서 전문의까지 이어지는 악순환이 끊기기를 바라는 많은 봉직의들이 '병원의사유니온Hospital Doctor's Union, HODU' 설립을 기대하고 있다"고 말했다.[1] 선진국 의사들은 이미 오래 전에 노동조합을 설립했고, 돈

1
말이 나온 김에 '병원의사유니온'이라는 이름에 대해서 짚고 넘어가자. 우리 사회에 널리 퍼져 있는 '노동조합'에 대한 부정적 이미지와 의사들의 정서가 아직 '노동조합'이란 단어를 쉽게 받아들이기 힘들어하는 점을 감안해 '유니온'이라는 명칭을 붙였다고 한다. 하지만 '노동조합'의 영문 표기가 바로 '유니온(union)'이니, 이런 '눈 가리고 아웅'도 없다. 영어 잘 모르는 사람만 속아 넘어가라는 뜻이요, 한글을 사랑하는 사람이 보기에는 문화적 사대주의다.

벌이의 노예가 되기 싫은 그러한 보건의료인들의 노력을 통해 공공의료가 확대되는 성과를 거뒀다.

작년 추석 무렵 트위터에 "예언 적중을 축하드립니다"라는 글이 하나 올라왔다. 경찰개혁시민연대, 경찰발전협의회, 자치경찰시민연대, 대한민국무궁화클럽 등 경찰 관련 4개 단체가 모여 우리나라 최초로 '전국경찰노조추진위원회'를 출범시켰다는 것이다. 20여 년 전부터 노동 문제에 대한 강연을 할 때마다 "언젠가는 우리나라에도 경찰노조가 설립될 것이다. 다만 그 시기가 문제일 뿐이다. 10년 안에 안 되면 100년 안에는 될 것이다"라고 말해왔으니, 그 예언이 적중한 것을 축하한다는 뜻이었다.

공부를 좀 많이 했다고, 직책이 조금 높다고 자신이 노동자가 아니라고 생각하는 것은 후진국에서 볼 수 있는 매우 전근대적 인식이다. 매우 느린 속도이지만 우리 사회도 점차 그 시대착오적 생각에서 벗어나고 있는 중이고, 그 방향을 바꾼다는 것은 불가능한 일이다.

노동 운동에 대한 시각

「빌리 엘리어트」라는 영국 영화가 있다. 몇 달째 파업을 하던 광부가 무용수를 꿈꾸는 어린 아들을 데리고 런던에 있는 왕립 발레학교에 면접시험을 보러 가기까지의 눈물겨운 사연이 영화의 내용이다. 소년은 저금통을 털고, 광부는 부인이 남긴 금붙이 유품들을 모두 내다 팔고, 그래도 부족한 여비는 동료 광부들이 모아준다. 우여곡절 끝에 왕립발레학교에 도착해 교수들 앞에서 면접시험을 마친 뒤 잔뜩 주눅이 든 부자가 강당을 나가려고 하는데, 왕립발레학교 교장 선생님이 아버지를 불러 세우더니 마지막 인사말을 한다. "파업에서 꼭 승리하세요!"

우리 사회에서는 거의 불가능한 일이다. 파업을 하던 중에 학교에서 중요한 학부모회의가 열려 참석했다가 돌아가는 학부모에게 "이번 파업 투쟁에서 꼭 승리하십시오"라고 인사하는 교장 선생님이 대한민국에 몇 명이나 있을까?

프랑스 배우 줄리 델피가 감독·주연을 맡았던 「뉴욕에서 온 남자, 파리에서 온 여자」라는 영화 초반에는 다음과 같은 장면이 나온다. 집에 좀 늦게 들어온 딸에게 엄마가 이유를 묻자 딸이 답한다. "데모 때문에 차 막히고 난리 났어요." 그 말을 들은 엄마는 딸에게 이렇게 충고한다. "불쌍한 간호사들이 파업도 못하니? 여기는 미국이 아니야."

노동자가 파업한다고 불평하는 것은 매우 교양 없는 행동이고 '천박한 자본주의' 미국에서나 하는 짓이라는 은근한 비난이 그 말 속에 담겨 있다. 영화에서 유별난 경우를 그린 거라고 짐작하는 똑똑한 사람들도 있겠지만, 결코 그렇지 않다. 유럽 사회에서는 그러한 생각이 대중의 정서이기 때문이다. 몇 년 전 프랑스에서 250~300만 명의 노동자들이 참여하는 파업이 며칠 동안 이어졌을 때, 여론조사 결과 그 파업에 대한 시민들의 지지율이 71퍼센트였다. 그리고 길거리 분위기는 거의 100퍼센트에 가까웠다고 한다.

다시 한 번 주한프랑스대사관의 다니엘 르 가르가송 전 부대사의 말을 들어보자. "프랑스에서는 대부분의 여론이 파업에 대해 이해심을 보이는 편입니다. 파업권이 필수적인 사회권리라는 신념이 뿌리 깊게 박혀 있기 때문에 문제 삼지 않는 편입니다. 그러므로 이 같은 신성불가침의 권리를 문제 삼는 일은 하지 않는 것입니다." 나라를 대표하는 공무원이 '노동자가 파업하는 일은 신성해서 아무도 침해할 수 없다'고 주장하는 것이다.

프랑스의 고속철도 테제베가 파업을 하면 시민들이 열차 안에 몇 시간이나 갇혀 거북이 운행을 하는 일이 벌어지곤 하는데, 불평하는 사람은 별로 없다. 우리나라에서 서울지하철노조나 철도노조가 파업했을 때는 정의감에 가득 찬 시민들이 역사에 몰려가 항의하다가 유리창들을 박살내는 일이 벌어지기도 했지만, 프랑스에서는 노동자 파업을 비난하는 사람보다 그런 사람을 설득하는 시민들이 더 많다고 한다. "우리가 파업하는 노동자를 비난하면 지금 노동자의 권리를 빼앗는 사람들이 언젠가는 시민의 권리까지 빼앗게 된다는 것을 왜 모릅니까?"라고 설득한다는 것이다.

이런 이야기들을 듣고 '프랑스는 시민혁명의 종주국이고, 국민들 철학 수준이 세계에게 가장 높고, 진보정당이 여러 차례 집권한 경험을 갖고 있는 나라라 특별히 그런 정서를 갖고 있을 것'이라고 오해하는 사람이 있을지도 모르겠다. 다른 나라 예를 좀 더 찾아보자.

알고 지내는 어떤 이가 라디오 방송을 들으며 퇴근하고 있었는데, 이탈리아의 통신원이 버스 파업에 관한 소식을 전하더란다. 이탈리아 지방 도시의 버스회사 노동자들이 3년 동안 500번이나 파업을 했다는 것이다. 프랑스나 독일 같은 나라의 노동자 파업에 관한 시민들의 연대의식은 귀가 닳도록 들었던 터라, 한국에 관광의 나라, 축구의 나라, 좀도둑과 소매치기가 많은 나라 정도로 알려져 있는 이탈리아의 경우가 궁금했다. 그 통신원이 한 시민에게 "버스회사 노동자들이 3년 동안 500번이나 파업을 해서 도시 교통이 수시로 마비가 됐는데, 불편하지 않으세요?"라고 물었더니(우리나라 언론인들은 질문도 꼭 이런 식으로 한다), 그 시민의 대답은 다음과 같았다.

"그 사람들도 파업을 할 이유가 있었겠지요. 그 노동자들의 권리를 존중하기 때문에 불편을 감수하고 있습니다. 내가 지금 불편하다고 불만이나 늘어놓으면 나중에 내가 파업할 때 누가 내 권리를 이해해주겠습니까?"

이번에는 인터넷 관광 관련 게시판에서 읽은 한 젊은이의 이탈리아 여행기 내용을 소개한다. 일부를 요약하면 다음과 같다.

커다란 배낭을 메고 두 개의 여행가방을 끌며 피렌체 산타마리아 노벨라 역에서 기차를 탔습니다. 상쾌한 기분으로 밀라노 중앙역에 내렸는데! 음…… 파업이라더군요. 뭐 좋다. 좀 기다리지 뭐. 오전 9시에 시작된 파업은 오후 3시 30

분에 끝날 예정이었습니다. 가방 속에 넣어온 책을 꺼내 읽기 시작했습니다. 겨우겨우 지루함을 달래며 기다렸고 결국 3시 30분이 되었습니다. 이미 지하철 입구에는 사람들이 밀집해 있는 상태였습니다. 한시라도 빨리 제 갈 길로 가고픈 서민들…….

그러나 늦은 4시 30분에 들려오는 소식은 오늘 하루 종일 모든 대중교통수단이 운행을 하지 않을 거라는…… 믿기 어려운 것이었습니다. 다들 한마디씩 하기 시작하더군요. 이게 뭐하는 짓이냐? 이런 법이 어디 있느냐? 분명히 3시 30분까지라고 하지 않았냐? 남자들의 우렁찬 목소리, 여성들의 고음의 강력한 사운드. 다양한 사람들의 씩~씩~ 거리는 소리들이 그 지역의 배경음악으로 깔리는데, 뭔가 '느낌(!)'이 들더군요. 다들 불만을 토로하고 있는데, 그러나 '부글부글 끓는 화'는 아니었습니다. 그러고서 '하하하'거리며 하나둘 흩어지기 시작하더군요.

파업이 이런 거구나. 그럼 걸어가지 뭐. 돈이 딸랑 10유로 있던 터라 6유로짜리 큰 밀라노 지도를 사서 걷기 시작했습니다. 1시간 30분을 걸었을까? 집 근처에 온 것은 확실한데 지도에도 없는 길을 찾으려니 난감하더군요. 지나가는 할아버지 한 분께 길을 여쭤봤더니 친절하게 가르쳐주시면서 한마디하십니다. "오늘 파업이라 걸어가나? 짐도 많은데 힘들겠구만. 그럼 그들도 쉬어야지. 그들에게도 쉴 권리가 있다구.

오늘 같은 날 천천히 걷기도 하고~ 좋잖아?" 음…… 그렇군. 이탈리아의 파업이란 이런 것이군.

이탈리아에서도 이 정도가 보통 사람들의 생각이다. 그렇다면 유럽 사람들로부터 '천박한 자본주의'라고 무시당하는 미국 사회에서 노동 운동을 바라보는 시각은 어떨까?

2008년 초 미국에서 골든글로브 영화제 시상식 행사가 열렸을 때, 배우는 한 명도 없이 사회자만 참석해 수상자를 발표하는 기이한 일이 벌어졌다. 미국 작가노조의 파업에 배우들이 동조해 한 명도 참석하지 않았기 때문이다. 우리나라 방송사의 작가들이 노동조합을 만들고 파업을 벌였더니 탤런트와 배우 등 유명 연예인들이 그 파업에 동조하느라고 영화제 시상식에 단 한 명도 출연하지 않더라…… 우리는 이런 일을 상상하기조차 어렵지만, 유럽 사람들로부터 '천박한 자본주의'라는 따가운 시선을 받는 미국에서도 충분히 가능한 일이다. 대한민국처럼 사회 지도층 인사들과 국민들이 혼연일체가 돼서 노동 운동을 혐오하는 사회는 찾아보기 어렵다.

제도권 노동인권 교육의 필요성

곽노현 서울시 교육감이 트위터를 통해 "학생들에 대한 노동인권 교육의 필요성에 100퍼센트 공감한다. 특히 특성화고교에서는 필수적인 만큼 올해부터 민주시민 교육의 중요한 일부로 적극 제시하겠다"고 밝히자 이에 대한 논란이 뜨거웠다. 시교육청 관계자가 "우리 사회의 노동인권에 대한 시각은 상당 부분 왜곡돼 있지만 학교에서는 지금껏 이에 대한 교육이 거의 없었다. 노동인권 교육을 통해 노조 활동의 긍정적 측면에 대한 사회적 합의와 소통을 유도하겠다"고 설명하고 "다만 시위와 파업 등 노사 갈등으로 인한 사회적 비용 유발 등 부정적 측면도 함께 가르쳐 노사 상생의 중요성을 강조하게 될 것"이라고 부연까지 했지만, 논란은 사그라들지 않았다.

　　한국교원단체총연합회는 "교육 과정에서 노동인권과 결부된 권리 측면만 강조할 경우 심각한 부작용이 나타날 수 있다"고 우려했고, 경영계 역시 "노동인권 교육이 근로자의 권리 강조 방향으로 편향될 가능성이 높아 학생들에게 반 기업 정서를 불러일으킬 수 있다"고 비판했다. 한국경영자총협회(이하 경총)는 "무상급식과 교사 체벌 금지에 이어 교육 현장의 공감대 없이 일방적으로 몰아붙이는 이념적 교육 정책"이라고 지적했고, "사용자와 근로관계를 맺기도 전에 사용자의 불법 행위에 대한 대응을 교육하는 것은 근로자와 사용자 관계에 대한 잘못된 인식 형성의 시발이 될 수 있을 뿐 아니라, 가치관 형성이 중요한 청소년에 대해 노동시장 교육이 아닌 노동인권 교육은 민감한 계급의식을 거론할 수밖에 없기 때문에, 이 문제는 중립적 영역으로 남겨두는 것이 현명하다"고 주장했다.

당시 한나라당은 "현실을 외면한 시대착오적인 이념 교육이 우리 아이들의 미래를 어둡게 하고, 오만한 교육 독재는 공교육을 뿌리째 흔들고 있다"고 비난하며 교육감의 사과를 요구하기도 했다. "곽노현이 본색을 드러냈다"고 표현한 언론도 있었다.

과연 어느 쪽의 주장이 객관적이고 합리적이고 옳은 것일까? 제도권 교육에서 노동인권 교육을 실시하려는 시도에 대한 반발들은, 잘 몰라서 한 무지의 소치이거나 알면서도 한 거짓말이거나 둘 중의 하나일 수밖에 없다. 실제로 거의 모든 선진국에서는 제도권 교육 과정에서 노동 교육을 철저하게 시행한다.

노동 교육의 필요성을 강조하는 일이 비단 이번에 국한된 것은 아니었다. 2007년 1월에는 오히려 경총과 노동부가 한국노총과 함께 교육인적자원부에 제8차 교과과정 개편 작업에 발맞춰 노동 교육을 강화해야 한다는 건의문을 보낸 적이 있었다. 우리나라 교과서는 노동기본권에 대한 설명이 지나치게 취약하다는 지적은 당시에도 있었다. 근로기준법과 노동3권에 대해서는 중학교 2·3학년 사회 교과서에 다섯 문장 정도로 언급돼 있을 뿐이고, 고등학교 1학년 사회 교과서도 국민경제와 사회공동체를 다루고 있지만 노동 부문은 아예 없으며, 심지어 당장 취업을 앞두고 있는 특성화고(당시 실업계고) 학생들에게도 노동법 관련 교육이 거의 이뤄지지 않고 있다는 것이다.

노동 문제를 교과서에 적어도 '장' 또는 '소절' 정도의 분량으로 다뤄야 한다는 당시 노·사·정의 제안은 다른 나라들의 보편적 현상을 뒤늦게 따라가는 것일 뿐, 결코 과도한 요구가 아니었다.

독일에서는 초등학교 과정에 모의 단체교섭이 일상화된 특별활동으로 자리 잡아 있어서, 1년 동안 여섯 차례에 걸쳐 모의 노사교섭을 진행하기도 한다. 초등학생용 교과서를 보면 단체교섭 과정에서 서명운동을 벌이고, 항의문건·펼침막·벽보 등을 제작하고, 노조 간부가 언론매체와 인터뷰를 하고, 연설문을 작성하는 것까지 실려 있는 것을 알 수 있다. 340쪽의 분량 중에서 93쪽을 노동교육에 할애하고 있는 중등 사회과 교과서도 있고, 청소년 실업에 관한 내용을 29쪽에 걸쳐 설명한 교과서도 있다.

또한 "노사관계란 가족관계를 제외하고 인간이 자기를 실현하며 살아가는 가장 중요한 관계이며 민주주의와 공동결정의 장"이라고 정의하는 내용도 있다. 이 말은 백번 옳다. 실제로 가정보다 회사에서 더 많은 시간을 보내야 하는 직장인이 얼마나 많은가? 학생 대부분이 장차 노동자가 되는 사회에서는 학교의 정규 수업 과정에서부터 노동 문제를 중요한 비중으로 가르쳐야 하는 것이 오히려 당연하다.

프랑스에서는 고등학교 1학년 과정의 사회 과목에서 '단체교섭의 전략과 전술'에 관한 내용을 전체 교과서의 3분의 1 정도의 비중으로 가르치기도 한다. 노동자 편향적이라고 오해하는 사람들이 있을지 모르겠지만, 전혀 그렇지 않다. '기업 단원'도 '노동 단원'과 같은 분량이고, 기업 민영화의 사례도 나와 있다. '시장의 한계'도 다루지만 '공권력 개입의 전제 조건'도 다룬다. 칼 마르크스,

존 메이너드 케인스, 칼 폴라니와 함께 프리드리히 폰 하이에크, 조지프 슘페터 같은 신자유주의 학자들의 경제사회적 관점도 함께 소개하고 있다.

왜 고등학교에서 학생들에게 그런 내용을 몇 달 동안 가르쳐야 하는지 의문을 품는 사람도 많겠지만, 사회 구성원들이 그러한 지식을 공유하는 것이 사회 발전에 유익하다는 사실을 깨달은 나라에서는 충분히 가능한 일이다. 사회 구성원 대부분이 노동자와 그 가족인 사회에서, 어릴 적부터 제도권 교육을 통해 노동 조건이 노동자의 삶과 사회 전체에 미치는 영향 등에 대해 알아보고, 노동 조건을 둘러싼 자본과 노동과 권력의 관계에 대해 공부하는 것은 지극히 당연한 일이다.

이러한 교육을 받고 노동자·경영자·정치인·교수·언론인이 되는 사회와 그렇지 못한 사회에서 노동 문제를 이해하는 수준은 같을 수가 없다. 산 것과 죽은 것만큼의 큰 차이가 있을 수밖에 없는 것이다.

중·고등학생들을 직접 만나 조사해보면, 학교에서 선생님들로부터 "우리나라는 노동기본권이 과도하게 보장돼 있어서 경제 발전에 걸림돌이 되고 있다"거나 "기업이 살아야 노동자도 산다"고 배웠다고 답하는 경우가 많다. 더 큰 문제는 대부분의 교사들이 그것을 마치 균형 잡힌 시각인 양 오해하고 있다는 것이다. 교과과정 시안개발팀에 참여한 교사는 "경제 과목에 노동 단원을 넣자"고 제안했다가 대학교수들로부터 "왜 특정 이념을 자꾸 강조하느냐?"는 힐난을 들었다고 호소하기도 한다.

지난번 서울시 교육청의 발표에 대해 수도권의 한 특성화고 교장이 "기업들이 특성화고 졸업생 선발을 망설이는 편인데 노동인권 교육까지 실시하면 특성화고 졸업생을 제대로 채용할지 의문"이라고 우려했다는 것은 우리 사회가 노동 문제를 바라보는 수준이 얼마나 저열한지 보여준다. 우리 사회 구성원들이 노동 문제에 대해 올바로 판단할 능력을 갖기란 결코 쉬운 일이 아니다. 어느 제도권 교육 과정에서도 그러한 문제들에 대해 제대로 배울 기회가 없었기 때문이다. 교사와 학부모도 예외일 수 없다. 자신이 노동 문제에 대해 갖고 있는 생각이 상당 부분 오해일 수 있다는 가정을 해봐야, 비로소 그 다음에 진실이 보인다.

노동 문제가 교육제도에 미치는 영향

네덜란드 중학생에게 장래 희망이 뭐냐고 물었을 때 '벽돌공'이라 답했다는 기사가 기억난다. "벽돌공이 일하는 곳에 가봤는데, 하루 종일 음악을 크게 들으면서 일할 수 있더라. 나는 음악을 좋아한다. 벽돌 기술자가 돼 평생 음악을 들으며 행복하게 살겠다"는 것이 이유였다.

대학에 가지 않고 벽돌공이 되어 행복한 인생을 살겠다는 그 중학생의 꿈이 충분히 실현 가능한 이유는, 그 나라에서는 벽돌공의 수입이 대학교수와 비슷하기 때문이다. 굳이 대학을 나와 '펜

대를 굴리는' 화이트칼라 관리직 노동자가 되지 않아도 경제적 어려움에 시달리지 않고 살아갈 수 있다.

우리나라에서는 대학을 졸업하지 않고도 인생의 낙오자가 되지 않으려면 스포츠 스타나 아이돌 가수처럼 그 분야에서 일인자가 돼야 한다. 그러나 북유럽의 많은 나라들에서는 경쟁에서 승리해 일인자가 되지 않고도 얼마든지 행복한 인생을 살 수 있다. 예를 들어, 수영을 좋아하는 학생은 나중에 정부나 지방자치단체가 설치한 수많은 체육시설(이것이 바로 요즘 많이 이야기하는 '사회적 기업'이다)에서 평생 동안 노인과 아이들에게 운동을 가르치며 사는데, 그 수영코치의 수입이 대학교수와 큰 차이가 없다. 한국 사람들이 그토록 좋아했던 네덜란드인 축구 감독 히딩크도 대학에 가지 않은 사람이다.

핀란드 같은 북유럽 나라들에서는 대학원 학비까지 정부가 지원한다. 그래서 너도 나도 모두 대학, 대학원에 진학할까? 그렇지 않다. 학문에 뜻이 있는 사람들만 대학에 간다. 예를 들어 학창 시절에 '나는 인수분해가 정말 사랑스럽더라'라고 느낀 사람들이 몇 명이나 있겠는가? 그런데 실제로 그렇게 느끼는 참 이상한 학생들이 더러 있다. 그런 학생들이 학문에 대한 열정으로 대학에 가는 것이 정상적인 사회다. 군이 머리 싸매고 대학에 가지 않아도 역사와 사회에 대한 이해의 폭을 넓히며 충분히 보람 있는 인생을 살 수 있어야 한다. 그렇게 되면 공부를 좋아하지도 않으면서 취직과 경쟁의 수단으로 억지로 대학에 갈 필요가 없다.

노동기본권이 제대로 보장되고 노동자들이 정당한 대우를 받을 수 있어야만 교육 문제도 해결된다.

비정규직 청소 노동자들의 삶과 연대

월간지『작은 책』에 청소 노동자의 글이 실린 적이 있다. 그 중 한 대목을 소개한다.

> 그 당시 우리는 점심으로 싸가지고 온 찬밥을 여자 화장실 맨 구석 좁은 한 칸에서 둘이 무릎을 세우고 먹었습니다. 학생들이 바로 옆 칸에 와서 '푸드득, 뿡~' 하고 용변을 보면 우리는 숨을 죽이고 김치쪽을 소리 안 나게 씹었습니다. 이런 사실을 학교 신문과 방송에서 알고 학생들이 취재해갔고 그 상황을 대자보로 붙여서 온 학교가 다 알게 되었습니다. 이 문제를 놓고 지부에서 학교와 협상해서 오늘날과 같이 겨울엔 따뜻하고 여름엔 시원한 쉼터를 얻게 되었습니다. (정정순[전국여성노조 인천지부 인하대청소용역분회],「화장실에서 밥을 먹었습니다」,『작은 책』, 2009년 10월.)

우리나라의 큰 빌딩이나 대학 건물에는 대부분 청소 노동자를 위한 휴게실이 없다. 처음부터 청소 노동자의 휴게 공간을 설계한 건물은 거의 없는 것이다. 노동조합이 생기고 난 뒤 투쟁할 때마다 쉬는 공간이 조금씩 확보됐다. 큰 건물에 가서 눈여겨보면, 계단 밑 후미진 곳에 라면 박스나 스티로폼이 깔려 있는 공간이 있다. 대개 거기가 청소 노동자들이 쉬는 곳이다. 한 대학교에서도 건물 바깥 쪽에 돌출된 계단 밑을 막아서 삼각형의 작은 공간을 만들었는데, 청소 노동자들은 그 공간을 "천국 같다"고 좋아했다. 관리자들에 게 "주로 보이지 않는 곳에 있어라"라는 지시를 받던 청소 노동자 들이 "눈치 안 보고 쉴 수 있게 됐다"는 것이다.

대학 비정규직 노동자를 위해서 활동하는 대학생도 많아졌 다. 한 대학 정문 앞에서 비가 오는 날 한 학생이 "여성 인재 키우겠 다는 학교가 여성 비정규직 노동자 전원 해고. 도대체 학교에서 뭘 바라는 거냐?"라고 쓴 팻말을 들고 서 있었는데, 보다가 가슴이 뭉 클했다. 어느 사회나 이런 소수의 귀한 사람들이 있다.

2011년 초에 홍익대 경비·청소 노동자들의 파업이 언론에 많이 보도됐다. 홍익대 총학생회장은 파업 현장에 찾아와서 다음과 같은 취지의 말을 했다. "저는 비운동권 출신 총학생회장입니다. 파업으로 학교 명예가 실추되고, 학생들은 학습권을 침해당하고 있 습니다. 외부 세력 민주노총은 다 나가고, 현수막·포스터 붙인 거 다 떼어내면, 도와드리겠습니다." 영화배우 김여진 씨가 마침 파업 현장을 방문했다가 밥 먹을 시간이 되어 총학생회장에게 말했단다. "왔으니까 밥이나 먹고 가." 그랬더니 "싫습니다. 밥까지 얻어먹고 안 도와준다는 말 듣기는 싫어요"라고 하면서 그냥 갔다는 것이다. 며칠 뒤, 내가 농성장을 방문했을 때 한 여학생이 노동자들에게 인

사를 건넸다. "홍익대학교 총학생회장을 대신해서 제가 사과드리
겠습니다. 그런 의미로 김치를 담가왔거든요. 그런데 세상에 태어
나 처음 만들어본 김치라 맛이 있는지는 모르겠어요. 김치 맛에는
자신이 없지만 그 맛이 다 들기 전에 꼭 승리하세요."

　　연세대학교에는 '살맛'이라는 동아리가 있다. 그 동아리의
학생들은 청소 노동자들과 같이 활동했는데, 그 학생들 덕분에 연
세대에 비정규직 노동조합이 만들어졌다고 말할 수 있을 정도도 열
심이었다. 그 동아리의 한 학생이 홍익대학교 총학생회장에게 편지
형식으로 쓴 글이 있다. 인터넷 언론에 실렸던 「당신이 청소 노동자
를 '이해'한다고요?」라는 글 중 일부를 소개하면 다음과 같다.

　　내가 이해한다고 생각했던 것들은 시작부터 거센 도전에 부
　　딪혔다. 최저임금제나 식대에 대해 설명한 유인물을 만들어
　　휴게실을 방문했는데 아무도 그걸 보려고 하지 않았다. 그
　　렇다고 그분들이 관심이 없는 건 아니었다. 우리가 하는 설
　　명을 들으시면서 이것저것 되묻고는 했다.
　　이야기를 끝내고 나오는데 한 분이 슬며시 따라 나와 귀띔
　　했다. 글자 크기가 문제였다. 20대 눈에는 대문짝만 한 글자
　　였지만 50대, 60대 눈에는 개미 글씨였다. 실패를 되풀이하
　　지 않으려고 다음날부터는 훨씬 큰 종이에 두 배는 큰 글씨
　　로 인쇄해서 다니기 시작했다. 그런데 이번에도 몇몇 분들
　　이 글을 읽지 않고 곧장 가방에 넣어버리는 일이 생겼다. 알

고 보니 한글을 모르시는 분들이 있었다. 당혹스럽고 부끄러웠다. 이유도 모르고 읽어보라고 자꾸 권하던 내 모습이 떠올라 밤에 이불을 박차고 혼자 창피해했다.

(……) 조합원들을 대상으로 하는 한글·컴퓨터 교실을 열었다. 컴퓨터 교실에는 사람들이 넘쳐났다. 그런데 정작 한글교실에는 사람들이 오지 않았다. 그분들에게는 한글을 배우는 것보다 한글을 모른다는 사실을 드러내는 일이 더 큰 일이었다. 간신히 설득해서 한글 교실 첫 수업을 시작했다.

(……) 교사로 참여했던 학생 중에 친한 친구가 하나 있었다. 어느 날 맥주를 마시는데 이 친구가 갑자기 너라면 'ㅂ'을 어떻게 가르치겠느냐며 엉뚱한 말을 꺼냈다. 그 친구는 상대가 조합원이라 '버리다'를 통해 알려주기로 작정을 했단다. 그래서 껌종이를 바닥에 떨어뜨리면서 그걸 보면 어떤 말이 생각나느냐고 조합원에게 물었다고 했다. 그랬더니 조합원이 '줍다'가 생각난다고 대답을 했다며 한동안 멍하니 앉아 있었다.

교사로 참여한 또 다른 친구는 'ㅜ'를 가르치다 '두부'를 예로 들었다. 그러자 조합원이 장 보는 이야기를 했다. 자기는 평생 파나 두부가 생긴 모양을 보며 그것들을 샀다는 이야기였다. 그러면서 평생 두부를 사고 요리하고 먹었는데 그 두부가 글자로는 '두부'라고 생긴 줄을 몰랐다며 신기해했다. 조합원은 신기하다며 웃는데 그 친구는 웃지도 울지도 못했다

비정상적 고용계약: 비정규직

비정규직 노동자들이 왜 그렇게 많아진 것일까? 비정규직 노동자를 만나 얼굴을 마주 대하고 직접 이야기를 들어보면 그 이유를 쉽게 알 수 있다.

"화장실도 마음대로 못 가면서 20년 동안 일했어요."

"어제가 아버님 제삿날인데 가 뵙지 못했어요. 휴가 하루라도 신청하면 내년에 재계약이 안 될까봐요……."

"파견직에게는 경조휴가비도 50퍼센트만 지급됐어요. 휴가를 내도 해고되고, 아파서 조퇴를 신청하면 '집에 가서 영원히 쉬라'고 했습니다."

이렇듯 비정규직 고용계약은 노동자가 인간답게 살기 위해 회사에 말 한마디 하는 것조차 쉽게 봉쇄함으로써, 저임금과 장시간 노동 등 열악한 노동 조건을 강요할 수 있는 방식이기 때문이다. 그리고 우리나라 기업들이 그러한 노무 관리 방식에 길들여져 비정규직 고용계약을 온갖 형태로 늘려가고 있기 때문이다. 비정규직 노동자들의 고용 형태를 자세히 설명하자면 끝이 없고, 간단하게만 분류해봐도 아래와 같이 많다.

1   직접고용 비정규직
     기간제 노동자   계약직, 임시직, 일용직, 촉탁직
     시간제 노동자   파트타이머, 아르바이트

2   간접고용 비정규직

파견 파견법에 의한 간접고용
용역 용역경비업법, 공중위생법, 공동주택관리령에 의한 간접
고용
노무도급, 사내하청, 외주용역 대부분 불법 파견

3   특수고용 비정규직
업무위탁 학습지 교사, 보험 모집인, 레미콘 기사
프리랜서 방송사 작가, 리포터
알선 골프장 경기보조원
개인사업자 학습지 교사, 화물차 택배 기사

중요한 사실은 30년쯤 전 내가 처음 노동 문제를 공부할 무렵에는
위에 열거된 직종들이 대부분 정규직이었다는 거다. 학습지 교사
들의 집단 퇴직금 상담을 한 적이 있었는데 실제로 간단한 절차를
거쳐 퇴직금을 모두 받을 수 있었다. 이 말은 당시 학습지 교사들이
근로기준법의 적용을 받는 노동자였다는 뜻이다.

그 뒤 기업에 채용된 우수한 인력들이 다시는 그렇게 회사가
학습지 교사들에게 퇴직금을 지불하는 등 근로기준법상의 의무를
지지 않을 수 있도록 여러 가지 방안을 연구했고, 그 주요한 수단이
비정규직 고용이었다. 기업은 근로기준법의 각종 의무들로부터 벗
어나고 노동비용을 절감할 수 있었지만, 그 결과 열악한 노동 조건
에 시달려야 하는 비정규직 노동자들이 엄청나게 늘어났다.

근로기준법의 고용계약 원칙은 어디까지나 '직접고용' 그리
고 '정규직'이다. 현행 근로기준법에도 제6조(균등한 처우), 제9조

(중간착취의 배제) 조항[2]이 바로 그러한 원칙을 담고 있다. 13년 전 노동자 파견법이 처음 제정될 무렵에도 노동법 학자들로부터 "파견법은 근로기준법의 고용계약 원칙과 정면으로 배치된다"는 비판이 제기됐다. 근로기준법상으로는 엄연히 불법인 비정규직 고용계약을 합법화하기 위해 우리가 요즘 '비정규직법'이라고 뭉뚱그려 부르는 여러 법 개정 작업들이 추진된 것이다.

비정규직법은 처음 출발할 때부터 비정상적 상황에서 한시적으로 운영되는 제도라는 성격을 갖고 있었다. 비정규직 고용계약 기간이 2년을 초과할 수 없다거나, 2년이 지난 뒤에는 계약 만료를 이유로 해고할 수 없다는(이른바 '영구 비정규직' 또는 '무기 계약직') 기간 제한 조항들이 법에 규정된 이유는 바로 그 때문이다. 비정규직은 비정상적 고용 형태이기 때문에 장기적으로 존속하게 되면 사회에 해로운 영향을 미친다는 것이 이미 비정규직법의 전제인 것이다.

기업의 이익을 대변하는 학자들은 지금도 여전히 "고용 증대를 위해 비정규직 일자리를 만드는 것이 세계적 추세"라며 비정규직 고용이 마치 당연한 순리인 양 주장한다. 그러나 그 학자들은

2

제6조(균등한 처우) 사용자는 근로자에 대하여 남녀의 성(性)을 이유로 차별적 대우를 하지 못하고, 국적·신앙 또는 사회적 신분을 이유로 근로조건에 대한 차별적 처우를 하지 못한다.
제9조(중간착취의 배제) 누구든지 법률에 따르지 아니하고는 영리로 다른 사람의 취업에 개입하거나 중간인으로서 이익을 취득하지 못한다.

세계화 바람이 급격하게 불던 1990년대에 비정규직 노동자 규모를 확대했던 많은 나라들이 2000년대에 들어선 뒤 비정규직 노동자 수를 줄이거나 차별을 해소하기 위해 다양한 노력을 기울이고 있다는 사실은 애써 외면하고 있다.

프랑스 등 유럽에서는 질병·출산·휴가 등 결원이 생겼을 때에만 비정규직 노동자를 고용한다. 비정규직 노동자들은 오히려 고임금을 받는 경우가 많다. 불리하게 단기적으로 고용되는 계약이니 더 나은 노동 조건을 제시해야 한다는 취지다. 우리나라에서도 비정규직법 입법 과정에서 쟁점이 됐던 '비정규직 사용 사유 제한'이란 개념은 이런 취지를 살리자는 것인데, 기업에서는 노동비용이 증가한다는 이유로 여러 가지 논리를 들어 반대했다.

독일은 건설업종을 제외한 전 업종에 노동자 파견이 가능한 거의 유일한 나라지만, 동일노동 동일임금 원칙이 엄격하게 지켜져 비정규직 노동자라 할지라도 특별한 불이익이 없다. 전형적인 시장경제 체제인 미국도 파견 노동자를 고용하는 회사들이 대부분 대형화되어 교육과 사회복지 혜택이 정규직과 비슷하다.

우리가 비정규직 문제를 들여다볼 때, 비정규직 노동자들의 삶이 고통스럽다는 것 못지않게 중요한 사실은, 기업들이 비정규직 노동자를 고용하는 방식으로 경쟁력을 유지하는 것은 보수 세력이 그토록 강조하는 '국가경제'에도 결코 도움이 되지 않는다는 사실이다. 2004년 국제통화기금(이하 IMF)이 『한국 경제 주요 현안 보고서』를 통해서 한국 정부에게 "신규 고용의 70퍼센트가 비정규직 노동자이다. 이 같은 노동시장의 이중적 구조가 한국 경제의 저해 요소가 됐고, 향후 발전도 제약할 것이다"라고 경고한 직이 있다는 사실을 아는 사람은 별로 많지 않다.

참 이상한 일이다. 보수적 경제 이데올로기로 무장한 국제 금융자본이 어째서 한국 정부에게 노동시장이 과도하게 비정규직화되고 있는 것의 위험성을 경고한 것일까? 세계에서 가장 보수적집단이 한국 땅에 들어와서는 진보 세력이 되는 코미디 같은 일이 벌어진 것이다. 이는 한마디로 그동안 한국 기업의 인력 운용 방식이 얼마나 비정상적이었는지 보여주는 단적인 예다. 철저하게 자본 증식 논리에 따라 움직이는 국제 금융자본이 한국 비정규직 노동자의 처지가 걱정돼서 그 같은 인도주의적 차원의 요구를 했을 리는 없다. 우리나라 노동자의 비정규직화가 세계에서 가장 빠른속도로 진행되면서, 사회 불안이 급증하고 건전한 내수를 창출하지 못하면 그것이 경제 발전에 저해 요소가 되어, 자칫 자신들이 손해를 볼 수도 있다고 판단했기 때문이다.

대한민국은 OECD 회원국 중 비정규직 노동자 비율이 가장 높은 나라다. 위 보고서에서는 IMF가 "신규 고용의 70퍼센트가 비정규직 노동자"라고 지적했지만, 이 수치는 지금 80퍼센트로 늘었다. 열 명이 취업하면 여덟 명이 비정규직이다. 이 말은 지금 이 글을 읽고 있는 사람의 자녀 중 80퍼센트는 비정규직 인생을 살게 될 것이라는 뜻이다.

고부가가치 창출 능력이 없어 저임금으로 경쟁할 수밖에 없는 기업, 비정규직을 정규직으로 전환할 능력이 없는 기업은 빨리 시장에서 퇴출시키는 것이 오히려 시장경제주의에 부합한다. 비정규직에 대한 차별을 제도적으로 금지한 나라, 동일노동에 대한 동일임금 제도를 실시한 나라에서 경제성장률이 안정적으로 높아지는 현상이 발생하는 이유는 그 때문이다. 그러니까 "비정규직을 고용해야만 중국과 가격 경쟁을 할 수 있다"거나 "비정규직을 정규직으로 전환하면 인건비 때문에 도산할 수밖에 없다"는 경영자들의 주장에만 귀를 기울이다가는, 그들이 신주단지 모시듯 강조하는 '기업 경쟁력'과 '경제성장률'도 낮아진다.

당신에게도 해로운 비정규직 고용

경영자들은 비정규 문제의 책임을 대기업 강성 노조에 돌리고 있고, 정부의 시각도 이와 크게 다르지 않다. 대기업 정규직 기득권 노동자들이 지나친 고용 보장 혜택을 누리고 있어서, 그로 인한 고용 경직성에 시달린 기업들이 비정규직 고용을 확대할 수밖에 없다는 주장이다. 이 주장은 우리나라 대기업 노조가 지나치게 강성이어서 부당한 특혜를 누리고 있다는 것을 전제로 한다. 그러나 외국인 경영자들이 "한국에 오기 전에는 언론의 보도를 통해 한국 대기업 노동조합들이 투쟁적이고 과격한 줄 알았는데, 와서 직접 겪어보니 사실은 그렇지 않고 상당히 합리적이었다"는 말을 거듭 강조하듯, '대기업 강성노조 정규직 기득권자'라는 개념은 정부·기업·언론이 합작해 만들어낸 그릇된 선입견인 경우가 많다. 중소 영세 하청업체 비정규직 노동자들에 비해 상대적으로 나은 노동 조건을 누리고 있는 대기업 노동자라 할지라도 막강한 자본 앞에서는 약자에 불과하다. 최근 벌어졌던 쌍용자동차, 한진중공업 정리해고 사건이 대기업 정규직 노동자의 처지를 잘 보여준다.

경총이 과거 산하 수천 개 사업장들에 배포한 '단체협약 체결 지침'에는 "비정규직과 정규직 노동자의 차별을 줄이기 위한 노동조합의 요구를 거부하라"는 내용이 빠짐없이 들어 있었다. 경총은 이 지침들에서 비정규직 노동자를 정규직화하거나, 비정규직에게 정규직과 동등한 대우를 보장하라는 노동조합의 요구를 거부하도록 구체적으로 권고했다. "비정규직 노동자의 사용기간 및 채용에 관한 문제는 단체교섭 대상이 될 수 없다", "반드시 정규직으로 채용해야 한다는 강제규정은 받아들여서는 안 된다", "특수업무 종사자나 파견 노동자의 단체교섭 요구에는 응하지 않도록 한다" 등이 그것이다. 명문대학을 졸업한 우수한 인재들이 기업의 지원을 받으며 이러한 비도덕적이고 반사회적인 방안들을 연구해낸다.

이러한 지침들은 한마디로 한국의 기업가 정신이 전혀 변하지 않고 있다는 것을 보여준다. "노동 운동이 변해야 한다"고 입버릇처럼 강조하면서도 정작 경영자들은 시대의 흐름을 따라가지 못하고 있는 것이다.

정부와 기업은 노동자 파견법에서 규정한 파견 가능한 업종의 범위를 계속 확대하고 있다. 지금도 거의 전 업종의 기업에서 사내하청, 노무도급, 외주용역 등의 형태로 불법 파견, 편법 파견이 사용되고 있는 것이나 마찬가지이다. 흔히 말하는 제조업체 '사내 하청'은 거의 대부분 불법 파견을 피하기 위한 외피에 불과하다.

정부와 기업으로서는 파견법에서 규정한 파견 가능 업종을 확대해도 이미 만연한 불법 파견을 양성화하는 것에 불과하므로, 실제로는 비정규직 노동자가 그렇게 많이 늘어나지는 않을 것이라고 판단했는지도 모른다. 그러나 그것은 커다란 착각이다. 앞으로 기업에서는 새로 뽑는 직원을 거의 대부분 외주용역 파견 노동자로 채우려고 할 것이고, 기존의 정규직 노동자도 여러 가지 방식으로 외주용역 파견 노동자로 전환할 것이다. 인건비를 절감하고 노동법상의 각종 의무에서 벗어날 수 있다는 유혹에서 기업이 벗어나기란 쉽지 않다.

흔히 '용역회사'라고 부르는 노동자 파견업체들이 우후죽순처럼 늘어날 것은 불을 보듯 뻔한 일이다. 조금이라도 연줄이 닿는 기업이 있으면, 그 기업에 인력을 파견할 수 있는 권리를 얻어내어 파견한 노동자들이 받는 임금에서 매달 일정한 액수를 손쉽게 챙길 수 있으니, 너도나도 그 일에 뛰어들 것이 분명하다. 책상 하나만 놓고 앉아서 남의 노력을 가로채 쉽게 돈을 버는 방법이 뻔히 보이는데, 사람들이 그 일을 마다할 리가 없다. 길거리에서 '○○인력' '□□개발' '△△용역' 따위의 간판을 수도 없이 보게 되는 이유는 그 때문이다.

정부로서는 비정규직 노동자가 많아지는 것이 정치적으로

불리한 일도 아니다. 비정규직 노동자들은 자신이 비인간적인 대우를 받는 것에 대한 화살을 기업이나 정부에 돌리기보다 상대적으로 고임금을 받는 대기업 정규직 노동자들에게 돌리는 경향이 강하기 때문이다. 또 비정규직 문제와 관련된 정책들이 정치적 쟁점이 돼 선거에 영향을 미치지도 않는다. 게다가 정부 입장에서는 비정규 노동자가 많아질수록 대기업 정규직 중심의 노동 운동이 더욱 고립되는 효과도 보게 된다.

이러한 모든 행태의 공통점은 기업의 단기적 이익이나 경영자의 사욕, 또는 그것을 위해 일하는 것이 자신의 직무인 사람들에게만 유익할 뿐, 국가 경제 전체의 이익에는 해로운 결과를 초래한다는 것이다.

노무현 전 대통령의 미공개 육필 원고와 방대한 분량의 육성 기록이 담겨 있는 책『진보의 미래』에서, 그는 "우리가 진짜 무너진 건, 그 핵심은 노동이에요. '노동의 유연화, 그것도 우린 할 수 있어' 하고 놔버린 게 가장 아팠던 대목입니다"라고 술회했다. '노동의 유연화'란 바로 '비정규직 고용 확대'의 또 다른 표현이다.

비정규직 노동자가 점점 많아지고 그 차별이 확대되는 것에 반대하는 노동자들의 주장과 사회 불평등 구조가 더욱 심화되는 부작용을 감수하면서까지 비정규직 노동자를 더욱 늘리려는 정부와 기업의 주장 중에서 과연 어느 쪽이 우리 사회 전체에 유익할까? 비정규직 고용을 확대하는 정부와 기업의 노력은 눈앞의 이익 때문에 나라의 백년대계를 거스르는 일이다.

역사 발전 과정과 노동자 권리

한국의 노동조합 조직률은 10퍼센트 미만으로 OECD 최하위에 속한다. 대만과 비교하면 약 4분의 1, 일본과 싱가포르의 2분의 1 수준이다. 북유럽에는 노동조합 조직률이 80퍼센트나 되는 나라들도 있다. 프랑스가 유일하게 노동조합 조직률 수치가 우리보다 낮은 나라이지만, 프랑스에서는 전체 노동자의 92퍼센트가 단체협약을 적용받는 데 비해 한국은 11퍼센트밖에 적용되지 않는다. 한국의 직장인 10명 중 9명은 연봉 등 자신의 노동 조건에 대해 아무 말도 하지 못한 채, 주는 대로 받고 있다는 뜻이다. 노동 기본권이 이렇게 제대로 보장되지 않고 있으니, 한국 노동자들이 OECD 가입국 중 연간 노동시간 1위, 인구 10만 명당 산재 사망자 수 1위에 시달리고 있는 것은 어쩌면 당연한 결과일지도 모르겠다. "세계 10위권 내외 경제 규모"라고 자랑하는 선진국 대한민국이 왜 노동 문제에 대한 이해는 최하위 수준에 머물러 있는 것일까? 지금까지 설명한 이 모든 이상한 현상들의 원인은 무엇일까?

한 가지만 이야기하자면, 다른 나라에서는 볼 수 없는 특이한 자본주의 이행 과정과 결코 무관하지 않다는 것이다. 한 사람이 살아오면서 어떤 경험을 했는가가 그 사람의 가치관과 의식 형성에 큰 영향을 미치는 것처럼, 한 나라가 어떤 역사를 거치며 발전해왔는가도 그 사회의 가치관과 의식 형성에 큰 영향을 미칠 수밖에 없다. 이러한 현상을 "역사 발전 과정이 사회 정체성을 규정한다"고 표현하기도 한다.

우리나라의 노동 문제에 대한 몰이해 현상에 관해서 이야기할 때 왜곡된 근현대사 과정을 강조하면, "노동 문제에 대해 이야기하면서 굳이 일제 식민지 시절까지 들추어낼 것은 뭐냐?"고 탓하는 사람들이 있다. 그러나 지금 우리나라 노동자들이 처해 있는 특별한 상황을 바르게 이해하기 위해서는 일제 식민지라는 비틀린 역사가 우리에게 어떤 의미를 갖고 있는 것인지부터 제대로 알아야만 한다.

　　우리나라가 자본주의 사회를 건설한 과정은 다른 나라들과 매우 달랐다. 우리는 중세 봉건 사회의 모순을 스스로 깨닫고 자신의 손으로 사회 제도를 고쳐가며 근대 국가를 건설하는 과정을 겪지 못했다. 중세 사회가 해체되고 시민 계급이 형성되는 과정은 그 사회의 구성원이 평등하게 살아가기 위해서는 어떤 권리가 존중돼야 하는지를 피눈물 나게 깨닫는 과정에 다름 아니었다. 우리는 역사 발전 과정에서 그 소중한 체험의 기회를 박탈당했다. 우리 계획과 전혀 무관하게, 어느 날 갑자기 일제 식민지라는 비정상적 방식으로 자본주의 사회로 편입돼버렸다. 양반과 상놈이라는 신분 제도를 우리가 스스로 무너뜨릴 수 있는 기회를, 조선 사회의 모순을 우리가 스스로 깨닫고 직접 우리 손으로 뜯어고쳐가며 민주공화제 대한민국을 건설할 기회를 잃어버린 것이다.

　　해방된 뒤 '친일파'라고 불리던 식민지 협력자들이 사회 상층부에 진입하여 정치·경제·언론·교육·문화 등 모든 분야를 장악한 반면, 제국주의 식민 지배에서 벗어나기 위해 독립운동을 했던 사람들은 어떤 권력도 갖지 못했다. 근대 사회가 성립되고 자본주의가 확립되는 중요한 시기에 새롭게 등장한 지배 세력은 도덕적 우월성을 상실한 집단이었다.

도덕적으로 가장 타락한 반민족 행위자들이 해방된 뒤에도 그 사회의 근대화 과정과 경제 개발 과정을 계속 지배한 뼈아픈 역사를 가진 나라는 별로 없다. 베트남과 우리나라 정도가 그 드문 예에 속한다. 이 두 나라의 공통점은 무엇일까? 해방된 뒤에 바로 분단됐다는 것이다. 식민지를 겪은 다른 나라들에서는 동족을 배신한 대가로 사회적 지위와 부를 누렸던 식민지 부역 세력이 해방된 뒤 숙청당하거나 처벌을 받고, 반대로 독립운동을 하다가 감옥에 갔혔던 사람들이 해방된 뒤 각계각층의 지도자가 되는 과정을 겪었지만, 우리나라는 해방이 돼도, 전쟁이 끝나도, 정권이 교체돼도 그러한 일을 해내지 못했다.

역사 전환의 중요한 시기에 제도와 정책을 결정하고 교육과 언론을 장악한 세력이 국민 앞에서 떳떳하지 못한 사람들이었다는 사실은 우리 사회의 가장 큰 비극이다. 사회 정의에 대해 가르칠수록 기득권 세력은 죄인이 될 수밖에 없으니, 제도권 교육의 내용이 바르게 채워질 수가 없다. 어느 사회에서든지 권력과 자본은 교육, 언론 등을 통해 사람들의 의식을 기득권 세력에 유리한 방향으로 조율한다. 그런데 우리 사회는 왜곡된 근현대사 속에서 그 현상이 다른 나라들보다 몇 배나 증폭됐다. 그 왜곡되고 비틀린 역사가 어느덧 한 세기를 지났다. 일제 식민지 40년, 분단 60년, 그 와중에 군사독재정권 30년 세월을 겹치기로 겪으며 건설된 자본주의 사회가, 어떻게 사회적 약자의 권리가 보호되고 건전한 상식이 통용되는 정상적 사회가 될 수 있겠는가?

　우리나라 학교의 제도권 교육에서 노동자 권리에 대해 제대로 가르치지 못하는 이유는 바로 그 때문이다. 사회 구성원 대부분이 노동자인 사회에서 노동자 권리와 노동 운동에 대해 올바른 인식이 형성된다는 것은 부당한 방식으로 정권을 유지하며 재산을 축적해온 기득권 세력에게 사형선고나 마찬가지였을 것이다. 노동 문제를 바르게 이해하기 위해서는 이 비틀리고 왜곡된 역사 발전 과정을 통찰할 수 있는 눈을 가져야 한다.

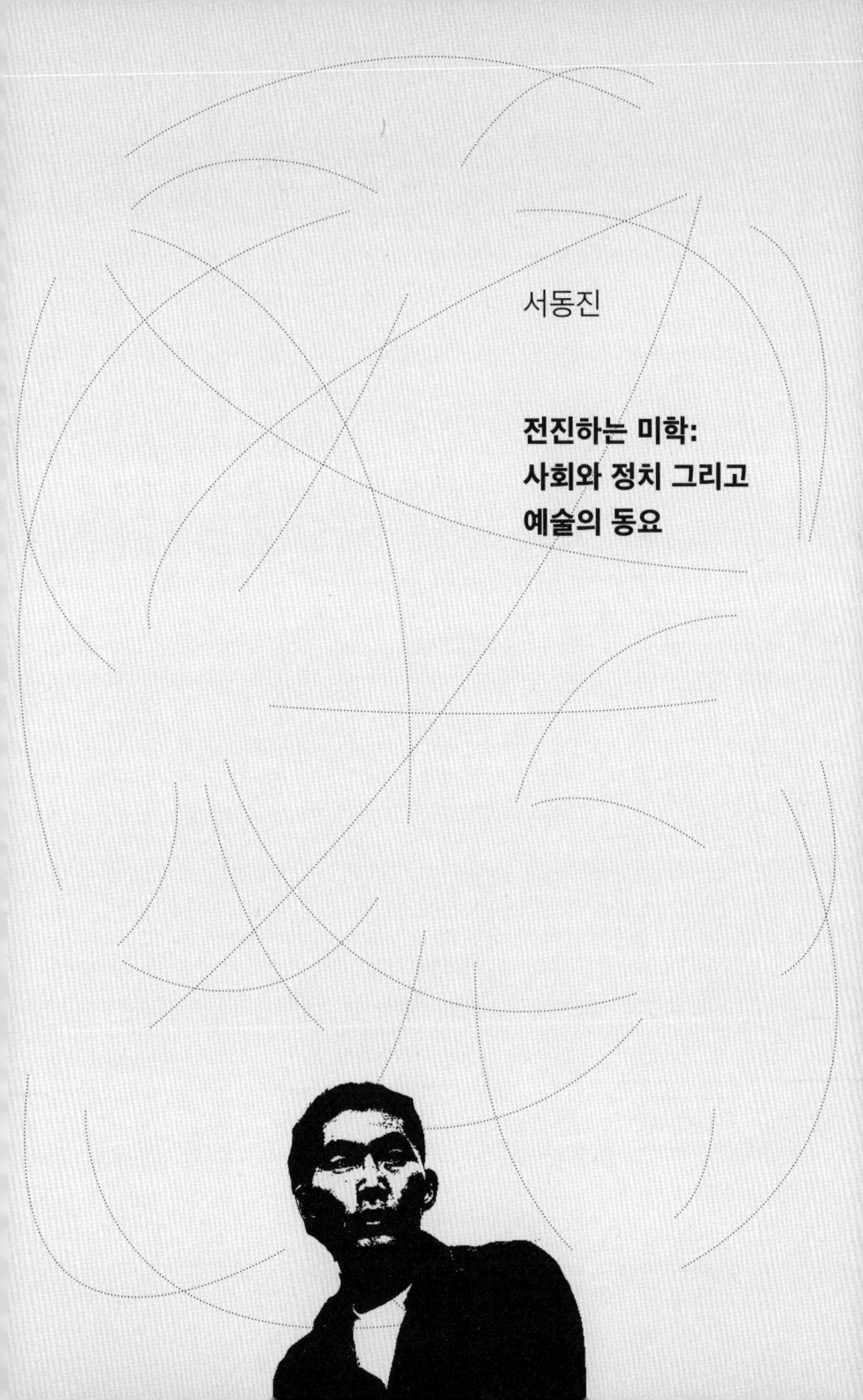

서동진

**전진하는 미학:
사회와 정치 그리고
예술의 동요**

서동진 • 연세대학교 사회학과 박사과정을
졸업했고, 현재 계원디자인예술대학교 교양
교육과정 교수로 재직 중이다. 경제와 문화
의 관계에 대해 관심이 크다. 또한 정치적인
것과 사회적인 것의 관계를 묻는 이론적인
연구를 하고 있으며, 미술을 비롯한 시각 문
화에 관한 글도 쓰고 있다. 지은 책으로『자
유의 의지 자기계발의 의지』,『디자인 멜랑
콜리아』, 옮긴 책으로『섹슈얼리티: 성의 정
치』등이 있다.

예술의 처지

문화, 무엇보다 예술에 관하여, 그것도 진보進步와 상관하여 말을 꺼내는 것은, 적어도 이제는 터무니없는 것처럼 들릴 수 있다. 무엇보다 우리는 예술의 소관사항인 것처럼 알려진 것들, 이를테면 취미/취향taste, 쾌와 불쾌, 감성적인 체험 같은 것이, 예술이나 문화의 타자라고 여겨졌던 경제의 주된 관심사가 되고 있는 모습을 목격하고 있다. 사정이 이럴진대, 우리는 예술이란 것이 어떤 종류의 감성과 활동을 아우르는지, 그리고 그것을 전처럼 여전히 자율적인 실천으로 여길 수 있는가 하는 물음 앞에서 짐짓 망설이지 않을 수 없다. 더욱이 예술의 종말, 예술은 '부재중'이라는 선언이 그간 난무했다. 그렇지만 그것이 호사가들 사이에서나 오가는 담론이었다면, 정작 예술은 많은 이들 사이에서 '망각 중'이었다고 말하는 것이 더 적절할지도 모른다. 사람들은 굳이 예술이란 무엇인가를 의식하면서 예술을 향유하지는 않는다. 그들은 예술을 향유하는 가운데 은연중에 예술에 대한 기대와 전망을 생산하기 때문이다.

그렇게 생각해볼 때, 세계를 단숨에 감각할 수 있는 가능성을 생산하는 것으로서의 예술이 있었지만, 이제 우리는 그런 것을 더 이상 상상하지도 또 기대하지도 않고 있음을 확인할 수 있다. 어떤 소설을 한 편 읽거나 한 편의 영화를 보았을 때, 자신에게 육박하는 여기-지금의 세계에 대한 감각은 지금의 예술에서 기대할 일이 아니기 때문이다. 뒤에서 다시 말하겠지만 우리는 잘게 분화된 장르와 취향의 공동체를 위해 맞춤된, 예술 아닌 예술의 세계와 마주하고 있다. 예술을 향수하는 사람은 근대의 추상적인 개인이라는 이유로 거부되고, 다양한 사회적 현실 속에 놓여 있는 진짜 주체를 찾아야 한다고 다들 성화이다. 그렇지만 이것이 마케터들이 다양한 기법을 통하여 다양한 계층에 따른 상품의 취향을 목록으로 만들어내는 것과 과연 얼마만큼 다른 것인지 자문하지 않을 수 없다. 이제 많은 이들은 오감을 간질이는 연희가 예술인 줄 철석같이 믿고 있다. 그것은 차라리 예술의 종말이라기보다는 예술의 봉건화라고 불러야 옳을 것이다. 근대적인 예술가가 등장했을 때, 그것은 직업으로서의 예술가가 등장했던 것이기도 했지만 또한 동시에 지식인으로서의 예술가가 출현했던 것이기도 했기 때문이다. 그것은 전자본주의 시대의 예술적 실천이 오롯이 감각적인 쾌락에만 주목한 것과 완연히 구분된다. 예술은 자신의 지성적인 역할, 즉 세계를 감각적으로 인지하면서 세계에 관한 보편적인 인식을 생산한다는 것을 포기한 지 오래이다. 그런 점에서 예술영화라고 말할 때, 그 예술과 영화란 두 낱말의 조합은 그로테스크하면서도 의미심장하다. 예술영화라는 것이 지루하고 골치 아픈 영화를 가리키는 말이라면 그때의 예술이란 바로 감각적인 재미를 방해하는 어떤 이물스런 요소를 이를 것이다. 근대 사회에서 예술이 언제나 자신의 몫이라 여겨왔던 그 지성화된 예술적 실천은 이제 예술-영화라는 조어 속에서 별개의 예술적인 실천으로 분류된다. 그렇다면 예술영화가 아닌 영화란 어떤 영화일까? 당연한 말이지만 그것은 온전히 그냥 즐거운 영화에 그치고 말 것이다.

　　예술을 둘러싼 정황이 이런 터에, 예술을 진보라는 정치적인 기획과 관련시켜보려는 발상은 무모한 것이 아닐 수 없다. 게다가 사정을 더욱 복잡하게 만드는 것은 바로 정치 자체라 할 수 있다. 예술과 정치라고 우리가 말할 때, 예술과 상대하는 그 정치란 것 역시 예술의 불투명함과는 비교가 안 될 만큼 불투명한 것이 되었기 때문이다. 이러한 '정치적인 것의 위기'에 더해 '미적인 것의 위기'와 마주하고 있는 지금, 우리는 역설적으로 이를 따로 떼어 각각에 관하여 이야기하는 것보다 외려 둘이 어떻게 관련을 맺고 있는지를 헤아려봄으로써 각각이 처한 조건을 더 깊이 있게 탐색할수 있을지도 모른다. 따라서 우리는 각각 확정하기 어려운 이 두 개의 실천이 어떻게 서로 구분되고 또 연결되는지 살펴볼 수 있는 몇 가지 물음을 제안하고자 한다.

　　이를 위해 나는 이 글에서 미술 이론 내에서 벌어진 논쟁을 참고할 생각이다. 이는 미술 이론이 자신들의 경계 내부에서 벌어지는 실천을 이끄는 프로그램(즉 미적 실천의 정치적 프로그램)을 두고, 거의 유일하다 하리만치 논쟁이 오가는 희귀한 지대地帶이기 때문이다. 지금 문학은 더 이상 문학 이론을 생산하지 않는다. 순수냐 참여냐, 리얼리즘이냐 모더니즘이냐 하는 논쟁은 실은 문학적 논쟁이지만, 그것은 곧 정치적 논쟁이기도 했다. 한때 그토록 시끌벅적했던 영화 역시 더 이상 이론을 생산하지 않는다. 수많은 영화감

독과 비평가를 매혹시켰던 할리우드 영화와 그 비판이라는 기획은 영화의 자장을 넘어 어떻게 예술이 곧 정치인가를 상기시켰다. 그렇지만 이제 영화는 더 이상 이론을 생산하지 않는다. 그럼에도 만약 예술에서 이론이란 것이 남아 있다면 그것은 취미의 비평으로서의 이론일 것이다. 그렇지만 그것은 이론이라 부를 것도 없다. 여기에서 내가 상기하는 이론이란 예술적인 실천들에 대한 지성적인 반성反省을 가리키는 것이 아니다. 그것은 엄밀한 의미에서의 이론, 즉 예술적인 실천은 세계를 어떻게 표상하고 그것을 세계 속에 어떻게 자리 잡게 하는가라는 문제를 사고하고 또 요청하는 프로그램이란 뜻에서의 이론이라 말해도 좋을 것이다. 이론은 프로그램, 즉 강령綱領이기 때문이다. 이 글에서 짚어볼 현대 미술의 조건을 둘러싼 미술 내부의 논쟁은, 흥미롭게도 정치란 무엇인가를 둘러싼 현재의 혼란을 그대로 복기한다. 그것은 다른 어휘로 같은 문제를 이야기한다. 그리고 다른 대상을 언급하면서 같은 쟁점을 사유한다. 결론부터 말하자면 동시대의 지배적인 정치를 둘러싼 물음은, 적어도 좌파 내부로 제한한다면, 정치적인 것의 자율성/타율성이라고 부를 만하다 할 것이다. 정치는 경제적인 관계에 의해 결정되는 타율적인 것일까, 아니면 그 저변의 어떤 종류의 사회적 관계로도 환원할 수 없는 자율적인 것일까. 그것은 예술을 에워싼 논쟁에서도 재연된다. 정치적인 것을 사회적인 것으로 효과적으로 치환함으로써 새로운 진보적 미학을 구축하겠다고 역설하는 '관계미학relational aesthetics'과 정치적인 것의 자리를 사회적인 것의 '가능성의 조건' 혹은 그 '경계'에 위치 지으며 새로운 미적 실천을 제안하는 비판 사이에는 미학적인 논쟁 이상의 것이 있다. 그것은 정치와 사회의 관계를 통해 급진적인 정치란 무엇인가라는 물음을 효과적으로 반복하고 있기 때문이다. 그렇다면 우리는 미술 내부에서 벌어지는 이 논쟁을 간단하게 조회함으로써, 예술과 진보의 관계를 생각해볼 수 있는 단서를 찾을 수 있을지도 모른다. 미적인 것의 정치란 물음은 곧 정치가 무엇인가라는 물음을 다른 장소에서 상연하는 일이기 때문이다.

예술의 타자는 경제일까

에두르지 않기로 하자. 먼저 예술이란 무엇인가 묻도록 하자. 이에 직접 답한다는 것이 쉽지 않다면 외려 우리는 거꾸로 예술이란 무엇인지 답하기 어렵게 만드는 조건을 참조해볼 수도 있다. 요컨대 예술을 자율적인 실천이나 대상으로 분할하고 확정하기 어렵게 만드는 조건을 고려해보는 것이다. 우선 예술이란 것이 무엇인가란 물음에 답하기 어렵게 만드는 조건들을 열거할 수 있을 것이다. 이제는 예술을 어떤 완결된 논리를 가진 하나의 실천적인 장으로서 정의할 수 있도록 하는 조건 자체가 사라진 것처럼 보인다. 단적으로 우리는 '문화의 경제화/경제의 문화화'라고 불리는 추세를 꼽을 수 있을 것이다. 이는 경제와 문화 사이에 놓인 갈등적인 관계가 마침내 해소된 것처럼 보이는 '착시錯視'를 가리킨다. 알다시

피 오랫동안 우리는 문화가 경제의 타자라고 믿어오지 않았던가? 공리적인 이해관심으로 가득 찬 추상적, 합리적 세계인 경제와 달리 예술은 (근대 미학의 가장 중요한 원리인) 무관심성 그 자체를 겨냥하며, 그것은 비합리적이며 감성적인 것을 기꺼이 인정하고 포용한다, 운운. 이런 가정을 좇을 때 '심미적 이성'은 도구적 합리성 혹은 자본주의의 경제적 합리성의 해독제인 것처럼 여겨졌다. 그러므로 경제의 타자로서 예술은 자본주의의 경제적 실천의 원리들에 대항할 수 있는 잠재성을 가진 가장 탁월한 실천이자 인식 원리처럼 간주되었다. 자본가의 적은 프롤레타리아트이기만 한 것은 아니다. 적어도 아방가르드라는 미적-정치적인 이념은 예술가를 기꺼이 자본가의 적으로 내세웠다. 그렇지만 지금 우리는 사정이 얄궂게 돌아가고 있다는 점을 인정해야 할 것이다. 경제와 문화(예술)를 가르는 거리는 거의 사라진 것처럼 보이기 때문이다. 경제는 예술이 되었고, 예술이 경제가 되었다는 선언들은 새로운 자본주의를 수식하는 가장 중요한 주장이었다.[1] 물론 이는 아주 터무니없는 착시이다.

1

이런 생각을 대표하는 것으로는 일단 다음의 저작들을 참고하자. 롤프 옌센, 『드림 소사이어티: 꿈과 감성을 파는 사회』, 서정환 옮김, 한국능률협회, 2000; 제임스 H. 길모어·B. 조지프 파인 2세, 『체험의 경제학: 비즈니스는 마음을 훔치는 연극이다』, 김미옥 옮김, 21세기북스, 2010; 버지니아 포스트렐, 『스타일의 전략: 인간과 기업을 지배하는 21세기 프로젝트』, 신길수 옮김, 을유문화사, 2004.

언제부터인가 우리는 예술 자체의 실종 혹은 소멸을 말하는 이들의 발언에 익숙해 있다. 그런 주장은 서로 다른 곳에서 다양한 판본을 통해 등장했다 소멸하고는 한다. 그러나 예술의 죽음을 애도하는 이러한 부고장들에서 공통점을 찾아낸다면, 그것은 예술의 고유한 자기동일성을 구성하는 것, 그것이 마침내 무너지고 말았다는 지적이다. 근대 사회에서 예술의 동일성을 설명할 때 등장하는 한 가지 설명을 도입해보자. 이를테면, 단순한 이야기꾼에 불과했던 사람이 소설가가 되었을 때 실은 그는 지식인이 된 것이며, 이때 문학이란 세계를 표상하는 자기반성적 활동에 다름 아닌 것으로 전환한 것이라는 이야기 말이다.[2] 지식인으로서의 문학가, 지성적이고 도덕적인 실천으로서의 문학적 글쓰기라는 이야기는 문학을 다른 종류의 실천, 즉 정치, 종교 등과 연결될 수 있도록 한다. 예를 들어 문학과 정치, 문학과 종교 같은 표현은 단순히 감각적인 쾌를 만들어내는 활동만으로는 가능하지 않다. 그것은 자신이 생산하는 세계에 관한 감각적이면서도 지성적인 표상이 있을 때에만 가능하다. 이것이 어려운 표현이라면 문학가는 하나의 사건, 인물, 장소를 통해 세계라는 것이 무엇인지를 그려낼 수 있다고 말하도록 하자.

그러나 지금 지식인으로서의 문학가라는 지위는 더 이상 우

2
가라타니 고진, 『근대문학의 종언』, 조영일 옮김, 도서출판b, 2006.

리에게 해당되지 않는다. 문학가 즉 시인이나 소설가는 직업학교에서 일정한 수련을 거쳐 기능사 자격증을 받듯이 신춘문예를 비롯한 문학상 제도를 통해 배출되는 고급스런 기예의 전문가가 되었다. 문예창작과가 범람하는 것은 요리학원이 번창하는 것과 다를 바 없다. 음식을 만드는 일이 기예art가 되었을 때, 음식과 요리 사이에는 엄청난 거리가 있다. 문학이 현실 자체를 상대하고 그것을 표상하기 위하여 분투하는 것이 아니라 문학 자체의 자기반영적인, 더 고약하게 말하자면 폐소공포증적인 세계에 갇힌 채 문학 자체의 규범을 복제하는 일이 되었을 때, 우리는 문학으로서의 문학을 얻게 된다. 문학은 더 이상 문학 외부의 세계를 상대할 이유가 없다. 문학은 문학이라고 알려진 것을 흉내 내고 또 반복하는 일이기 때문이다. 그러므로 우리가 이제부터 가지게 될 문학은 '문학이라고 알려진 것'을 복제하는 문학이라 말해도 좋을 것이다. 가라타니 고진식으로 말하자면 그것은 취미趣味로 돌아선 문학이다. 문학은 이제 정치와 가까운 불온한 것이 아니라 외려 낚시나 하이파이 오디오 수집에 가깝다. 나는 삼성 라이온즈 야구팬인 것처럼, 천명관이나 김애란, 성석제, 김연수 소설의 팬이고 미래파 시인의 팬이게 된다.

그래서 역설적으로, 문학은 놀라운 속도로 증식한다. 고급 예술과 대중문화의 차별이라는 엘리트주의를 뛰어넘는다는 남용된 명분은 모든 문학적 실천을 다양한 취향의 세계 안에서 유영하는 일로 둔갑시켰다. 이제 우리는 하드보일드 소설과 SF 판타지를 좋아하는 독자라고 기꺼이 말하면서, 문학이 아닌 특별한 취향의 소비자로서 이런저런 갈래의 문학과 마주할 수 있다. 이런 자세에서 문학을 상대한다고 할 때, 문학은 어떤 변모를 겪는 것일까. 단적으로 말해, 우리는 문학이 표상하는 '세계'가 그저 평범한 사회학적인 현실에 가까운 것으로 전락하고 만다는 것을 깨닫게 된다. 이제 문학이 상대하는 세계는 문학의 이야기를 위해 아무렇게나 가져다 쓸 수 있는 잡다한 소재들로서의 세계일 뿐이다. 사소한 사회학적 현실이지만 세계에 대한 보편적인 표상으로서 이바지하는 그런 세계는 더 이상 문학에서 발견하기 어렵게 되었다.

이런 사정은 음악에서 가장 적나라하게 드러난다. 이를테면 동시대 대중음악의 미학적 원리라고 부를 수 있을 것을 선취하고 또 압축하는 시부야케이渋谷系라는 음악이 그렇다. 그것은 다양한 스타일의 합성품으로서 음악을 대한다. 이를테면 지금 음악을 듣는 일은 이제 그것을 구성하는 다양한 양식의 조합을 분해하고 판독하는 일이 되었다 해도 과언이 아니다. 흘러간 노래가 「나가수」와 「불후의 명곡」에서 세련되게 리메이크되어 불릴 때, 우리가 듣는 것은 실은 오직 양식으로서 증류된 음악인 것처럼 말이다. 따라서 양식은 이제 다른 것이 된다. 양식은 고작해야 주관적인 개성을 나타내는 여러 가지 항목 가운데 하나가 되는 것이다. 그렇기 때문에 문예사조라고 할 때 우리가 연상하는 것처럼 양식의 역사가 곧 예술이 상대하는 세계를 표상하기 위해 채택했던 정치적 선택의 효과의 역사라고 생각할 이유가 없어진다. 이제 양식은 얼마든지 차용하고 변조하며 소비할 수 있는 대상이 된다.

그러므로 현대 예술에서 놀라운 짐 가운데 하나는 양식을 범람시키면서 양식 그 자체를 질식시키는 것이라 할 수 있을지도 모른다. 그것은 더 이상 양식이라는 이름으로 불릴 필요가 없어졌기 때문이다. 자신이 놓인 세계를 표상하기 위한 형식의 전략으로서 양식을 생각해본다면, 양식은 더 이상 그런 자리를 차지할 필요가 없다. 그렇기 때문에 우리는 무라카미 하루키의 소설『1973년의 핀볼』처럼, 1973년이란 시대를 상상하기 위해서는 그 시대의 스타일을 참조하면 될 뿐이다. 1973년의 세계는 미국의 어느 핀볼 머신이 제작된 해이고, 빌보드차트에 어떤 가수의 노래가 1위에 오른 해이며, 어떤 패션 스타일이 유행했던 해이다. 이때의 스타일은 분명 시대를 표상한다. 그렇지만 그때의 시대란 유행의 집합이며 풍속의 카탈로그로서 현상하는 시대이다. 미시사와 문화사라는 역사학적 글쓰기의 전환은 거대서사에 의해 억압되었던 작은 목소리를 경청해야 한다는 그들의 주장을 곧이곧대로 받아들이기 어렵게 한다. 미시사니 문화사니 하는 것은 스타일 혹은 생활양식, 다양한 문화적 정체성의 군도群島를 통해 가까스로 표상할 수 있게 된 파편적인 단편의 모음으로서의 역사적 시간일 것이다.

물론 시간을 구축하는 정치의 차원은 사라진다. 우리가 1789년 혹은 1917년, 1945년이란 말을 들었을 때, 아직도 희미하게나마 머릿속에 떠오르는 것은 불가역적인 단절이라 할 수 있다. 그 각각의 연대의 이름은 실은 연속적인 시간의 흐름의 한 계기를 표현하는 것이 아니라 그 시간을 전후하여 삶이 전연 달라지게 되었음을 가리킨다. 그리고 그 시간은 정치가 구축하는 시간의 차원을 알려준다. 이 각각의 연도에 기재된 시대 혹은 역사적인 시간은 어떤 스타일의 묶음으로 환원할 수 없는 차원에 속한다. 그것은 수다스런 묘사로는 모두 망라할 수 없는 무한한 변화에 개방된 시간이자 또한 '단절'과 '불연속'이라는 거의 찰나에 가까운 순간으로 축약된 시간이다. 무엇보다 여기에서 가리키는 시간이란 오직 정치를 통해서만 감지될 수 있는 시간이다. 만약 1789년을 상퀼로트의 유행의 시대로 기억한다면 이는 얼마나 우스꽝스럽고 부조리할까. 1987년의 한국을 배바지가 유행하고 김범용의 노래가 유행했던 시대라고 상기한다면 그것은 그로테스크하다고 말할 사람이 많을 것이다. 그렇지만 우리는 이제 기꺼이 시간을 그런 방식으로 기억한다. 아니 어느 문화 이론가의 말을 빌리자면, 퇴폐적인 기억하기의 방식인 노스탤지어가 시간을 체험하는 가장 지배적인 방식이 되었다.[3] 1970년대와 80년대는 '7080' 음악이 유행했던 시대로 전환한다. 그 시대는 순수한 양식의 시대인 것이다. 그 시대를 통해 우리가 다른 시대로 접어들었다는 것을 잊거나 억압하고, 그것을 유행의 연속체에 등재시킨다.

3
프레드릭 제임슨, 「포스트모더니즘: 후기 자본주의의 문화적 논리」, 『포스트모더니즘론』, 정정호·강내희 편역, 문화과학사, 1996.

문화/경제

그런데 이런 양상들은 좀 더 주의를 기울여 생각해보면 문화와 경제라는 두 가지 수준 사이의 관계가 재배치되면서 나타난 것임을 식별할 수 있다. 이 대목에서 우리는 예상할 수 있는 갖은 비판을 무릅쓰고 더 이상 아무도 지지하지 않는 '경제적인 것의 우선성'이란 주장을 역설해야 할 것으로 보인다. 단 주의해야 할 점은, 경제에 의한 결정을, 알튀세르가 생각한 바처럼 과잉결정 혹은 구조적인 원인으로서 생각한다는 조건에서이다. 이는 경제적인 것을 사회적 관계의 하위체계로 간주하고 그것을 다른 하위체계인 정치나 문화와 대조하는 것이 아니라, 경제를 무엇이 결정할 것인지를 결정하는 힘으로 생각하는 것이다. 경제는 직접적인 경험적 현실의 세계가 아니다. 경제는 그 자신의 힘으로 경험적으로 관찰할 수 있게끔 우리 앞에 현상하지 않는다. 외려 마르크스주의적인 관점에서 경제란 계급적인 적대 혹은 사회의 불가능성을 고지하는 모순 자체라고 말할 수 있다. 조직된 유기적인 전체로서의 사회란 것이 가능하기 위해서는 무엇보다 사회를 불가능하게 만드는 적대가 상보적인 항의 결합으로 전환되어야 한다. 이를테면 남성과 여성의 적대는 '화성에서 온 남자, 금성에서 온 여자'와 같은 서사를 통해 서로를 위해 불가결한 전체의 부분으로서 자리매김된다. 이는 노동과 자본의 적대에서도 다르지 않다. 계급투쟁은 역시 사회를 구성하는 각 부분들의 조화로운 결합, 저 유명한 '이익사회 Gesellshaft'나 '유기적인 연대'의 세계로 전환되어야 한다. 이러한 전환의 과정에서 경제는 결정적인 영향을 발휘한다. 경제는 정치와 문화를 비롯한 다양한 요인들을 사회적 관계를 결정하는 힘으로서 자리매김하기 때문이다.

그렇다면 '체험경제'[4]니 '미적 경제'[5]니 하는 유행하는 표현을 생각해보자. 이런 주장들은 해묵은 신고전학파 경제학의 표준적인 담론에서 빠져나온 그렇고 그런 한담閑談이지만, 마치 대단히 새로운 발견인 것처럼 너스레를 떤다. 신고전경제학은 고전파 정치경제학의 전제이자 토대였던 노동가치란 범주를 제거하고 그것을 욕구의 담론으로 변형시켰다. 어떤 상품의 가치란 바로 수요와 공급이라는 서로 다른 욕구의 교차를 통해 결정된다고 말하는 것이 신고전학파 경제학의 요체이다. 그렇게 경제적 현상을 주관적인 효용의 운동을 통해 이해하려는 한계주의 혁명은 고전경제학을 신고전경제학으로 바꾸었다. 그것은 '경제적 대상의 가치는 무엇인가'를 판별할 수 있던 어떤 보편적인 공준이란 있을 수 없다고 말하며, 경제적 삶의 세계를 주관적인 욕구가 경합을 벌이는 세계로 인식할 것을 제안한다. 그때 우리는 체험경제니 미적 경제니 하는 주장들이 발생할 수 있는 조건이 이미 발견되었고 또 전개되었던 것이라 볼 수 있다. 이런 경제적 담론은 경제적 대상, 즉 상품에

4
제임스 H. 길모어·B. 조지프 파인 2세, 앞의 책.
5
버지니아 포스트렐, 앞의 책.

서 주관적인 효용을 발견할 뿐이다. 빵 값이 오른 이유는 간단하다. 더 많은 사람이 그것을 욕구했기 때문이라는 것이다. 이는 최근의 경영 담론이 생산하는 경제에 관한 표상에서 똑같이 나타난다. 체험경제를 역설하는 이들은 우리가 더 이상 쓸모 때문에 상품을 사지 않는다고 강변한다. 우리는 빵을 굽기 위해 밀을 사서 빻아 밀가루를 만들고 우유를 사서 버터를 만들지는 않는다. 2차 대전 이후의 대량생산, 대량소비의 사회는 다양한 서비스가 추가된 상품(시리얼, 통조림, 케이크 가루 같은 쉽게 조리해서 먹을 수 있는 식재료들 따위)을 내놓았다. 그렇지만 이런 제품의 시대는 지나가고 있다는 것이 체험경제를 들먹이는 자들의 주장이다. 이제 우리는 미적인 감각 혹은 체험 그 자체를 산다는 것이다.

이를테면 운동화는 제품이다. 그렇지만 이제 아무도 특정한 쓸모를 가진 사물로서 운동화를 사지 않는다. 나이키와 아디다스 운동화를 사는 이유는 바로 그것이 가져다주는 감각적인 쾌감 때문이다. '저스트 두 잇Just Do It'이라는 슬로건과 성조기보다 더 유명하다는 나이키의 저 유명한 로고는 운동화가 아니라 어떤 정신을 판매하는 것으로 상품의 판매를 전환시켰다는 것이 이들의 주장이다.[6] 아마 더 극적인 사례는 생일파티일 것이다. 디즈니는 미국의 어린이를 위해 잊지 못할 즐거움과 행복이 가득한 체험을 판매한

6
이런 추세에 대한 가장 유명한 비판은 단연 나오미 클라인의 것이리라. 나오미 클라인, 『슈퍼 브랜드의 불편한 진실』, 이은진 옮김, 살림Biz, 2010.

다. 그것이 바로 생일파티이다. 어린이 생일잔치를 위해 세심하게 준비된 파티용품과 오락, 그리고 갖가지 생일 음식으로 이뤄진 파티. 그것은 슈퍼마켓이나 제과점에서 판매하는 생일 케이크가 오직 쓸모와 기능을 내세우는 것과 달리, 체험 그 자체를 판매한다. 그래서 사물의 예술가인 디자이너들은 자신의 디자인을 이끄는 원리가 재미fun라고 말하는 것이 의무인 것처럼 군다. 물론 이러한 체험 속에는 단순히 희로애락의 감각을 충족시키는 체험만이 해당되는 것은 아니다. 우리는 기꺼이 다양한 감각적 체험으로 번안된 윤리적 가치를 상품으로 체험할 수 있다. 패스트푸드에 반하는 슬로푸드는 단순히 조리 방법에서 다른 것이 아니라 그 음식 안에 스며 있는 윤리적 가치를 체험하는 일이 된다. 대량생산되는 관광 상품에 반해 여행자와 현지인의 교류적 체험을 강조하는 대안적인 여행은 역시 관광을 체험화한다. 그리고 이것은 현대 예술의 주요한 정치적인 추세와 수렴하게 된다. 나는 그것이 지난 수십 년간 가장 큰 영향력을 발휘하고 있는 관계예술 혹은 관계미학이라고 생각한다.

미적인 것의 정치 그리고 관계미학

프랑스의 큐레이터이자 비평가인 니콜라 부리오Nicolas Bourriaud가 제안하는 '관계예술'은 예술에서의 정치적인 것에 관한 가장 간명한 선언이자 프로그램일 것이다. 그리고 이 미학적 프로그램은 현대 예술을 대표하는 일군의 예술가들, 이를테면 리크리트 티라바

니자, 리엄 길릭, 피에르 위그, 필리프 파레노, 더글러스 고든, 도미니크 곤잘레스-포스터, 카르스텐 휠러, 마우리치오 카텔란, 호르헤 파르도 등을 식별하고 이해할 수 있는 가장 설득력 있는 미학적인 규준을 제공하는 것으로 여겨진다. 그의 관계미학은 모더니티와의 독특한 관계를 제안한다. 몇 해 전 그가 테이트 트리엔날레에서 그 이름으로 선택했던 '얼터모던altermodern'이란 신조어가 가리키듯이, 그는 모더니티의 급진적인 전통 즉 아방가르드를 계승하되, 그것이 가진 제약 즉 총체적인 유토피아라는 미망으로부터 벗어난(마이크로-유토피아) 새로운 모더니티를 구축하기를 소망한다. 예컨대 "역사적 발전의 차원에서 미리 고안된 개념에 따라 세계를 건설하려는 노력 대신 세상에 더욱 잘 거주하는 것을 배우기. 다르게 말해, 예술작품은 더 이상 유토피아적이거나 상상적인 현실을 만드는 것을 목적으로 하지 않고 예술가가 선택한 층위가 어떠하든 실존적 현실 안에서 존재 방식 혹은 행동의 모델들을 구성하는 것을 목적으로 한다"[7]고 말할 때, 그는 모더니티와 아방가르드의 짝을 얼터모던과 관계예술의 짝으로 변환할 것을 제안하는 셈이다. "새로운 인간의 시간, 미래주의적인 선언들의 시간, 즉시 손에 잡히는 더 발전한 세계에 대한 호소의 시간이 이제 정말로 지나갔다는 것을 이해해야 할 것"이라고 선언하면서 "대안적인 사회성, 비평적 모델, 구축

7
니콜라 부리오, 『관계의 미학』, 현지연 옮김, 미진사, 2011, 21쪽.

된 상생의 순간들이 생성되는 장소"로서의 예술적인 실천을 강변할 때도 역시, 부리오는 같은 것을 말한다.[8] 물론 이런 발언은 전연 낯선 것이 아니다. 근본적인 단절의 기획으로서의 정치를 제안하는 것은 오직 파국적인 전체주의를 낳을 뿐이라는 주장은 지난 수십 년간 가장 열정적으로 되풀이되어왔던 것이기 때문이다. 그러므로 우리는 다른 세계를 창조하라는 아방가르드의 전체주의적인 열정으로부터 물러나 소박한 "대안적인 사회성의 발명"을 추구하는 일에 매진해야 한다는 것, 그것이 바로 부리오의 주장이다.

그런데 그의 이런 제안 혹은 기획은 '예술의 정치적인 것'이라 할 만한 것의 요소들을 모두 새롭게 정의한다. 이를테면 "예술적인 실천의 본질은 주체들 간의 관계의 발명에 있다; 각각의 개별적인 예술작품들은 공동의 세계에 거주할 것을 제안하는 것일 수 있고, 각각의 예술가의 작업은 세계—무한하게 다른 관계들을 만들어내는—와 맺는 일련의 관계일 것이다"[9]라고 선언할 때, 우리는 그가 선호하는 용어를 빌리자면 '관개인적인trans-individual' '사회성sociality'의 생산으로서의 예술을 떠올리지 않을 수 없다.[10] 그런 점에

8
앞의 책, 79쪽.
9
앞의 책, 36쪽.
10
부리오는 이를 조르주 바타유의 용어를 전용하여 '사회적 틈'으로서의 예술이란 개념으로 제시한다. 물론 이 사회적인 틈이란 해방의 정치가 상정하는 부재지(nowhere) 혹은 유토피아를 대신하기 위해 세심하게 고려된 개념이란 것은

서 그가 1990년대의 예술적 실천을 가리키기 위해 '실행적 리얼리즘operative realism'이란 말을 쓰는 것은 주의를 끌지 않을 수 없다. 부리오는 "오늘날 '예술'이란 단어는 이야기들의 의미론적 잔재로만 나타난다. 가장 정확한 정의는 다음과 같을 수 있다: 예술은 기호, 형태, 행위 혹은 오브제로 세계와의 관계를 생산하는 일관성 있는 활동이다"[11]라고 단언한다.[12] 그렇다면 우리는 이런 발언이 예상할 수 있는 예술적인 실천의 '질quality'이 무엇일지 충분히 짐작할 수 있다. 그것은 그가 실행적 리얼리즘을 정의하려는 서술에서 잘 나타난다. 부리오는 "예술가는 서비스와 상품을 생산하는 현실의 장 안에서 행동하고, 예술적 실천의 공간에서 그가 제시하는 대상들의 사용 기능과 미학적 기능 사이의 모호함을 창시하는 것을 노린다"[13]고 말한다. 어째, 이는 우리에게 익숙한 말처럼 들린다. 그것

두말할 것도 없다.

11

앞의 책, 190쪽.

12

물론 이때 예술가의 정체성 역시 달라진다. 이를테면 "오늘날의 예술가는 이중의 기표를 제공하기 위해 생산구조의 이론적 모델을 제시하는 기호의 실행자로 나타난다"(앞의 책, 191쪽)고 말할 때처럼 말이다. 그러나 이런 서술은 실은 자꾸 우리에게 예술가의 모습보다는 마케팅·광고 기획자, 쇼핑몰의 MD, 생활설계사 같은 사람들을 떠올리게 한다. 그들이야말로 미학화된 일상생활을 기획하고, 새로운 '삶의 양식(lifestyle)'을 제안하고, 오늘의 유행 속에서 함께 살아가는 인구(새로운 사회성?)를 생산하는 사람이 아닌가?

13

앞의 책, 61쪽.

은 방금 살펴본 미학화된 경제 혹은 그 반대의 추세를 역설하고 새로운 경제의 탄생을 강변하는 경영 담론이 마치 낱말만을 바꾼 채 반복되는 것처럼 들리기 때문이다.

미적인 것이란 개념을 유지하고 그로부터 예술의 자율성을 탐색했던 흐름은 크게 두 가지로 나누어볼 수 있을 것이다. 하나는 러시아 혁명이라는 사건을 전후하여 나타난 예술 폐지론이라 할 수 있다. 러시아 아방가르드에서 상황주의자로 이어지는 20세기 주요 예술가들에게 문제는 '예술 대 삶'이라는 구분이었다. 정치가 경제의 소외된 표현이기에 계급적인 적대가 폐지된 이후에 정치가 소멸해야 하듯이, 그들이 생각했던 예술의 자율성이란 바로 삶으로부터 소외된 감각적 활동인 예술 역시 소멸되어야만 하는 것이었다. 예술이란 것의 존재야말로 삶과 유리된 자본주의의 소외된 감각적 실천의 증좌라는 것이 이들의 생각이었던 것이다. 이는 지금 우리가 목격하는 '심미화된 일상생활'과는 전연 다른 방식으로, 삶이 예술이 되고 예술이 삶이 되는 세계를 기원하는 것이었다. 우리는 그런 점에서 "자율적이고 배타적인 공간이라기보다는, 인간의 관계 전체와 사회적 맥락을 이론적이고 실천적인 출발점으로 사는 예술적 실천 전체"[14]가 예술이랄 수 있다는 부리오의 주장이, 아방가르드의 전통 가운데 여기에 속한다고 볼 수 있을지도 모른다.

14
앞의 책, 199쪽.

한편 우리는 또 하나의 아방가르드 역시 기억할 수 있다. 사실주의적 환영과 같은 그 여하한 재현적인 기능으로부터 벗어나 미술에 온전히 속하는 고유의 감각적인 질을 개척하는 것만을 온전히 예술로 승인하고 또 보존하려 했던 이들 말이다. 예컨대 클레멘트 그린버그 같은 이가 제안한 악명 높은 모더니즘의 프로그램이 있다. 여기에서 문제는 '아방가르드인가 키치인가'로 규정될 것이다. 모더니즘이 장려하고 후원했던 아방가르드는 결국 상품의 세계로부터 예술을 방어하고, 이로부터 자본주의 비판을 위한 심미적 이성을 예술 속에서 발견하고자 한다. 그러나 겉보기에는 서로 상반된 것처럼 보이는 이 두 가지 생각, 즉 삶이 되어야 하는 예술이란 발상과 삶으로부터 면역된 예술이라는 대조적인 관념 사이에는 공통점이 있다. 그것은 둘 모두 예술이 어디에 속해야 하는가라는 물음을 던진다는 점이다. 그리고 이런 예술의 위치라는 물음이 바로 예술과 정치를 잇도록 주선하는 고리였다.

그렇다면 우리에게 그런 물음은 여전히 지속되고 있을까. 물론 그 물음이 사라지지는 않았을 것이다. 그렇지만 '숭고' 이후에 그 물음이 전과 같은 모습으로 지속된다고 말할 수도 없을 것이다. 숭고에 관한 수많은 이야기들의 요점은 간단하다 할 수 있다. 숭고를 통해 현대의 미적인 것의 정치에 반대하고자 하는 기획을 대표하는 리오타르가 말하듯이, 예술은 재현 불가능한 것을 재현하려는 시도를 금지해야 한다는 것이다. 물론 여기에서 재현 불가능한 것이란 파시즘과 스탈린주의라는 미증유의 전체주의적 파국을 초래한 총체적인 혁명에 깃들어 있던 '해방'이나 유토피아의 꿈이다. 아마 여기에 더 추가하자면 미치광이와도 같은 대학살극을 낳았을 뿐인 병리적인 사건으로 치부되고 있는 프랑스 대혁명의 자코뱅적 꿈이 있을 것이다. 따라서 숭고의 미학은 바로 예술에서 정치를 잘라내는 가장 세련된 시도라 할 수 있다. 이제 예술에 정치가 있다면, 그것은 자신이 정치가 될 수 있다는 꿈을 버리고 재현 불가능한 것이 존재한다는 것을 증언하는 겸손한 자리에 머무르는 것이다. 리오타르의 전체주의화의 논리는 아주 단순하다. 사실과 가치 사이에 놓인 거리를 소멸시키려는 어떤 시도도 전체주의를 낳는다는 것이다. 예컨대 그의 논리를 빌리자면, "착취의 세계에 살고 있으므로 우리는 혁명을 일으켜야 해"라고 말하거나 "지금은 독일 인민의 세계라는 좋은 세계를 지키기 위해 이 세계를 좀먹는 유태인을 말살해야 해"라는 식으로 말하는 것에서 볼 수 있듯이, 사실에서 바로 정의의 규범을 이끌어낼 때 전체주의가 움튼다는 것이다.

그러나 조금만 주의를 기울이면 알 수 있듯이 이런 미학적인 논쟁은 정치적인 것과 사회적인 것의 관계라는 물음 주위를 맴돈다. 먼저 정치적인 것이 없는 사회적인 것의 세계를 가정하는 논리를 생각해보자. 물론 이것은 부리오의 것이다. 다음으로 사회적인 것으로부터 해방된 정치적인 것의 세계를 상정하는 논리를 가정해보자. 이는 최근 부쩍 관심을 모으고 있는 바디우와 랑시에르의 주장이고, 부리오를 격렬히 비판하면서 적대antagonism를 드러내는 예술을 편드는 클레어 비숍의 주장이라 할 수 있을 것이다.[15] 세

번째는 정치적인 것과 사회적인 것의 단락短絡을 사고하기를 요청하는 주장이다. 이는 발리바르와 장-뤽 낭시의 주장이라 할 수 있을 것이다. 물론 이런 주장들은 곧장 미학적인 가설과 수렴할 수 있다. 유토피아적인 기획의 미망에서 벗어나 잘 사는 법을 배우고 만드는 행위로서의 예술적인 실천, 마이크로-유토피아로서 갤러리를 비롯한 예술적 실천의 공간과 제도를 변용시켜 대안적 사회성을 구축할 것을 제안하는 부리오의 주장은 정치로부터 사회를 이격시킨다. 여기에서 정치적인 것이 부재한다고 말하는 것은 억지일 것이다. 여기에서도 역시 정치란 존재한다. 그것은 사회적인 것을 관리하고 조정하는 행위로서의 정치, 랑시에르가 푸코의 개념을 전용하면서 제안한 내치police로서의 정치이다. 이런 내치 혹은 행정관리로서의 정치는 바디우가 역설하는 '본연의 정치' 혹은 클로드 르포르가 말하는 '정치la politique, the politics'와 '정치적인 것le politique, the political'의 구분 속에서 '정치적인 것'에 대응할 것이다. 그들은 모두 사회적인 것의 관리로서의 정치로 환원될 수 없는 정치의 자율성을 옹호한다.

이를테면 보편적 복지 논쟁을 상기해보자. 여기에서 우리가 보는 것은 반동적인 신자유주의 정치에 대항하는 진보 정치의 중요

15

Claire Bishop, 'Antagonism and Relational Aesthetics', *October*, no. 110, Fall 2004, pp. 51~79.

한 정치적 프로그램이다. 그렇지만 실은 이것은 정치가 없는 정치라고 불러도 좋은 것이다. 즉 복지는 기원적으로 적대 혹은 계급투쟁을 사회적 연대solidarity의 범주로 바꿈으로써 발생했다. 따라서 복지란 영국과 독일 등의 서유럽에서 기원하여 북유럽에서 만개하고 곧 지구화되었던 특정한 역사적인 국가 정책들(보험, 연금, 교육, 고용 정책 등)의 묶음이 아니라, 정치 자체를 변형시키려 했던 중요한 시도라고 할 수 있다. 이것은 정치를 사회적인 현실의 세계를 대표하는 행위로 구성하는 데 성공한다. 이때 정치란 사회적인 총체 속에서 각각의 부분을 대표하는 이들이 자신의 이해와 욕구를 조정하기 위해 노력하는 행위를 가리킨다. 정치가 말 그대로 대표/대의representation의 행위로 전환되는 것이다. '대의 민주주의'가 처음부터 위기에 몰렸던 프랑스 혁명 이후 19세기 중반까지의 유럽의 정치와 달리, '사회 국가social state'로의 전환이 시작된 19세기 후반에서부터 20세기 후반까지의 세계는 끊임없이 정치를 사회의 자기반영의 회로 속으로 가두어놓았다. 보편적인 복지 논쟁에서 우리가 보는 것도 이런 것이다. 우리는 거기에서 숱한 문제를 겪는 사회적인 신체를 발견한다. 실업자, 비정규직, 베이비부머 퇴직세대, 독거노인, 편부/편모 가정, 다문화가정 등. 이런 모든 인구학적인 계층들은 사회적 총체 속에 기재된 다양한 문제들을 가리킨다. 그러나 이런 '사회문제social question'는 사회 자체를 자연스러운 사실들의 총체로서 생각한다. 그것은 사회를 생산하는 행위로서의 정치, 근대에 만들어진 독특한 '공동체'의 유형인 '사회the society'를 생산한 정치를 추방한다.

정치가 사회적인 것 내부에서 이뤄지는 자기반영적인 행위가 아니라면, 그렇다면 정치란 무엇인가. 물론 이것은 똑같은 방식으로 미학적인 질문으로 번역된다. 그것은 미적인 것의 자율성을 옹호하고, 그것을 어떤 사회적인 것의 오염으로부터 방부시키고자 했던 시도이다. 물론 그것을 대표하는 가장 널리 알려진 주장은 그린버그의 '아방가르드와 키치'이다.[16] 키치는 사진을 비롯한 대중문화가 만들어낸 여러 가지 재현의 관습과 코드를 통해 만들어진 예술이다. 이때의 예술은 더 이상 상품과 구분되지 않는다. 그렇다면 예술은 어떻게 자신의 자기동일성을 생산할 것인가. 이에 대한 질문을 생산하고 또 그것을 실현하는 것이 바로 아방가르드라는 주장은 매력적이다. 그것은 사회의 가능성/불가능성을 빚어내는 우연적인 실천으로서 '불화disagreement' 혹은 '계쟁dissensus'을 제안하는 랑시에르의 주장과 닮아 있다.[17] 물론 우리는 이런 아방가르드에 대한 관념이 지극히 전도된 형태로 '숭고'라는 미학을 통해 반복된다고 말할 수 있다. 그렇지만 이것은 '정치의 타율성'이라고 할 만한 것,

16
클레멘트 그린버그, 『예술과 문화』, 조주연 옮김, 경성대학교출판부, 2004.
17
그러나 랑시에르는 '감각적인 것의 분배'라는 관점에서 근대의 미적 예술 체제를 제시하면서 모더니즘이라는 미학적인 주장을 준열히 비판한다. 그는 미적인 것을 특수한 주체의 감각, 특정한 대상과 이념에 제한하는 것이 아니라, 모든 대상에 골고루 분배하고 그것을 해방시킨 것에서 근대의 미적 예술 체제의 특징을 찾는다. 자세한 것은 다음을 참조하라. 자크 랑시에르, 『감성의 분할』, 오윤성 옮김, 도서출판b, 2011.

즉 마르크스주의가 말하듯이 실은 정치는 경제의 가면이라고 말할 때의 정치, 정치는 의회의 문제가 아니라 공장과 도시의 문제라고 말할 때의 그 정치란 사실은 사라진다. 정치는 절대 사회적인 것으로 환원될 수 없지만, 그렇다고 하여 그 사회로부터 완전히 분리될 수 없다. 그 기이한 관계를 기계적인 인과론인 토대/상부구조라는 관계로 환원하지 않고 파악하는 것, 즉 사회를 가능/불가능하게 하는 것으로서의 정치를 온전히 인식하기 위해 우리는 어떻게 해야 할까. 물론 이에 대하여 우리는 명쾌한 답을 가지고 있지 않다. 그렇기에 여기서 예술의 동요를 말할 수밖에 없다.

예술의 동요

예술은 물론 자율적이다. 그렇지만 예술은 자신의 내부에 정치를 가지고 있다. 그리고 그 미적인 것의 정치는 또 당연히 정치에 대한 동시대의 상상력에 좌우된다. 예술은 전적으로 자유롭지만 그것이 가용할 수 있는 재료, 소재, 형식, 제시의 형태 등은 모두 사회 속에서 마련된다. 그렇지만 그것을 통해 어떤 미적인 것을 구성할 것인가의 문제는 바로 그 사회 안에서 찾을 수 없다. 니콜라 부리오가 '관계미학'이라는 도발적인 선언 이후에 진부하기 짝이 없는 상투적인 사이비 사회학의 용어, 이를테면 사회 네트워크, 다중지능 같은 개념에 의지한 채 비틀거리는 것은 징후적이라 하지 않을 수 없다. 이는 그가 바로 그 사회적인 것 안에서 결코 발견할 수 없는 정치의 장소를 사회적인 것 자체에서 찾으려 하기 때문이다. 그렇기 때문에 예술은 자율적이므로 자신의 세계 안에서 자신의 미적인 것을 규제하는 원리를 찾으려는 시도(광학적인 재현의 체계로서의 미술 운운)는 겉보기와 달리 언제나 특정한 정치적 상상력에 의해 이끌린다. 그것은 사회적인 것으로부터 해방된 정치의 절대적인 자율성을 간구하는 정치적 상상력이 없었다면 불가능하다. 그리고 이것이 흔히 대문자로 쓰인 모더니즘의 기획이었다. 그러므로 우리는 모더니즘 이후, 한국에서라면 민중미학 이후, 예술과 정치의 관계, 미적인 것의 정치를 규정하려는 시도가 좌절된 이유를 예술의 편에서 찾고 추궁하려는 것이 터무니없는 일이란 것을 짐작할 수 있다. 예술의 동요는 예술 자체에서 찾아질 수 없다. 그것은 우리 시대의 정치 자체의 표류로부터 기인한다. 공공예술, 장소특정적 예술, 인터랙티브 예술, 뉴미디어 예술 등등의 이름으로 알려진 미술적인 실천은 새로운 미술의 탄생으로 누군가에게 치하될 수 있겠지만, 진보의 편에서 볼 때 그것은 실은 정치의 효과적인 질식이라 할 수 있다. 그렇다면 진보의 미학은 어떻게 가능할까. 물론 그 답변은 진보 정치가 자신의 정치에 관한 상상력을 구성해야한다는 것이다. 예술에서 새로운 정치를 발굴할 수 없다면 잠시 예술을 잊어도 좋을 것이다. 예술은 자신의 정치적 상상력과 해후할 때 다시 재림하고 또 부활하기 때문이다. 그렇기에 잠시의 예술의 동면을 우리가 슬퍼할 까닭은 없다. 잠시 시집을 덮고, 미술관의 문을 잠가도 좋지 않을까?

엄기호

학교, 그저 살아 있게 하는 공간의 교육적 무능함

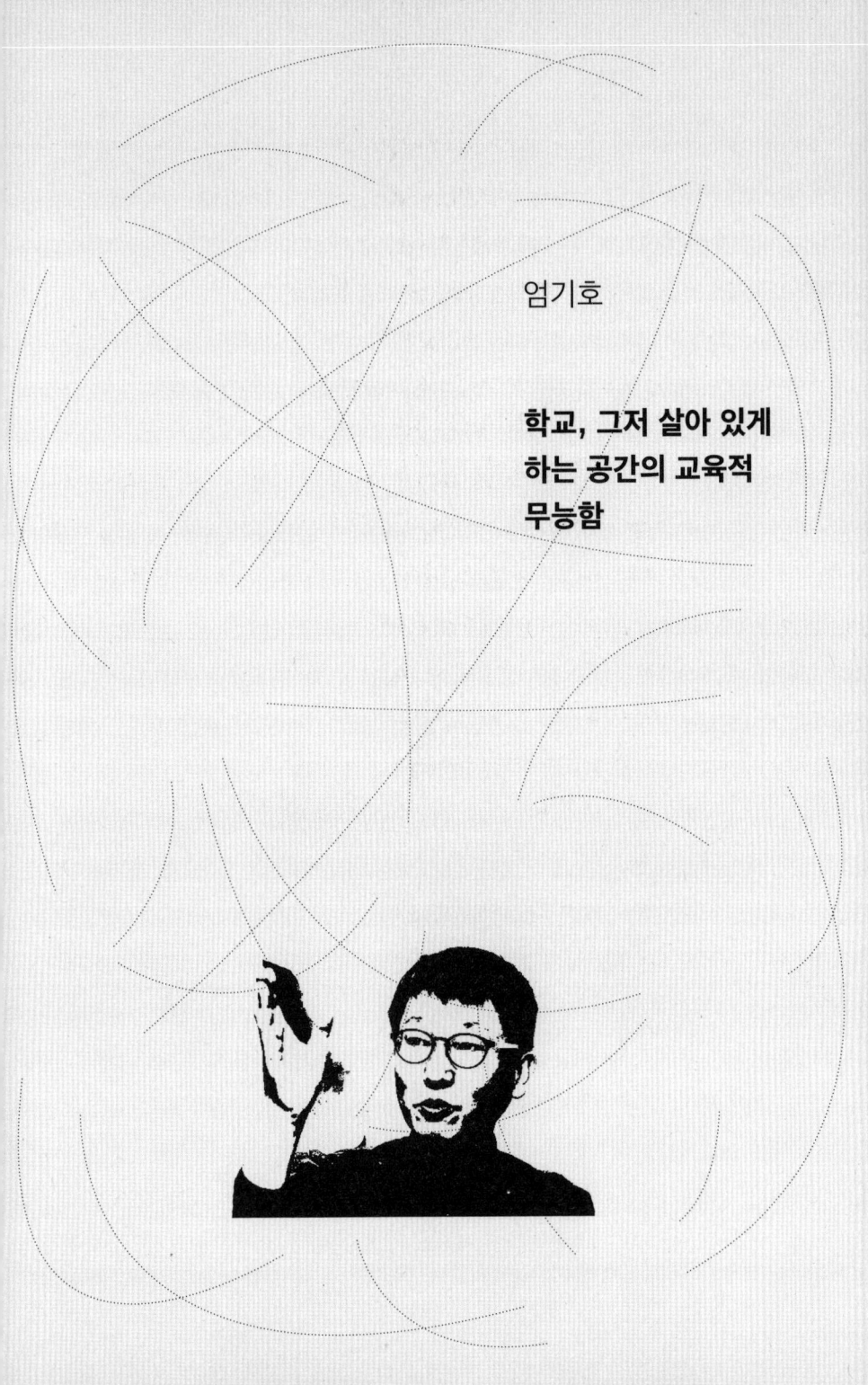

엄기호 ● 연세대학교 사회학과에서 석사과
정을 졸업하고, 같은 대학 문화학과 박사과
정을 수료했다. 우리신학연구소 연구위원,
인권연구소 '창'의 연구활동가로 일하고 있
다. 또한 교육공동체 '벗'의 편집위원으로 활
동하면서, 오늘날의 학교와 교육의 문제에
대해 성찰하고 있다. 쓴 책으로『우리가 잘못
산 게 아니었어』,『이것은 왜 청춘이 아니란
말인가』,『아무도 남을 돌보지 마라』,『닥쳐
라, 세계화!』,『포르노 All Boys Do It』등이
있다.

한국의 교육이 실패하고 있다는 것에 대해서는 이론의 여지가 없는 것처럼 보인다. 만 명을 먹여 살릴 잘 나가는 한 명의 '인재'를 키우는 것이 교육의 목적이라고 생각하는 엘리트주의자들이거나 더불어 살아가는 민주시민을 육성하는 것이 목적이라고 생각하는 사람들이거나 큰 차이가 없을 것이다. 심지어 어떤 학부모들은 "공부는 우리가 알아서 시킬 테니 학교에서는 아이들 보호나 잘 해 줬으면 좋겠다"고 불만을 터뜨리기도 한다. 한때는 가장 안전한 곳이라고 생각하던 학교가 지금은 가장 위험한 공간 중의 하나가 되고 말았다.

이처럼 지금 한국의 학교 현장을 지배하고 있는 단어는 '성장'이나 '성숙'과 같은 교육적 언어가 아니다. 오히려 그 자리를 차지하고 있는 것은 '안전'이다. 교장이나 교감과 같은 관리자들의 가장 큰 소망은 학생들이 나라를 위해 희생하는 '훌륭한 사람'으로 성장하는 것이 아니다. 과거를 그리워하는 우파 교육 관료라고 하더라도 '민족중흥의 역사적 사명' 따위를 되뇌지는 않는다. 영재학교나 몇몇 특수한 학교를 제외하고는 시장이 원하는 글로벌 인재를 만드는 것도 목적에서 멀어졌다. 대다수 평범한 인문계 고등학교에서 관리자들이 바라는 것은 그저 아무 일도 벌어지지 않는 것 정도다. 자기 임기 동안에 사고가 나지 않는 것, 그것이 가장 중요한 목적이다. 진보적인 교육 쪽이라고 해서 사정이 크게 다르지는 않다. 학생인권조례에는 그리 선뜻 나서지 않던 사람들이 무상급식이나 친환경급식에 대해서는 발 벗고 나서는 경우가 많다. 로컬푸

드와 지역경제의 순환에 대한 관심도 작용하지만 그보다 더 큰 것은 역시 '안전'의 문제다. 학생들에게 '안전'한 먹거리를 제공하자는 것이다.

안전에 강박적으로 집착하는 학교, 이 학교를 지배하고 있는 권력은 '생명권력'이다. 나는 이 글에서 학교를 생명권력에 의해 작동되고 있는 '수용소'로 부르려고 한다. 이 수용소는 상투적으로 학교를 수용소라고 묘사할 때의 그것과는 다르다. 그 수용소는 육체에 직접적으로 폭력을 휘두르고 사람의 몸을 집단적으로 훈육한다는 의미에서의 수용소이다. 이것을 나는 '수용소1'이라고 부른다. 그러나 학교폭력과 왕따 현상은 학교가 그저 폭력을 휘두르는 훈육의 공간이기만 한 것이 아니라, 그 안에서 정교하게 생명과 비생명이 갈라지는 공간이기도 하다는 점을 보여주고 있다. 조르조 아감벤이 아우슈비츠를 분석하면서 제기한 이 생명권력의 공간으로서의 수용소를 우리는 '수용소2'라고 부를 수 있을 것이다. 그러나 최근 학교폭력 담론 이후 제기되고 있는 '안전'에 대한 강박은 생명과 비생명을 가르는 것을 넘어 학교를 그저 '육체적 생명'을 돌보는 공간으로 전환시키고 있다. 다른 말로 하면 학생들을 아무 목적 없이 그저 가둬놓고 죽지만 않으면 무방하다고 생각하는 공간 말이다. 나는 이것을 '수용소3'이라고 부르려고 한다.

오늘날 진보 교육의 무능은 바로 이 수용소를 넘어서는 공간으로서의 학교를 상상하지 못하고 있다는 데 있다. 과거 전교조와 대안 교육은 수용소1에 대해서는 강하게 문제 제기를 했다. 독재정권 시대의 폭력적인 병영 체제로서의 학교를 해체하자던 전교조의 '민족, 민주, 인간화' 교육은 전형적으로 수용소1에 대한 저항이었다. 또한 학생인권 담론 역시 수용소1에 대한 저항이었다. 그러나 진보 교육은 수용소2와 그 결과 등장한 수용소3에 대해서는 인식론적 무능을 드러내고 있다. 수용소2와 3에 대해서는 인식조차 제대로 하지 못하고 있는 것이다.

안전이 지배하는 학교

지금 학교와 교육을 지배하는 단어는 '안전'이다. 이런 점에서 본다면 지금의 학교야말로 서구의 철학자들이 말하는 '생명권력'의 살아 있는 현장이라고 할 수 있을 것이다. 아감벤은 생명을 가리키는 말이 두 개가 있었음을 우리에게 상기시킨다. 하나는 생물학적 생명을 뜻하는 '조에zöé'이고 다른 하나는 사회적/정치적 생명을 의미하는 '비오스bíos'이다. 그리스 사람들은 조에가 정치의 대상이라고 생각하지 않았다. 인간이라면 당연히 돌보고 살아야 하는 것은 그저 언젠가는 스러지고 말 육체적 생명이 아니라 폴리스 안에서의 정치적 생명이라고 보았다. 정치적 생명을 위해서는 육체적 생명 따위는 버려도 좋다고 생각했다. 그래서 그들이 그렇게 중요하게 여긴 것이 명예였다.

근대의 출발과 더불어 이 육체적 생명이 정치의 한가운데로 들어왔다. 프랑스 '인권선언'에서도 명확하게 나타났듯이 인간이 존엄한 것은 더 이상 그가 가진 사회적/정치적 타이틀 때문이 아니었다. 그는 태어나는 순간 '벌거벗은 인간', 그 자체로서 존엄하다고 선언되었다. 따라서 국가가 해야 하는 가장 중요한 일이 바로 인간의 벌거벗은 생명을 돌보는 일이 되었다. 위생학과 통계가 비약적으로 발전했으며 정치적 주체로서의 '인민'은 국가에 의해 관리되고 통제되고 보호받아야 하는 '인구'가 되었다. 정치적 생명에서 육체적 생명으로 넘어가는 것을 통해 근대 국가가 탄생한 것이다.

이런 점에서 본다면 아이러니하게도 '민족중흥의 역사적 사명'을 운운하던 시대는 그래도 학교가 교육의 본성을 망각하지 않고 있던 시대였다고 볼 수 있다. 폭력적인 교육을 통해 맹목적으로 국가에 복종하는 주체를 양산하는 것이 목적이었지만, 여기에는 그래도 여전히 인간을 '정치적 존재'로 취급하는 흔적이 남아 있다. 그런 정치적 존재로 '성장'시키는 것이 교육의 목적이었다는 점에서, 여전히 교육은 '성장'과 유리될 수 없는 것이었다. 그러나 '안전'에 의해 지배되는 학교에서 교육은 이제 '성장'과는 아무런 관련도 없게 된다. 교육은 '위험으로부터의 보호'를 의미하게 되었고 학생들은 그저 '보호받아야 하는 존재'로 전락했다. 무엇을 하라는 '능동성'보다는 아무것도 하지 말라는 '수동성'이 교육을 작동시키는 더 중요한 원리가 되었다. 학생들은 '성장'을 위한 계기들로부터 격리된 채 그저 학교 안에 '갇혀 있는' 존재가 되었다.

이런 점에서 본다면 학교는 거대한 수용소다. 학생들을 강제적으로 훈육하고 폭력적으로 훈련시킨다는 고전적인 의미에서만 수용소인 것이 아니다. 차라리 지금 학교가 수용소인 이유는 목적도 이유도 없이 '그저 학생들을 가둬놓고' 있기 때문이다. 갇혀 있는 학생들이나 가둬놓고 있는 교육 당국이나 그 '갇혀 있음'의 의미가 무엇인지를 모르고 있다. 그저 거기에 있어야 하기 때문에 있는 것, 그러나 그 밖으로 나갈 수는 없는 것, 있어야 할 이유는 없지만 없어지는 순간 무자비한 폭력이 쏟아지기에 나갈 수 없다는 점에서, 지금의 학교는 순수한 의미에서 '생명'만을 돌보고 있는 수용소이지 않은가?

그렇기 때문에 우리는 오늘날 학교가 순수한 의미에서 수용소가 되었다는 것을 증언하는 사람이 누구인지에 대해 완전히 새로운 관점을 가져야 할 필요가 있다. 지금까지 우리는 학교의 존립 근거를 이야기할 때는 주로 모범생들을, 학교의 폐단과 실패를 이야기할 때는 날라리들이나 학교폭력의 희생자들을 이야기해왔다. '안전' 담론이 학교를 지배하게 된 것은 많은 경우 바로 학교폭력의 문제에서 기인한다. 이 글을 쓰는 동안에도 대구에서는 또 한 명의 학생이 학교폭력에 시달리다 목숨을 끊었다. 2011년 12월 전국을 슬픔으로 몰아넣었던 한 중학생의 죽음 이후 벌써 아홉 번째 죽음이다. 우리는 이 죽음들이 현재 학교의 수용소 같은 폭력성과 무능한 현실을 폭로하는 사건이라고 생각한다. 그렇기에 학교의 모든 대책은 어떻게 하면 학교를 '안전한 공간'으로 만들 것인가에 초점이 맞춰져 있다. '폭력의 공간'으로서의 수용소 반대편에 있는 것이 바로 '안전한 학교'인 셈이다.

수용소2

우리는 학교가 이미 생명권력이 넘쳐나는 공간이라고 사유할 때만이 학교에서 일어나는 폭력의 실체를 제대로 사유할 수 있다. 학생들의 생명을 존엄하다고 생각하지 않기 때문에 학교에서 폭력이 일어나는 것이 아니다. 오히려 학교에서 폭력이 일어나는 이유는 모든 인간은 존엄하다는 것을 아무런 의심 없이 승인하기 때문이다. 모든 인간이 존엄하다는 것은 곧 인간이 아닌 존재는 존엄하지 않다는 말이다. 따라서 중요한 것은 인간과 비인간을 구분하고 가르는 일이 된다. 그 결과 인간이 아닌 존재에게 가하는 폭력은 폭력이 아닌 것이 되며 그 폭력에 대해서는 아무도 책임을 지지 않아도 된다. 아무나 죽일 수 있지만 그 죽음에 대해서는 아무도 책임을 지지 않는 존재, 그 존재를 아감벤은 '호모 사케르homo sacer', 신성한 인간이라고 불렀다. 호모 사케르는 인간과 비인간, 존재와 비존재, 생명과 비생명의 경계를 넘어서는 인간이다. 수용소는 바로 이 호모 사케르를 체계적으로 생산하는 장소이다.

학교폭력을 정당화하는 담론도 바로 이 인간과 비인간을 가르는 경계에서 등장한다. 구체적인 예를 들어보겠다. 얼마 전 집 근처의 초등학교를 지나갈 때였다. 체육 시간이었던 모양이고 교사는 학생들을 통제하는 데 완전히 지친 모양이었다. 운동장으로 나온 학생들은 천둥벌거숭이가 되어 소리를 지르며 빛의 속도로 질주하고 있었다. 고래고래 소리를 지르던 교사는 급기야 모든 학생들을 한쪽 구석으로 불러 모았다. 학생들은 고개를 푹 숙이고 있었다. 교사는 분노에 찬 목소리로 이렇게 말했다. "너네가 사람 새끼라면 사람 말을 들어야 할 것 아니냐? 개돼지도 아니고. 말을 알아듣고 따르는 것이 사람이다. 그런데 내가 도대체 몇 번이나 너네들한테 같은 말을 반복해야 하는 거냐? 이렇게 말해도 못 알아들으니 너네는 사람도 아니다. 개돼지나 다름없다."

이 사례는 단지 언어폭력에 대한 이야기에 지나지 않는 것이 아니다. 이것은 학교가 생명과 비생명, 인간과 비인간을 어떻게 구분하고 식별하며 비인간을 생산해내고 있는지를 보여준다. 교사뿐만이 아니다. 학생들 간에 벌어지는 학교폭력 역시 마찬가지다. 누가 학교폭력의 희생자가 되는가를 물어보면, 우리가 가진 '인간'의 기준에 미달하는 존재들이 공격의 대상이 되고 있음을 알 수 있다. 장애인이나 학습 속도가 다른 학생들에 비해 느린 학생, 집이 못살거나 약간 굼뜬 학생, 자기만의 세계에 빠진 학생 등등. 다수의 학생들은 학교폭력의 희생자들이 '당할 만하다'고 이구동성으로 말한다. 폭력의 원인 제공자라는 뜻이다. 어쨌든 일단 인간의 자격에 미달되는 존재가 되면 무차별적인 폭력의 대상이 된다. 더 이상 인간이 아니기 때문이다.

아우슈비츠에 대한 아감벤의 사유는 이런 점에서 우리에게 큰 시사점을 준다. 아우슈비츠에서 유대인들은 유대인으로 죽지 않았다고 한다. 왜냐하면 유대인은 '유대'인이라는 이유에서는 여전히 인종적 범주로 구분되는 존재이기 때문에 유대'인' 즉 인간이다. 따라서 유대인을 죽이는 것은 여전히 살'인'이 된다. 유대인을 죽이는 것이 살인이나 학살이 되지 않기 위해서는 유대인은 인간과 비인간, 생명과 비생명의 문턱을 넘어야 한다. 더 이상 식별이 되지 않는 존재, 그 구분 자체를 무의미하게 만드는 존재가 되고 난 다음에야 유대인들은 아우슈비츠에서 죽을 수 있었다. 이 문턱을 넘은 존재를 아우슈비츠에서는 무슬림이라고 불렀다고 한다.

수용소3

인간과 비인간, 생명과 비생명을 끊임없이 구분하고 식별하는 폭력을 휘두르며 비생명과 비인간에 대해 아무런 죄의식도 느끼지 못한다는 점에서, 학교는 근대 사회의 수용소적인 양상을 유감없이 보여주는 공간이다. 그러나 나는 여기서 우리가 한 걸음 더 나아갈 필요가 있다고 생각한다. 만약 수용소가 그렇게 생명과 비생명을 식별하는 공간이라고 한다면, 정치적으로 여전히 유효한 의미를 가지고 있다고 할 것이다. 그런데 만약 수용소가 여기서 더 나아가 인간과 비인간을 나누고 식별하려는 목적마저 지나치고 있다면, 도대체 이 수용소는 어떤 공간이 되는 것일까? 아무런 외부적 목적도 없이 그저 가둬놓고 돌보는 것 그 자체가 무한 반복적으로 수행되고 있다면, 이 수용소를 어떻게 해석해야 하는 것일까?

약간 벗어나는 이야기이지만 나는 이처럼 존재의 목적 자체를 상실해버린 공간, 아우슈비츠를 넘어서버린 것 같은 공간의 사례를 버마의 정치범 수용소에 대한 이야기에서 들은 적이 있다. 민주화 운동을 탄압할 목적으로 지어진 버마의 정치범 수용소에서는 가혹한 일들이 끊임없이 벌어진다고 한다. 기마 자세를 취하게 한 채 그 팔 위에 물이 가득 든 양동이를 올려놓기도 한다. 쥐와 벼룩, 그리고 온갖 기생충이 그득한 감옥에 가둬놓는 것은 물론이다. 그런데 가끔 이 정치범 수용소에 이해할 수 없는 수감자들이 들어온다. 유엔인권이사회 특별보고관의 보고에 나오는 이야기이다. 감옥에서 자신이 면담한 사람들 중에 자기가 왜 이곳에 끌려왔고 왜 갇혀 있는지를 모르는 사람들이 있었다. 당혹감을 느낀 보고관이 감옥의 담당자들에게 저 사람이 왜 여기에 있는지를 묻자 담당자들조차도 그 이유를 설명하지 못했다. 왜 갇혀 있는지를 갇혀 있는 자도 가둔 자도 모르지만 여전히 갇혀 있어야만 하는 '맹목적인 곳', 그 공간의 정치적 의미는 무엇일까?

이런 관점에서 본다면 오늘날 학교가 순수한 의미에서의 수용소가 되고 말았다고 폭로하는 것은 학교폭력의 희생자들이 아니다. 그들의 죽음에 초점을 맞춤으로써 우리는 학교권력이 생명권력으로 전환되었다는 것을 오히려 은폐하고 있다. 더 나아가 학교가 학생들의 생명을 보다 더 적극적으로 돌보고 보호해야 한다는 점에서는 '생명권력의 공간'으로 더 강화되어야 한다고 주장하고 있는 셈이다. 학생들의 생명을 정치적 생명에서 육체적 생명으로 완전히 축소하여 그들을 사회적/정치적으로 벌거벗은 생명으로 만드는 것에 일조하는 있는 셈이다. 아이러니하게도 학교폭력의 문제에 집중할수록 우리는 학생들을 '인민'이 아니라 '인구'로 전환해버린다. 이렇게 되면 될수록 학교는 아마 그저 학생들의 육체적 생명을 돌보기만 하는 '수용소'가 되고 말 것이다.

학교는 혹시 이 버마 수용소의 데칼코마니 같은 존재가 아닐까? 버마의 수용소가 목적도 이유도 없이 사람을 가두고 그 육체를 파괴하는 공간이라고 한다면, 학교는 반대편에서 목적도 이유도 없이 사람을 가두고 그 육체적 생명만을 돌보고 있는 공간이라는 의미에서 말이다. 그렇기 때문에 학교에서 작동하는 이 순수한 생명권력을 증언하는 사람은 학교폭력의 희생자들이 아니다. 오히려 그들은 그 누구도 말을 걸지 않고, 그들 스스로도 아무것도 말하지 않은 채 교실에서 그저 잠만 자면서 널브러져 있는 학생들, 그들 스스로의 표현대로 하면 "사물함보다도 더 존재감이 없이" 학교를 오고 가고 있는 학생들이다. 이들이야말로 학교의 무기력과 무능을 폭로하고 그 실체를 드러내는 말 없는 증인이 아닐까? 도무지 그들은 말이 없으니까 말이다.

오히려 이들에 비교한다면 학교폭력의 희생자들은 말을 하는 사람들이다. 학교폭력의 희생자들은 유언의 형태로 '말'을 하고 자신의 인간됨을 증명하고 존엄을 지켰다. 그들은 '죽음'으로 자신의 이야기를 학교와 사회가 듣게 만들었다. 그를 통해 그들은 살아 있는 우리 모두를 부끄럽게 만들고 우리 삶이 정당하지 않음을 돌아보게 만들었다. 이에 반해 '딱 중간'이라 불리는 이 널브러져 있는 학생들은 아무것도 말하지 않는다. 교사들이 이들을 만날 때 느끼는 당혹감이 바로 이것이다. 이들을 뭐라고 불러야 할지 교사들도 난감하기만 하다. 생활기록부에 이들에 대해 쓰긴 써야만 하는데 뭐라고 써야 할지 모르겠다고 말한다. 모범생처럼 학교에 순응하고 잘 따라오는 것도 아니다. 날라리처럼 학교를 거부하고 대드는 것도 아니다. 순응과 저항의 구분 자체를 무력화시키는 것이 이 '딱 중간'의 학생들이다. 그들을 규정할 수 있는 유일한 말은 그들이 아무 사고도 치지 않고 학교에 위해를 주지 않는다는 사실뿐이다. 그래서 교사들은 이들을 이렇게 부른다. "착한 아이들." 이 '착한 아이들'이 증명하는 것은 무엇일까? 그것은 학교의 목적이 더 이상 성장이 아님을 보여주는 것은 아닐까?

수용소1

사실 내가 이들에 대해 다시 관심을 가지게 된 것은 요즘 '성장'을 화두로 하여 교사들을 만나 이야기를 듣고 있기 때문이다. 교사들이 생각하는 학생들의 성장은 무엇인지, 그리고 그런 성장을 위해서 교사들은 또 어떻게 성장해야 하는지를 토론하고 있다. 대다수의 교사들은 학생들이 자기 자신을 잘 알고, 하고 싶은 것을 줏대 있게 하게 되는 것이 성장이라고 말한다. 부모건 사회건 남에게 휘둘리는 것이 아니라 자기 삶의 주인공이 되는 것이 중요하다는 것이다. 목수면 어떻고, 가수면 어떻고, 또 식당주인이면 어떤가?

철학자 김상봉 역시 교육의 목적은 인간성 실현이라고 말한다. 교육은 "생물학적 개체로부터 문화적 존재로 도야하는 활동"

이다. 교육을 통해서만 인간은 단순한 생명체에서 인격체로 상승할 수 있다. 인격체가 된다는 것은 자기 자신을 완성한다는 뜻이다. 다른 사람도 아닌 바로 그 사람이 되는 것이 인간성의 실현이다. 다른 말로 한다면 자아실현이다. 그러나 이 자기 자신이 되는 것은 혼자만의 힘으로 가능하지 않기 때문에 교육이 필요하다. 전인교육을 통해서 보편적 인간성에 동참하고, 개성적인 전문교육을 통해 그 누구도 아닌 나 자신이 되어갈 수 있다. 위에서 교사들이 말하는 성장이란 바로 이런 것이다. 그래서 우리는 학생들이 꿈을 가져야 한다고 말한다. 학교가 꿈을 묻는 공간이고 꿈을 발견하고 찾을 수 있도록 도와주는 공간이 되어야 한다고 생각한다.

입시 교육 위주의 학교 교육에 대한 즉각적이고 통속적인 비판이 대부분 초점을 맞추는 것도 바로 이 부분이다. 학교가 꿈을 묻지 않기 때문에 문제라는 것. "나는 이러이러한 사람이 되고 싶어요"라고 말하면 "쓸데없는 생각하지 말고 공부나 해라"라고 윽박지르는 곳이 학교라고 생각한다. 얼마 전 방영한 EBS의 「학교란 무엇인가」라는 다큐멘터리에서도 이 점이 잘 나타나 있다. 학교에 순응하지 못한 학생들을 모아놓은 한 학교에서 학생들에게 꿈이 무엇이냐고 묻는다. 몇몇 학생들이 백지에 "꿈"이라고 크게 적고는 아무것도 쓰지 못한다. "없음"이라고 쓰기도 한다. 다큐멘터리는 이 부분을 안타까워한다. 학생들이 꿈을 가지고 있지 못하고, 학교도 학생들이 꿈을 발견하는 데 도움이 되지 못하고 있는 현실 말이다. 그래서 묻는다. '학교란 무엇인가?'라고.

그러나 학교가 꿈을 묻는다는 것은 단지 학생들이 자기 자신의 성향과 의지, 그리고 희망을 발견한다는 것만을 의미하지 않는다. 오히려 꿈을 물음으로써 학교가 만들려고 하는 것은 학생의 몸이라고 할 수 있다. 미래에 무엇인가를 성취하기 위해 현재를 참고 유예하는 몸 말이다. 현재를 즐기고 사는 것보다 미래를 대비해서 사는 것이 더 중요하다. 우리 삶의 기준점을 현재에서 미래로 옮겨야 한다. 그 미래를 끊임없이 예측하고 계산하면서 현재 내가 해야 할 일이 무엇인지를 파악해야 한다. 그러려면 즉자적인 쾌락보다 절제하고 인내하는 태도를 가져야 한다. 학교가 훈육의 공간이라고 한다면, 그 목적은 바로 이런 태도다. 부르디외가 쓴 개념대로 한다면 이것이야말로 '자본주의의 아비투스'라고 할 수 있다. 시간을 통제하고 효율적으로 관리하는 태도 말이다. 학교가 꿈을 묻지 않는다고 개탄하는 '진보주의자'가 바라는 것이 의도하지 않게 자본주의의 정상화와 결합되기도 하는 것은 바로 이런 이유에서다.

다시 수용소3: 그냥요, 무슬림의 언어

어찌 되었건 이렇게 말하는 교사들의 눈에는 제대로 몸도 가누지 못하고 늘 교실에 엎어져 있는 학생들에 대한 안쓰러움이 가득하다. 꿈이 뭐냐고 물으면 "왜 그런 걸 묻냐?"고 고개를 파묻어버리는 학생들. 얼마 전 방문했던 학교에서도 그랬다. 수업종이 울리기 5분 전에 복도에서 들여다본 교실은 절반이 '전멸'이었다.

맨 앞의 한두 줄 정도나 깨어서 수업을 듣고 있을 뿐이었다. 그런 학생들의 모습을 바라보는 교사들은 무력감을 호소한다. 저 학생들이 왜 저러는지도 이해가 가지 않고, 자신들이 무엇을 어찌해야 할지도 잘 모르겠다고. 수업을 재밌게 하기 위해 게임이나 활동적인 교과 과정을 도입해도 결과는 마찬가지다. 반짝 주의를 끌어올 뿐 교과서로 옮겨가는 순간 학생들은 다시 엎드려버린다고 한다.

학교 현장에 있는 많은 교사들이 이렇게 꿈도 희망도 없이 교실에 무기력하게 널브러져 있는 학생들을 이해하지 못한다. 대다수의 교사들이 모범생 출신이거나 학교에서 불편했던 경험이 없었기 때문이다. 학생들 중에서 모범생은 10퍼센트 정도인데 교사들의 90퍼센트 이상이 모범생이니, 학생과 교사들이 공유할 수 있는 경험이 어긋나는 것도 어찌 보면 당연하다. 수업을 땡땡이 쳐본 적이 별로 없으니 시험이 끝나고 방과 후 학습이나 자율학습에서 도망치는 것을 당연하게 생각하는 학생들을 이해할 수가 없다. 한 교사는 땡땡이 친 학생을 잡아온 다음 왜 도망갔냐고 묻자 "시험 후에는 도망가는 것이 예의"이고 "그렇게 한 번씩 도망을 가줘야 살 수 있다"고 말하는 학생을 보며 망연자실했다고 고백했다.

그중에서도 교사와 학부모의 마음을 완전히 뒤집어놓는 말이 '그냥요'다. 왜 땡땡이를 쳤냐는 말에 "그냥요"라고 대답하는 학생에게 머리끝까지 화가 나는 것은 당연하다. 도망가는 데 그냥이 어디 있냐고 '이유'를 말하라고 다그치지만 돌아오는 대답은 여전히 "그냥요"다. 공부하기가 싫어서 도망간 것인지, 게임이 그렇게 재밌어서 도망간 것인지를 물어도 아니라면서 "그냥요"라고만 대답한다. 이 대목에서 대다수의 어른들은 미치지 않을 수 없다.

무엇보다 어떤 행동에 아무 목적도 의미도 없음, 그것이 우리를 분노하게 한다. 사람이라면 당연히 목적을 가지고 살아야 하고 행동에는 이유가 있어야 한다고 믿기 때문이다. 만약 자기 자신이 하는 행동의 의미를 잘 모른다고 한다면 '생각'을 통해서 그것을 발견해야만 한다. 그게 사람이다. 인간은 의미를 추구하는 존재이기 때문이다. 그것을 하지 않는 존재는 사람이 아니다. 그렇기에 대다수의 선생들은 학생들이 "그냥요"라고 말을 하면 귀찮아서 건성으로 대답하는 것이고, 질문을 하는 교사를 능멸하거나 놀리는 것이라고 더 분노한다. '사람 새끼'라면 말을 해야 하는 것 아니냐며 자신의 폭력을 정당화하기도 한다.

눈치챘겠지만 여기서도 학교는 다시 한 번 인간과 비인간을 끊임없이 구분하며 비인간을 생산해내고 있다. '말'이라는 것을 통해서 말이다. 인간이란 '말'하는 존재이다. 말을 통해서 자기를 드러내야 하고 자신을 증명해야 한다. 말은 곧 이성logos이며, 이성은 곧 논리다. "왜 그랬냐"는 말이 묻고자 하는 것이 바로 이것 아닌가? 따라서 이유를 찾고 이유를 말할 수 있는 존재만이 인간이라고 할 수 있다. 이유를 찾지 않고 찾을 노력도 하지 않는다면 인간이라고 할 수 없다. 다수의 이 '착한 아이들'은 이유가 없고, 이유를 찾으려고 하지 않기 때문에 그저 '생명'인 것이지 결코 '인간'이 아니다. 한편에서는 교사가 하는 말을 알아듣지 못하기 때문에 인간이 아니고, 다른 한편에서는 교사가 알아들을 수 있는 이유를 대지 못하기 때문에 인간이 아니다. 그저 '착한 아이'일 뿐이다.

그렇다면 학생들은 왜 '그냥'이라고 말을 할까? 여기에 대해서는 이번 학기에 덕성여대에서 같이 공부하고 있는 한 학생의 말이 시사적이다. 정답이 주어지지 않은 상태에서 '그냥'이라는 말은 그 자체로 모든 현상을 절대적으로 설명한다고 한다. 정답이 없는 질문을 받는 것은 그 자체가 무서운 일이다. 어떻게 대답해야 할지 알 수 없기 때문이다. 학교는 늘 하나의 정답만을 내놓았고 만약 대답을 내놓지 못하면 그것이 틀린 것이라는 불안감에 시달리게 만들었다. 모든 설명은 설명 그 자체가 하는 것이 아니라 오로지 정답만이 해준다. 따라서 정답을 말해야 하지만 그 정답이 무엇인지 알 수 없거나 말할 수 없을 때, 이 불안을 감추거나 회피할 수 있는 가장 좋은 답이 바로 '그냥요'다. 모든 질문을 무화시킬 수 있는 천하무적의 답인 셈이다. 그렇다면 교사들의 분노는 틀린 것이 아니다. 교사의 존재 근거, 즉 이유를 찾고 그 이유를 말하게 하는 사람인 교사의 존재 근거를 허물어뜨리는 말이 바로 이 '그냥요'인 셈이다.

그런데 학생들의 이 '그냥요'를 이해한다는 교사를 이번에 인터뷰를 하면서 만났다. 나 또한 이 '그냥요'에 미치기 일보직전인 사람이었던지라 그 교사에게 그게 무슨 의미인지를 물어보았다. 그 교사는 나를 대단히 측은하다는 듯이 쳐다보더니 이렇게 반문했다. "선생님은 그냥 살아보신 적이 없습니까?" 순간 벼락 맞는 느낌이었다. 눈을 똥그랗게 뜨고 그 분을 쳐다보았다. 처음엔 자신도 이해가 되지 않았다고 한다. 미칠 뻔했다고 한다. 그런데 어느 순간부터 '그냥요'라고 말하는 학생들의 모습에서 자신의 모습, 아니 나아가 인간의 '삶'이 보였다고 한다. "우리 모두는 사실 그냥 살잖아요. 무의미를 견디면서요. 그런데 왜 우리는 유독 학생들에게는 의미를 강요할까요?"

그 교사의 말이 나에게 벼락 같은 말이었던 것은 우리가 교육이라는 이름으로 감추고 있던, 혹은 회피하려고 하던 질문을 정면으로 던졌기 때문이다. 위에서 말한 것처럼 교육은 늘 의미를 추구하고 발견하려고 한다. 교육이 가장 못 견뎌 하는 것이 무의미다. 만약 삶이 의미가 없다면, 산다는 것 자체가 공허하다면, 도무지 우리가 학교에 그렇게 지루하게 앉아서 공부를 해야 할 이유가 어디에 있겠는가? 그렇기에 교육은 언제나 삶의 자리를 의미로 가득 채우기를 원하고 무의미를 제거하기 위해 애를 써왔다. 무의미가 전면에 나서는 순간 교육은 파국을 맞게 된다. 미래를 의미 있게 만들기 위해 오늘을 참으라는 훈육으로서의 교육도 종언을 맞이하게 된다. 왜 절제하고 인내해야 하는가? 그 파국을 봉쇄하기 위해 우리는 학생들에게 끊임없이 이유를 강요해온 셈이다. 학생들의 '그냥요'는 바로 이 의미가 파국을 맞이했다는 선언이다.

'그냥요'는 흔히 좌파의 일각이 말하는 것처럼 현 체제에 대한 학생들의 반항이 아니다. 나는 학생들이 널브러지는 것과 '그냥요'를 학교 교육의 실패라거나 학생들의 주체적 의지가 담긴 반항이라고 읽는 것이야말로 실패한 시도이자 교육의 실재를 감추려는 환상이라고 생각한다. 오히려 이 널브러진 육체와 '그냥요'는 육체적 생명을 돌보기만 하는 생명권력 장치로서의 학교가 맞이할 수밖에 없는 논리적 귀결점이라고 할 것이다. '그냥' 학생들을 한곳에 모아놓고 육체적 '생명'만을 돌보면서 그것이 학교가 할 일의 최선이라고 생각하는 한, 그곳에서 그저 '먹고 자고'를 반복하는 그것은 그 권력이 생산할 수 있는 가장 순수한 형태의 주체인지도 모른다. 물론 그 주체로 인해 교육은 '성장'이라는 자신의 존재 의미 자체를 상실하고 파국을 맞이하게 된 것이지만 말이다.

그러나 이 '그냥요'야말로 우리에게 교육의 기회를 열어놓는다. 보통 어른들이 '그냥요'에 화를 내는 것은 그 말이 '너'를 설명해주지 못하고 있기 때문이다. 그러나 위에서 말한 교사는 '그냥요'를 통해 '우리'에게 공통된 것을 통찰해냈고 학생과 공유했다. 이 교사가 한 것이야말로 교육의 궁극적인 목표에 가장 밀접하게 닿아 있다. 다시 한 번 되물어보자. 성장이란 무엇인가? 사람과 삶에 대한 이해의 지평이 확장되는 것을 우리는 성장이라고 부른다. 이 이해에는 두 가지가 있다. 하나는 개별자를 이해하는 것이다. 그래서 우리는 누군가를 이해하기 위해 그 사람에게 이유를 묻는다. 왜 그런 일을 했는지를 아는 것을 통해 그를 이해할 수 있다고 생각한다. "너 왜 그랬니?"라고 물을 때 우리가 추구하는 것이 개별자에 대한 이해이다.

그러나 이보다 더 힘든 이해가 있다. 개별자에 대한 이해를 넘어 인간과 삶에 대한 보편적 이해가 확장되는 것이다. 지그문트 바우만에 따르면 이것이 교육과 상담의 차이다. 상담은 끊임없이 개별자에 맞추어 그 개별자가 상황을 돌파할 수 있도록 '맞춤형' 조언을 해주는 역할을 한다. '우리' 인간에 대한 보편적 앎이 아니라 바로 그 순간의 개별적 상황에 맞춰져 있다. 따라서 상담은 그 순간이 지난다면, 그리고 또 다른 사람이 나타난다면 더 이상 유효하지 않게 된다. 새로운 상황에 맞추어 새로운 상담이 필요하다. 상담은 언제나 '너' 혹은 '나'에 초점이 맞춰져 있다.

이에 반해 교육은 끊임없이 '우리'를 향해 나아간다. 보편적 지혜에 대한 의지라고도 할 수 있을 것이다. 다른 사람의 이야기를 듣는 것을 통해 개별적 대처법을 배우는 것만이 아니라 '우리' 인간의 운명을 발견한다. '공통의 것'을 발견하고 생각하려는 의지가 교육이다. 때로 그것은 인간 삶 자체의 운명에 대한 것일 수도 있고 시대에 대한 것일 수도 있다. 김상봉은 이것을 전인교육이라고 부른다. 흔히 착각하는 것처럼 고매한 인격의 존재로 성장하는 것이 전인교육이 아니다. 오히려 전인교육이란 인간의 보편성을 깨닫고 그 보편성에 기꺼이 동참하는 행위다. 그러려면 무엇보다 우리는 사건의 개별성을 넘어서야 한다. 그 개별성에서 '공통의 것'을 발견해내야 한다. 무의미와 죽음만큼 인간에게 공통된 것이 있을까?

바로 이 점이 그저 살리는 데만 목적을 두고 있는 한 교육이 교육일 수 없는 이유이다. 근대 이전의 교육은 삶보다는 죽음을 더 많이 가르치고 생각했다. 삶 자체를 무화시키는 죽음을 통할 때만 삶을 총체적으로 볼 수 있기 때문이다. 죽음을 사유하지 않고 삶을 생각하는 것은 불가능하다. 교육의 가장 궁극적인 목적은 바로 삶에 대한 통찰과 이해가 깊어지는 것이다. 그것을 우리는 성장이라고 부른다. 이런 점에서 앞서 말한 교사야말로 학생과 가장 깊이 있는 교감을 나눈 사람이다. 도대체 무의미를 공유하며 우리 인간 삶에 공통된 운명에 대해 서로 자각하는 것보다 더 크고 강한 배움이 어디 있겠는가?

그러나 안전 담론에 지배되면서 교육에서 죽음은 완전한 금기어가 되었다. 그저 살아 있도록 돌보기만 하는 생명권력은 절대 죽음을 공론화/담론화할 수 없기 때문이다. 살아 있게 하는 것이 중요하기 때문에, 이 권력은 죽음을 정면으로 응시하지 못한다. 죽음이 사람의 입에 오르는 것을 가장 두려워한다. 죽음이 등장하는 순간 생명을 돌보는 권력으로서의 자기 자신이 무화되기 때문이다. 자신의 존재 근거가 사라져버리는 것이다. 따라서 교육은 필사적으로 죽음을 은폐하고 회피하려고 노력한다. 지난 12월 대구에서 중학생이 학교폭력을 견디지 못하고 죽음을 택했을 때, "꽃이라도 한 송이 그 아이의 책상위에 놓아두었느냐?"는 기자의 질문에 "그 아이를 영웅 만들 일 있습니까?"라고 대답했다는 교감은 비겁한 사람이 아니다. 학교의 목적이 그저 살아 있게 하는 것이 전부이기 때문에, 죽음에 관해서 교육은 철저하게 무능하고 필사적으로 감추려고 할 수밖에 없다. 이 교감의 대답은 오늘날 학교가 그저 살아 있게만 하는 순수한 수용소가 되었다는 사실에 대한 가장 솔직한 고백일 것이다.

엄기호

박경신

**진보는 표현의
자유와 충돌하는가**

박경신 • 하버드대학교 물리학과를 졸업하
고, UCLA 로스쿨에서 법학 박사과정을 수
료했다. 현재 고려대 법학전문대학원 교수로
재직 중이며, 방송통신심의위원회 위원, 참
여연대 공익법센터 소장으로 활동하고 있다.
자유주의, 법치주의, 시장경제 등에 대해 고
민하며, 최근 표현의 자유를 지키고 넓히기
위해 학술 및 법률 활동을 하고 있다. 쓴 책으
로 『진실유포죄』, 『호모 레지스탕스』(공저),
옮긴 책으로 『생명의 지배영역』(공역) 등이
있다.

문제 제기: 진보는 표현의 자유와 충돌하는가[1]

노무현 정부는 현재 인터넷상 표현의 자유를 억압하는 세계 유일무이한 3대 악법을 만들었다. 인터넷실명제, 방송통신심의위원회의 인터넷심의, 임시조치제도가 바로 그것이다. 인터넷실명제는 이명박 정부가 인터넷에 올라온 글을 통해 국민을 감시하는 것을 가능케 하여 최근 '민간 사찰' 사태를 초래했고, 방송통신심의위원회의 인터넷심의는 2008년 「PD수첩」의 광우병 보도에 대한 기소와 언론소비자주권연대에 대한 형사처벌을 이끌어낸 전력이 있다. 게다가 이명박 정부 초기에 광풍을 일으켰던 '사이버모욕죄'도 노무현 정부에서 입안되었던 것이다.

이에 대해 노무현 정부가 표현의 자유에 대한 성찰이 부족했다고 말하는 것은 쉬운 일이다. 당시 이 제도들을 만든 사람들도 이미 지금은 폐지를 주장하고 있다. 그렇지만 이 글의 목적은 특정 진보 세력의 헌법적 또는 정책적 실수를 논하려는 것이 아니다. 일부 진보가 소위 '진보적인 이념'을 바탕에 두고 오히려 표현의 자유를 억압하는 제도를 옹호하는 주장을 펼치는 것에 반박하려는 것이다. 즉 '표현의 자유에 대한 진보적 반대'에 답하고자 하는 것이

1
명예훼손죄, 모욕죄, 인터넷실명제 등 개별 표현의 자유 규제에 대한 헌법적 논의는 『진실유포죄』(박경신, 다산초당, 2012)에 수록되어 있다. 이 글은 헌법적이 아니라 정치적인 논의를 하고 있으므로 법리적인 사항을 자세하게 다루지는 않는다.

지 '표현의 자유를 간과하는 진보 세력의 실책'을 지적하려는 것이 아니다.

　예를 들어 '명예훼손 형사처벌제도'를 보자. 광우병에 대해 보도한 「PD수첩」의 PD들이 명예훼손으로 기소당했다고 외국 친구들에게 이야기하면 항상 궁금해한다. 그 프로그램의 취지는 미국산 소의 광우병 감염 위험을 지적한 것이었는데, 그게 누구의 명예를 훼손한다는 것인가? 미국산 소? 미국산 소의 광우병 감염 위험이 낮다고 주장한 한국 농림수산부 장관의 명예를 훼손했다는 이유로 기소했다고 하면 더 궁금해한다. 응? 그럼 당신이 맛있다고 한 짜장면을 내가 맛없다고 하면 당신에 대한 명예훼손이 되는가? 당신의 고상한 미감을 훼손했다고?

　명예훼손 법리는 사실을 동원해서 타인을 비판하는 언사를 규제한다. 권력자는 자신에 대한 비판자를 탄압하기 위해 이 법리를 이용하고자 하는 유혹을 항상 느끼게 된다. 왜냐하면 명예훼손에 대한 형사처벌제도가 존재하면 그 형사처벌은 결국 검찰이 할 수밖에 없고, 검찰은 어느 나라나 권력자들의 영향력하에 있기 때문이다. 권력자들은 아무런 비용을 들이지 않고 자신에게 비판적인 개인 및 단체들에게 타격을 가하거나 이들을 제압할 수 있다.[2]

2

이에 따라 전 세계적으로 각종 인권기구들은 명예훼손 형사처벌제도의 폐지를 권고하고 있고(월드뱅크, 유럽의회 사무총장, 유엔사회경제권규약 특별조사관, 미주기구[Organization of American States] 등) 최고재판소들도 명예훼

「PD수첩」기소를 권력자가 자신에 대한 비판자를 탄압하기 위해 명예훼손 형사처벌을 남용한 사례라고 볼 수밖에 없음은 그 이후의 무죄 판결들에 의해 다시금 확인되었다.

그러나 명예훼손 형사처벌을 폐지하자는 주장에 대해 의외로 '진보적 반대'가 심하다. 형사처벌제도는 국가가 억울한 피해를 당하는 사람을 보호하는 기능도 수행하는데, 명예훼손 형사처벌제도의 폐지는 타인으로부터 개인의 평판을 보호하는 국가의 역할을 축소시키기 때문에 신자유주의적이라는 것이다. 특히 형사처벌제도가 없어지면 국민들이 타인에 의해 명예를 훼손당했을 때 민사소송을 할 수밖에 없는데, 돈이 있는 사람만 그런 소송을 제기할 기회가 있음은 말할 것도 없고 돈 있는 사람이 남의 명예를 훼손해놓고 민사소송의 벽 뒤에 숨는 경우도 생각할 수 있다는 것이다.

이와 같이 표현의 자유와 진보적 주장들과의 이념적 충돌은 자주 나타난다. 명예훼손죄가 사실에 근거하여 타인을 비판하는 것을 규제한다면, 모욕죄는 개인적인 감정이나 견해를 표명해서 타인을 비판하는 것을 규제하는 제도이다. 타인에 대한 평가를 너무 경멸적으로 하면 처벌하겠다는 것인데 이 역시 외국인들은 본능적으로 이렇게 느낀다. '그건 가진 자들의 위신을 보호하기 위한

손 형사처벌이 권력자에 대한 비판에 대해 내려질 경우 파기를 거듭하고 있다 (2006년 '라이샨코[Lyshanko] 대 우크라이나' 사건, 2004년 카네세[Canese] 대 파라과이 사건, 2004년 헤레라-유요아[Herrera-Ulloa] 대 코스타리카 사건).

거 아니냐.' 표현의 자유의 핵심은 권력과 가진 자들에 대한 비판인데, 타인에 대한 평가를 규제하는 모욕죄는 당연히 이들에 대한 분노의 표출과 선동을 어렵게 만든다.

실제로 모욕죄가 직접적으로 권력 비판에 대한 탄압에 동원된 적은 없다. 아마도 모욕죄가 친고죄[3]라서 권력자가 고소를 하게 되면 또다시 비판의 빌미를 주게 되므로 그런 것 같다. 하지만 수많은 정부기관 포스터들이 찢어지고 훼손되어도 아무런 처벌을 하지 않으면서 G20 포스터 쥐 그림에만 재물손괴죄를 적용한 것이나, 수많은 화가나 만화가들이 작품에 자기만 알아볼 수 있는 코드를 넣어도 그대로 두면서 이명박 대통령에 대한 욕설을 암호화하여 삽입한 원주시 시보 만화가에게만 업무방해죄를 적용한 것, 타인에 대한 욕설을 연상시키는 수많은 트위터 계정들을 그대로 두면서 '2MB18nomA'에만 정보통신망법을 적용해 차단 조치를 한 것 등은 모두 적용 법조만 다를 뿐, 선별적인 기소 및 제재의 이념적 정당화는 모욕죄에 의해 이루어진 것이다. 즉 '비판은 할 수 있지만 욕설은 어떤 상황에서도 안 된다'는 것이다.

하지만 모욕죄의 폐지에 대해서도 진보적 반대는 강력하다. 국가는 국민들이 상호 간에 감정적인 상처를 주는 상황을 최소화할 의무가 있으며, 모욕죄 폐지는 국가의 그러한 의무를 방기하는

3
범죄의 피해자나 그 밖의 법률에서 정한 사람이 고소해야 공소를 제기할 수 있는 범죄로 강간죄 등이 해당된다.

것이라는 주장이다. 더욱이 욕설은 대화를 과격하게 만들 뿐 민주주의에 도움이 되지 않는다며 모욕죄 폐지에 반대한다. 또 전라도 사람이나 외국인 노동자를 비하하는 발언 등은 약자에 대한 차별의 연장선상에 있으며, 따라서 이러한 '혐오 발언'을 국가가 규제해야 하기 때문에 모욕죄가 필요하다는 것이다.

쟁점이 되는 사안의 양쪽 주장을 균형 있게 보도해야 한다는 방송 공정성 확보를 위한 규제의 폐지에 대해서도 진보적 반대가 존재한다. 「PD수첩」의 광우병 보도를 비롯한 정부에 비판적인 방송을 규제하는 데 동원되는 공정성 심의는 방송의 자유를 그리고 국민이 그런 방송을 볼 자유를 침해한다. 그런데 일부 진보 쪽에선 방송에 균형 있는 보도의 의무를 부과하는 것이 방송의 공공적 성격에 부합한다고 생각하는 것이다. 하지만 이상으로서의 공정성과 국가 규제의 기준으로서의 공정성은 구별되어야 한다. 지금까지 방송에서 공정성 논란이 제기된 사례들이 모두 국가 행위에 대한 보도였음은 결코 우연이 아니다. 세계적인 추세를 보아도 방송의 공정성은 역사적으로 자율 규제의 이상이었을 뿐, 국가라는 외부적 압력이 방송을 규제하기 위한 기준은 아니었다. 진보는 다양한 목소리를 보장하려는 필요에서 나온 방송 공정성을 위한 규제책이 오히려 국가의 목소리를 수호하는 데 이용되고 있음을 기억해야 한다.

이뿐만 아니라 진실마저도 타인의 평판을 저해한다면 처벌해야 한다는 진실적시에 의한 명예훼손죄에 대해서도 '초상권', '인격권' 등 인권 보호라는 명목을 내세워, 진실을 말했어도 원칙적으로 타인에게 불리한 것은 처벌하고 공익적인 것만을 보호해야 한다는 현행법을 옹호하려는 진보적 반대가 있다.

이런 충돌들은 '제도냐 사람이냐'의 문제 때문에 발생하는 것인지도 모른다. 모욕죄, 명예훼손 형사처벌, 진실적시에 의한 명예훼손죄 등을 그대로 다 두더라도 검찰 개혁이나 대통령 선거만 제대로 하면 위와 같이 사회의 진보를 위협하는 사례들이 재발하지 않을 것이라는 주장이다. 이 주장을 완전히 거부하려는 것은 아니다. 그러나 진보적 반대의 상당 부분이 이념적이라는 점은 짚고 넘어가야겠다.

이념적이라는 것은 무슨 뜻일까? 로스쿨에 대한 일부 진보 진영의 반대에서도 '이념적인 거리'를 읽을 수 있다. 로스쿨 도입은 변호사 증원 운동 내지는 법률시장 개방 운동의 일환이었다. 물론 연 1천 명에서 2천 명으로 증원하는 대신 새로운 2천 명은 수천만 원의 등록금을 지불하는 과정을 마쳐야 한다는 거래가 이루어지긴 했다. 일부 진보 진영에서는 국가가 연수원생들에게 월급을 지급하는 기존 사법시험-사법연수원 방식이 법률서비스의 공공성을 보장하는 것이고, 변호사가 되기 위해 로스쿨에 등록금을 지불하는 방식은 '신자유주의적 민영화'라며 반대했다.

물론 이는 공공성의 의미에 대한 몰이해에서 비롯된 것이었다. 연수원생들이 국가 지원을 받아 변호사가 된 후에 모두 대한법률구조공단과 같은 공공서비스에 종사하거나 의사들처럼 최소한 건강보험 당연지정제로 묶여 공공서비스에 강제 편입되는 경우가 아닌 이상, 각자의 치부에 몰두하게 될 변호사들의 양성 비용을 국가가 부담하는 것은 복지가 아니라 반_反복지이기 때문이다. 물론 로스쿨 입학생 증원과 등록금이라는 장벽으로 인해 로스쿨 입학생들의 사회·경제적 배경이 상대적으로 보수화될 수는 있다. 그러나 하부구조 위주의 사고에 충실한다면, 그 부모들의 사회·경제적 배경에 관계없이 이들이 가지는 법률서비스 시장 내의 독점을 완화하는 것은 그 자체로 유효한 발전이다. 더욱 중요한 것은 로스쿨 등록금 문제는 로스쿨의 총정원제를 폐지하거나 사법시험의 부분적 부활을 통해 해결해야지, 지금의 2천 명 증원의 효과를 무산시키는 방식으로 해결해서는 안 된다.

로스쿨 논쟁에서 보이는 진보와의 '이념적 거리'는 표현의 자유에 있어서도 똑같이 반복될 수 있다. 혹자는 위와 같은 진보적 반대가 단지 일부 진보 세력들의 오해에서 나온 것이라고 생각한다. 국가의 형사처벌권과 관련해서 국가의 역할을 축소시키는 것을 '신자유주의적'이라고 비판하는 일이 진보 진영에서 일반적이지는 않으며, 시장 문제(혹은 사회복지제도)와 관련해서는 국가의 역할을 강화하려고 하지만 경제 외적인 부분에 대해서는 국가의 역할 강화를 경찰국가(감시사회)로의 복귀라고 하여 비판하는 진보 세력이 상당하다는 것이다. 그러나 현재 진보 세력이 경제 외적인 분야에서 국가의 역할 강화를 경계할 것이라고 생각하는 것은 지금의 정부가 진보적인 정부가 아니기 때문에 나타나는 착시 현상일 뿐이다. 위에서 말했듯이 인터넷 3대 악법을 만든 것은 노무현 정부였다. 진보 세력이 권력을 잡았을 때 공공성의 이름으로 표현의 자유에 대한 규제를 강화하려는 시도는 언제든지 다시 나타날 수 있다. 말하자면 진보 세력은 표현의 자유 문제를 제대로 이해하지 못하고 있는 것이다. 이러한 문제의식에서 이 글은 시작한다. 해결책을 살펴보기 전에, 우선 표현의 자유에 대해 기초적인 논의를 해볼 필요가 있을 듯싶다.

표현의 자유

표현의 자유의 내재적 가치:

사상의 자유와 인간성의 발현

우리가 표현을 소중하게 생각하는 이유는 무엇일까. 표현이란 항상 '무엇'의 표현이다. '무엇'의 표현이 아닌 표현은 없으며, 바로 그 '무엇'이 인간의 사상과 감정이다. 표현의 자유는 논리적으로 사상의 자유와 불가분의 관계에 놓여 있다. 또 실제로도 인간의 사상과 감정은 자신이 무엇을 보고 듣는가에 의해 규정되므로, 인간들 사이의 소통을 규제하는 것은 그들의 사상과 감정을 지배하는 것이 된다. 표현의 자유를 보호해야만 사상과 감정의 자유가 실질적으로 보호된다. 그리고 어차피 인간의 두뇌 속에서 벌어지는 정신 작용을 통제, 관찰하는 것은 불가능하므로, 우리는 사상과 감정의 자유를 보호하기 위해 표현의 자유를 보호하는 것이다.

표현의 자유에 대한 근대적 옹호론은 존 밀턴John Milton과 존 로크John Locke에 의해 제기되었는데, 두 사람은 각각 종교적 진실을 밝혀내야 할 개신교도적인 임무와 개인이 자유를 통해서 자신의 영혼을 구원받을 권리로부터 표현의 자유의 원리를 도출했다.[4] 표현의 자유의 기원이 무엇이건 간에, 표현은 항상 어떤 사상과 감정의 표현이며, 사상과 감정의 능력이 인간성의 고유한 내용이라고 할 때 그것은 인간성의 발현으로서 내재적 가치를 가진다. 따라서 표현의 자유를 인간의 소중함과 가장 직접적으로 연결된 자유라고 말할 수 있는 것이다.[5]

표현의 자유의 도구적 가치:[6]
인권 침해의 감시와 비판, 그리고 사회 발전

표현의 자유는 인권 침해를 막는 중요한 역할을 한다. 인권 침해는 권력을 가진 자들에 의해 가장 대규모로 가장 조직적으로

4

『실락원』의 저자이기도 했던 밀턴은 국가에 의한 출판허가제에 반대해 표현의 자유를 강변하며, 다음과 같이 표현의 자유론의 종교적 색채를 드러내는 명연설을 남긴다. "사람을 죽이는 자는 하나님의 이미지로 만든 이성적인 피조물을 죽이는 것이지만 책을 파괴하는 자는 이성 자체를 파괴하는 것이다."

5

T. Scanlon, 'A Theory of Freedom of Expression', *Philosophy and Public Affairs* 1(2), 1972, pp. 204~226; Martin H. Redish, 'The Value of Free Speech', *University of Pennsylvania Law Review* 130, 1982, pp. 591~645.

저질러진다. 인권을 보호하는 최선의 길은 인권을 침해할 힘을 가진 자들을 감시하고 비판할 수 있는 표현의 자유의 보장이다. 감시하는 눈과 비판하는 입이 없는 사회는 썩어갈 수밖에 없다는 단순한 진리는 표현의 자유 보호지수와 부패지수의 상관관계에 대한 국제기구들의 연례 조사에 의해 확인되고 있다.[7] 사실 군사독재 시절의 탄압은 경제적 탄압이기에 앞서 표현의 자유에 대한 탄압이었고, 민주주의를 위한 투쟁은 표현의 자유를 위한 투쟁이었다고도 말할 수 있다.

표현의 자유가 성경, 불경, 삼강오륜과 같은 '규범 문헌들'에는 나오지는 않고 여러 나라의 헌법에만 출몰하는 이유는 헌법이 국가권력을 창출하는 문서이기 때문이다. 국가권력은 언제라도 대규모의 인권 침해를 자행할 수 있다는 우려에 대한 반작용으로 표현의 자유가 등장한 것이다. 표현의 자유가 처음 법으로서 등장한 것도 바로 절대왕정의 권한을 제한하기 위해 만들어졌던 영국의

6

표현의 자유의 정당화 이론을 내재적인 것과 도구적인 것의 이원론으로 분류한 판결들로는 Luth Judgment 7 BverfGe 198, 208 (1958). (영문 번역은 D. Currie, The Constitution of the Federal Republic of Germany 175 (1999); Irwin Toy Ltd. v. Attorney General (Quebec), 1 S. C. R. 927, 976 (1989).

7

Transparency International, 'Global Press Freedom 2007' (www.freedom-house.org/uploads/fop/2007/pfscharts.pdf), *Transparency International Corruption Perceptions Index 2007*, Freedom House (www.transparency.org/policy_research/surveys_indices/cpi/2007).

'권리장전'(1689)이다.[8] 그리고 미국 '독립선언문'(1776)과 프랑스 대혁명 '인권선언'(1789) 이후부터, 표현의 자유는 국가에 의한 절대악이 발생할 수 있는 위험을 완화할 수 있는 제어 기제로서 모든 나라의 헌법에 포함되게 되었다.

국가권력에 대한 국민의 통제는 반드시 사악한 인권 침해를 막기 위해서만 필요한 것이 아니다. 우리는 그러한 통제 자체에도 큰 가치를 부여하고 있고, 이를 민주주의라고 부른다. 알렉산더 마이클존Alexander Meiklejohn은 표현의 자유와 민주주의와의 관계를 "권력자가 정보를 은폐하고 비판을 억압하여 유권자들을 조종할 수 있다면, 그것이 공익적인 목적으로 이루어진다고 하더라도 이미 민주주의의 이상에 어긋나는 것이다"라고 정리했다.[9] 그렇다. 국가가 국민의 의사를 조작하고 있다면 이미 국민은 국가의 주인이 아닌 것이다.

또한 이는 권력과의 관계에서만 의미가 있는 것이 아니다. 권력의 통제뿐만 아니라 문명의 진보에도 기여한다. 인류가 지식의 축적을 통한 문명의 발전을 경험하기 시작한 즈음에 존 스튜어트 밀John Stuart Mill은 『자유론On Liberty』(1859)에서 추후에 홈스Oliver W.

8

An Act Declareing the Rights and Liberties of the Subject and Setleing the Succession of the Crowne, 1 Will & Mary Sess 2 c 2.

9

Alexander Meiklejohn, *Free Speech and its Relation to Self-government*, New York: Harper Brothers Publishers, 1948.

Holmes 미국 연방대법관의 '사상의 자유시장론'으로 법제화될 이론을 펼친다. 사상의 자유시장 개념은 진실이 자유로운 사상의 경쟁과 투명한 공개적 토론의 장을 통해서 나온다는 점을 강조한다. 즉, 한때 허위나 불완전한 진실로 여겨지던 것이 시간이 흐르면서 상호 간의 자유로운 토론을 통해 진실로 밝혀질 수 있기 때문에, 어떤 생각이 허위라고 하여 처벌해서는 안 된다는 것이다.[10]

표현의 쌍방성과 표현-행위 이분법: 명백하고 임박한 위험 원리

표현이 아닌 인간의 다른 행위들도 물론 인간성의 발현일 수 있고 문명의 발전에 기여할 수 있다. 그러한 면에서 이런 행위들도 내재적 가치와 도구적 가치를 지니고 있다고 할 수 있다. 예를 들어 집을 짓는다거나 요리나 운전을 하는 것도 모두 인간성의 한 면인 지성의 발현일 수 있다. 뿐만 아니라 표현이 쌍방성을 띠고 있

10

홈스는 1919년 에이브럼스(Abrams v. United States, 250 U. S. 616) 판결에서 국가의 전쟁 수행을 방해하는 행위를 금지하는 간첩법(Espionage Act)을 미국의 대(對) 러시아 개입에 항의하는 총파업을 선동하는 전단에 적용할 수 있는가를 다룰 때, 다수의견에 반대되는 의견에서 사상의 자유시장론을 펼치면서 다음과 같이 말했다. "진실의 최선의 시험은 그 주장이 시장경쟁에서 받아들여지는 힘이며 (……) 그것이 우리 헌법의 논리이다. 물론 이 논리도 실험일 뿐이지만 인생은 모두 실험이다. 매년 또는 매일 우리는 불완전한 지식에 근거한 어떤 예언에 우리의 구원을 위탁한다." 즉 '사상의 자유시장론'도 사상의 자유시장 안에서 소화되어야 한다는 것이다.

는 것처럼 다른 행위들도 상호 간의 교환일 수 있다. 애플의 앱스 토어나 인터넷서점 아마존은 물건이나 용역의 교환도 문명 발전의 일환임을 보여준다.

그러나 이러한 물리적 행위들은 타인에게 직접적인 해악으로 나타날 수 있다. 집을 지으면 이웃의 조망권을 침해할 수도 있고, 집 짓는 과정에서 생기는 분진이 공기를 오염시킬 수도 있다. 요리도 어떤 재료를 사용하느냐, 어떻게 만드느냐에 따라 사람이 다칠 수 있다. 운전에 대해서는 자세하게 설명하지 않아도 알 것이다.

그런데 표현은 다른 인간의 행위와 결정적인 차이가 있다. 특별한 정황의 매개 없이, 그 자체로는 해악으로 나타나지 않는 것이다. 표현의 효과는 예외적인 상황을 제외하고는 일방적으로 나타나지 않으며, 항상 화자와 청자 사이의 상호적인 정신 작용을 통해 나타난다. 예를 들어 "차를 빨리 몰아라"라고 말했을 때, 그것을 들은 운전자가 수긍하여 행동으로 옮겼을 경우에만 과속이라는 해악으로 나타난다. 공격적인 언사라도 그 말이 실제 공격으로 이해될지의 여부는 청자의 해석 작용이 개입한다. 그렇기 때문에 표현 자체에는 규제를 정당화할 수 있는 해악이 동반되지 않는다. 즉 표현은 인간의 다른 행위와는 달리 인간성의 발현이라는 가치가 내재되어 있을 뿐 원칙적으로 해악을 동반하지는 않는다. 결국 표현이 타인에 대해 해악을 끼칠 때는 그 표현만이 원인이 되는 것이 아니라 그 말을 들은 청자와의 상호작용이 원인이 된다. 그러므로 표현을 규제하는 것이 금기시되어야 한다는 것이다.

존 스튜어트 밀은 이러한 인간의 행위에 보편적으로 배어 있는 내재적 가치를 보호하기 위한 자유론으로서 '해악론harm principle'을 제시한 바 있다. 해악론은 "개인의 자유는 타인에게 해를 끼치는 지점에서 끝이 난다"는 경구로 대표된다. 홈스 미국 연방대법관은 이 해악론을 직접 판결문에서 인용하지는 않았으나 그에 입각한 것으로 보이는 법 원리를 개발한다. 그는 표현의 효과는 그 자체로 나타나는 것이 아니라 화자와 청자의 쌍방 효과를 통해서 나타난다는 특성에 천착하여 바로 '명백하고 임박한 위험clear and present danger 원리'[11]를 제안했다.

자세히 살펴보자면, 존 스튜어트 밀은『자유론』에서 권력은 한 개인이 다른 개인에게 해악을 가할 때에만 개입해야 한다고 주장했다. 그런데 표현이야말로 한 개인이 다른 개인에게 해악을 끼칠 수 없는 행위이다. 누군가 나를 '바보'라고 한다고 할지라도 그러한 표현의 정황이 무엇이고(연인 간에 '바보'라고 말하며 사랑의 눈물을 흘릴 수도 있다) 내가 어떻게 반응하는가에 따라, 나는 정신적 피해를 당할 수도 있고 당하지 않을 수도 있다. 표현 자체가 악인 경우는 없다. 그렇다면 표현에 대한 규제를 어떤 해악에 대한 규제

11
우리나라 법률용어 중 대표적인 오역이 바로 '명백하고 임박한 위험'을 '명백하고 현존한(present) 위험'이라고 쓰는 것이다. 위험이 현존할 때 표현의 자유를 제한하는 것과 위험이 임박했을 때만 표현의 자유를 제한하는 것은 분명히 다르다.

로 보는 시각은 논리에 맞지 않다. 바로 이러한 이유로 대부분의 나라의 헌법은 표현의 자유를 일반적으로 명시하고 있지만 '행동의 자유'는 명시하고 있지 않다. 결국 표현은 행위와 달리 해악을 일으킬 명백하고 임박한 위험이 있는 경우, 즉 표현이 행위처럼 작동할 경우에만 규제할 수 있다는 이론이 확립되며, 이를 소위 '명백하고 임박한 위험' 원리라고 부르는 것이다.

홈스 미국 연방대법관이 1919년에 행한 또 다른 판결인 솅크 판결(Schenck v. United States, 249 U. S. 47)에서 이 '명백하고 임박한 위험' 원리가 어떻게 적용되었는지 볼 수 있다. 홈스는 이 판결에서 징집을 방해하는 행위를 금지한 간첩법이 징집 반대 전단에도 적용될 수 있는가를 다루면서, 표현이 성격상 그리고 정황상 '실체적인 해악substantive evils'을 발생시킬 명백하고 임박한 위험이 있을 때만 처벌할 수 있다고 했다. 특히 명백하고 임박한 위험이 있는 상황의 예시로서 홈스 판사는 "사람들이 가득 찬 극장에서 '불이야'라고 소리지르는 행위"를 언급했다. 즉 그는 표현이 물리적 힘force이 가해졌을 때와 같은 효과를 낼 경우에만 그 억제가 정당화된다고 했고, 이는 표현의 자유를 보호하는 대원칙으로 기능하게 되었다.

명예훼손이나 사기를 처벌하는 법도 표현을 규제하는 법이지만 합헌성이 인정되는 이유는, 말만으로 제3자가 명예훼손 피해자에 대해 취하는 물리적 행동을 변화시키거나 사기 피해자의 재산권을 변화시킬 수 있기 때문이다. 하지만 똑같은 허위의 주장이라고 할지라도 특정한 피해를 발생시킬 정황이 없는 명예훼손적 주장이나 사기성 언사들을 규제하는 소위 '허위사실유포죄'는 전 세계적으로 위헌 판정을 받고 있음은 물론, 유엔인권위원회 등에서 수차례 폐지권고를 낸 바 있다.

자세히 살펴보면 사상의 자유시장론 역시 표현의 쌍방성에 의지하고 있음을 알 수 있다. 사상의 자유시장이 허용되는 것은 표현이 그 자체로 해악을 곧바로 발생시키지 않기 때문이다. 명백하고 임박한 위험이 없는 한 어떤 표현에 동의하지 않는 타자가 다른 식의 대응을 할 기회가 있기 때문에 사상의 자유시장은 그 유지가 정당화되는 것이다.

그런데 이렇게 생각하면 이 쌍방성은 표현에만 적용되는 것이 아님을 알 수 있다. 인간의 모든 소극적 행위, 즉 사상을 가진다거나 어떤 행위를 남에게 드러내지 않고 사적으로 하는 경우도 규제 대상이 되어서는 안 될 것이다.

표현의 자유에 대한 진보의 이해

그렇다면 진보는 표현의 자유를 어떻게 이해할 것인가?

사상의 자유시장과 자본주의 시장은 구분되어야 한다

진보의 핵심에는 사회 구성원들과의 강한 연대성이 있다. 진보는 연대성을 기초로 경쟁의 결과를 완화 또는 보완하는 시장 규제와 사회적 안전망의 도입을 주장해왔다. 그런데 그러한 시장 규제의 원리가 사상의 자유시장에도 똑같이 적용될 수 있을까?

무엇보다도 사상의 자유시장은 경제적인 의미에서의 시장과는 달리 마르크스주의가 이야기하는 교환가치가 노동 소외의 매개로 작동하는 시장이 아니다. 물론 마르크스주의 경제학이 진보의 전부는 아니다. 진보가 공통적으로 중시하는 것은 연대성이며 경쟁의 결과로서의 도태의 문제이다. 그리고 사상의 자유시장에도 경쟁과 도태의 문제가 있다. 그러나 사상의 자유시장에서 특정 표현이 도태되는 것과 일반시장에서 어떤 사람이 도태되는 것에는 다른 평가가 내려져야 한다. 사람이 시장에서 도태되면 인간성을 실현할 물적 기반이 없어지지만, 사상이 시장에서 도태된다는 것은 그 사상을 가진 사람들의 생각이 바뀐다는 의미이다.

즉 표현-행위 이분법에 따르자면 생각이 바뀌는 과정 자체가 폭력적이지는 않다. 일반적인 시장에서 사람이 도태될지의 여부는 그 사람의 시장 지배력 등 타인과의 소통을 통하지 않은 물리적 과정을 통해 결정되지만, 사상의 자유시장에서 사상이 도태될 때는 지적 소통을 통한 수용자들의 선택 과정이 작동한다. 작은 가게들이 많은 곳에 기업형 슈퍼마켓SSM이 들어서면 소상인들은 이에 대해 아무런 반론을 제기하지 못하고 도태된다. 그리고 이러한 도태는 대형업체가 물량을 다량 확보함으로써 소매상들을 가격경쟁에서 탈락시키는 단순한 힘의 논리에 의해 발생하게 된다. 이 시장의 도태에서 생각이 바뀌는 사람은 아무도 없다. 표현과 행위 이

분법은 이렇게 일반적인 시장과 사상의 자유시장을 구분할 것을 요구한다.

더욱이 진보가 원하는 것이 자비 없는 시장 원칙에 대한 규제라면, 그리고 그 규제의 목표가 경쟁 결과의 완화 내지 보완이라면, 이를 위해 사상의 자유시장은 더욱 활성화되어야 한다. 사상의 자유시장을 통해 규제들을 만들어갈 수 있기 때문이다. 규제를 반대하는 쪽은 도리어 사상의 자유시장을 필요로 하지 않는다. 조용히 움직이는 우월한 경제력만 가지고도 그러한 규제를 패퇴시킬 수 있기 때문이다.

사상의 자유시장을 통해 견제해야 할 또 다른 '시장'도 있다. 현실 속의 민주주의는 대의민주주의이다. 국가가 폭력을 독점하되 국가의 운영자들은 선거를 통해 국민으로부터 위임을 받는다. 그런데 선거 역시 시장적인 측면이 있다. 토론으로 승자가 나오는 것이 아니라 개개인들이 알아서 선택을 하고, 그 선택들의 합계가 결과를 지배한다. 그런 운영 방식은 경제적인 의미의 시장과 다를 바가 없다. 결국 선거'시장'의 부정적 결과를 완화할 필요가 생기는데, 그때 역할을 하는 것이 바로 사상의 자유시장이다.

결론적으로 말하자면 사상의 자유시장은 진보가 규제의 대상으로 삼아야 할 시장이 아니다. 보수 측에서야 규제의 대상으로 삼을 수도 있겠지만 그것은 보수의 몫일 뿐 진보는 그럴 필요가 없다. 아니 사상의 자유시장을 되도록 확대하는 것이 진보의 몫이다.

박경신

사상의 자유시장이 자본주의 시장을 억제한다:
평등의 수단으로서의 자유

복지국가론자들이 간과하고 있는 것은 표현의 자유가 보장되지 않고는 평등을 달성해낼 수 없다는 점이다. 시장과 국가는 모두 양극화를 더욱 심화시키는 성향을 가지고 있다. 그래서 이 성향에 저항하는 정치적 활동은 계속되어야 하며, 따라서 '표현의 자유라는 수단은 공공성이라는 목표만큼 중요하다.'

이 말을 되새겨야 한다. 표현의 자유를 공공성의 이름으로 제한하는 경우가 있기 때문이다. 표현의 자유가 제한되면 공공성 강화를 위해 사람들을 조직하고 설득하기도 어려우며, 공공성을 해체하려는 강자들의 노력에 대한 약자들의 감시와 견제도 어려워진다. 이명박 정부하의 대한민국을 보면 표현의 자유가 평등을 쟁취함에 있어 얼마나 중요한지를 알 수 있다. 비정규직 개혁을 위해서도 정규직 노조의 조직을 위해서도, 업무방해죄가 폐지되어 자유로운 파업을 통한 의사 표현이 허용되는 것이 중요하다.

앞에서 언급한 바 있는 방송의 공정성 심의도 표현의 자유를 제한하기는 마찬가지이다. 공정성 심의라고 하면 겉으로는 좋아 보이지만, 사실은 '말할 필요'가 절절한 사람에게 불리하다. 예컨대 FTA를 체결할 권한을 가진 정부는 홍보할 필요도 없이 그냥 체결하면 되지만, 이를 막고자 하는 쪽은 더 많은 사람들에게 더 많은 이야기를 해야 한다. 힘들게 방송에서 발언할 기회가 생겼는데 균형을 맞추기 위해 정부 정책을 지지하는 내용이 항상 뒤따른다면, 그만큼 발언의 효과가 떨어진다. 국민들에게 양쪽 이야기를 다 듣도록 해주는 것이 두렵다거나 나쁘다는 것이 아니다. 문제는 항상 양쪽의 이야기를 다 듣도록 법으로 강제하는 것이 변화를 더욱 어렵게 만든다는 것이다.

게다가 우리가 이미 기존 법에 의해 보장되고 있는 사회복지 정책을 지키려고만 하는 것이 아니라 더욱 확대하고자 한다면, '말할 자유'의 중요성은 더욱 간절해진다. 변화의 목소리는 그 사회의 기득권 세력이 보기에는 필연적으로 편향적이며 '불공정'하기 마련이다. 재개발에 반대하는 상가 세입자들의 농성은 기존 법체제의 입장에서 보기에는 부당하고 불공정한 것이다. 수십 년간 지가를 높여놓은 상가 세입자의 권리금을 인정하지 않는 스스로의 부당성에도 불구하고 말이다. 양자의 입장을 똑같이 '공정'하게 방송해야 한다면, 손해를 보는 것은 '불공정'한 목소리를 계속 내서 더 많은 사람들을 설득해야 하는 사회 개혁 세력이지 목소리의 힘을 빌릴 필요 없이 묵묵히 재개발을 강행할 수 있는 기득권 세력이 아니다. 50 대 50으로 균형이 맞추어져 있지 않다고 하여 진보 인사들이 출연하는 방송 프로그램들이 규제당하는 상황은 방송이 수행할 수 있는 비판의 칼날을 무디게 만드는 것이 아닐까?

공공성과 표현의 자유 사이의 이러한 거짓 충돌은 형법 규제들에서도 똑같이 나타난다. "표현의 자유도 중요하지만 모욕죄,[12] 진실적시에 대한 명예훼손죄,[13] 업무방해죄[14] 등을 없애면 일반 시민들이 당하는 모멸감, 사회적 명예손상, 업무방해 등은 구제

될 길이 없다"는 주장이 대표적이다. 그런데 실제 이 범죄들에 의
한 피해를 주장하며 고소하는 자들이 주로 누구일까? 서민들의 자

12

모욕감은 자신의 기대치보다 낮은 평가를 받을 때 생긴다. 기대치와의 간극이
크면 클수록 더 모욕을 느끼게 된다. 그런데 청자의 주관적인 기대치에 따라 유
죄 여부를 결정할 수는 없으므로 다양한 정황을 고려하여 화자의 합리적인 기
대치를 객관적으로 측정할 수밖에 없을 것이다. 화자의 합리적인 기대치를 가
장 크게 좌지우지하는 것은 결국 화자와 청자의 상대적인 사회적 지위이다. 실
제로 모욕죄의 발원지인 독일에서 모욕죄는 귀족들 간의 결투를 양성화하기
위해 도입된 제도로 시작되었다. 결투는 귀족들만이 서로에게 신청할 수 있는
것이었으므로, 모욕 때문에 피해를 당했다는 주장도 귀족들만 할 수 있었다. 현
재 우리나라 형법 교과서들은 모욕죄가 명예감정(위신)이 아니라 '외부적 명
예'를 보호하기 위한 것이라고 하고, 이 외부적 명예가 사회적 평판을 의미한다
고 하여 모욕죄를 정당화하고 있는데 이는 오독이다. 독일 학자들이 '외부적 명
예'란 말을 쓴 것은 사회적 지위를 가진 사람만이 모욕죄 피해를 주장할 수 있
다는 의미였으며, 모욕죄가 개인의 구체적 평판을 보호하는 제도는 아니었다.
박경신·김가연, 「모욕죄의 보호법익 및 법원의 현행 적용방식에 대한 헌법적
평가」, 『언론과 법』 제10권 2호, 2011.

13

진실적시에 의한 명예훼손은 권력비리에 대한 고발을 매우 어렵게 만든다. 진
실 보도일 경우에도 공익적이라는 것을 모두에게 확신시키는 것이 어려울 때
가 많아 주저되고—장자연 성상납 사건에 대해서도 언론사주의 성생활은 사
생활 아니냐는 사람들이 있다—진실 여부가 불확실한 언사의 경우 진실과 허
위가 모두 처벌되는 것이다. 이러다 보니 검찰이 허위 입증을 반드시 할 필요가
없다는 법조계 내부의 착시 현상이 생겨, 허위 입증이 되지 않은 상황에서 진실
이라는 근거가 불충분하다고 하여 처벌되는 사례들이 빈발했다. 예를 들자면
정봉주 BBK 판결, 노회찬 안기부 X파일 판결 등이 그러하다. 박경신, 「진실적
시에 의한 명예훼손 처벌제도의 위헌성」, 『세계헌법연구』 제16권 4호, 2010.

14

업무방해죄도 표현의 자유를 차단한다. 타인의 업무를 방해하는 표현은 많이
있다. 국제 사회는 노동자가 담합하여 노무 제공을 거절하는 것을 물리적 해악

긍심 및 행복추구권 보호를 위해 이 법제들이 얼마나 이용되고 있는가?

표현은 타인의 감정을 상하게 할 수도 있지만, 설사 그렇더라도 표현의 자유가 보장되지 않으면 훨씬 더 심한 인권 침해의 주체인 권력자들에 대한 비판과 견제를 하기가 어려워진다.[15] 정부의 고환율 정책 때문에 키코KIKO 폭탄을 맞아 회사를 잃은 중소기업 사장은 정책권자에 대해 욕이라도 해야 자신의 분노를 정확히 전달할 수 있지 않을까? 언론사들은 장자연 리스트에 누가 거론되었는지 자체는 진실이며 그것을 밝히는 것이 명백히 공익적임에도 불구하고, 왜 모래더미 속에 얼굴 파묻기식의 익명보도를 할 수밖에 없는 걸까? 정봉주는 이명박 대통령이 BBK 주가 조작에 개입

이 없는 것으로 보기로 이미 합의했고, 이것이 바로 노동3권 중의 단체행동권으로 결실을 맺은 것이다. 그렇다면 파업은 노동자들의 노동 조건에 대한 불만의 표시 그 이상 그 이하도 아니다. 하지만 우리나라는 파업 자체를 범죄시하고 있는데 이것으로 제약받는 것은 표현의 자유이다. 파업이라는 소극적 행위를 넘어서는 사업장의 기물 파손 등에 대해 법적 책임을 떠안는 것은 어쩔 수 없다. 하지만 이러한 파괴적 행위는 경찰의 물리력을 동원한 탄압이 시작되면서 나타나는 것이다. 경찰 개입의 법적 근거로 사용되는 업무방해죄는 소극적인 파업 자체도 범죄시하고 있는 데에서 나온다. 업무방해죄만 없어진다면 파업 자체에 대해서는 경찰이 개입할 여지가 없어지고, 사업장 기물 파손이나 그에 대한 민사 손해배상 사건도 많이 줄어들 것으로 보인다. 박경신·손익찬, 「위력에 의한 업무방해죄의 위헌성: 쟁의 행위와 소비자보호 운동을 중심으로」, 『공익과 인권』 제9호, 2012.

15
개별 법제들에 대한 자세한 논의는 『진실유포죄』(박경신, 다산초당, 2012)를 참고하라.

하지 않았다고 판시한 법원이 없었음에도 불구하고 왜 감옥에 가야 했을까? 업무방해죄는 주로 노동자들의 파업을 막기 위해 이용되고 있을 뿐, 깡패나 건달에게 자릿세를 뜯기는 노점상들이 과연 검찰청에 가서 그들을 업무방해죄로 고소하는 것이 몇 건이나 되겠는가?

일부 진보 세력은 권력자들에 대한 비판과 견제인 경우에만 위와 같은 형법적 규제들을 적용하지 않는 쪽으로 개정하는 타협안을 제시하기도 한다. 그러나 정치는 대표 행위일 뿐 실제 권력을 갖고 있는 세력들은 겉으로 드러나지 않은 경우가 많으므로, 그것이 근본적인 해결책이 될 수는 없다.

표현의 자유가 보장되어야 국민이 세금을 낸다

사상의 자유시장에의 적극적 참여는 국민들의 자긍심을 고취시키며 정부와 국민의 관계를 피감시자와 감시자의 그것으로 (거꾸로가 아니고!) 올바르게 위치짓는다. 이러한 관계에서 국민은 정부를 신뢰할 수 있게 되는데 이것은 공공성의 확대로 이어진다. 공공성 확대의 물적 기반인 세수 확대를 위해서는 국민들이 세금을 낼 정도로 정부에 대한 신뢰가 있어야 한다. 여기서 정부에 대한 신뢰는 '내 뜻대로 움직여줄 것'이라는 신뢰가 아니다. 국가의 주인인 국민의 의견과 감정을 존중해줄 것이라는 신뢰다.

우리는 국민의 일원으로서 국가의 주인임을 반복적으로 확인시켜줄 필요가 있는데, 물론 가장 중심적인 제도는 선거다. 그러나 선거만큼 위험한 것이 또 없다. 1987년 헌법은 국민에게 대통령을 직접 뽑을 수 있는 권리를 줌으로써 '주권'을 확인시켜주었지만, 결국 '너희들이 직접 뽑았으니 내 마음대로 한다'는 정권의 탄생을 초래했다. 사실 선거의 본질은 다수결이다. 이보다 더 시장주의적이고 승자 독식적인 것이 또 어디 있는가? 막가파 정부의 출현은 선거의 시장적 본질의 발현이다.

진정 국민이 국가의 주인임을 느끼도록 해주는 것은 국민 스스로가 직접 정치에 참여하도록 하는 것이다. 물론 대의제를 지나치게 신봉하고 있는 우리나라에는 직접민주주의가 더 필요하기는 하지만, 여기서는 직접민주주의를 말하고자 하는 것은 아니다. 유권자가 선거가 끝난 후에도 자신의 대표들을 견제·감시할 필요가 있다는 것이다. 이런 필요를 충족시켜주는 것이 바로 '표현'이다.

국민이 정부에 대한 신뢰가 가장 떨어질 때가 언제겠는가? 국민의 말대로 하지 않았을 때가 아니다. 국가의 주인으로서 견해를 밝혔는데 감옥에 처넣으려 한다거나 사상을 통제하기 위해 국민들이 보는 방송이나 교과서를 통제하려고 할 때, 국민은 확실히 주인으로서 대접받지 못한다고 느낄 것이다.

사실 이명박 정부는 양극화를 심화시킨 잘못만 있는 것이 아니다. 정부에 대한 신뢰 자체를 땅에 떨어뜨려 다음에 어떤 정권이 들어서도 공공성을 확대하기 어렵게 만들었다. 조세율 같은 것은 정권이 바뀔 때마다 바꿀 수 있는 것이 아니다. 정부에 대한 불신은 지금의 야당이 정권을 잡는다고 해서 세금을 올려도 될 정도로 쉽사리 회복되지는 않을 것이다. 또한 세금을 늘리자는 주장에 대해서 '다음 선거에서 그 세금으로 국민을 탄압하는 정부가 들어서면 어떡하느냐'라는 두려움도 있다.

물론 표현의 자유의 보장은 양날의 칼과 같다. 세금을 줄이자는 주장, 민주주의에 반대하는 주장 등등도 모두 보장되어야 한다. 하지만 감수하며 가야 한다. 반동적인 표현의 자유를 감내하며 이루어낸 제도만이 공공성을 성취해낼 수 있다.

모욕 및 명예훼손에 대한 형사처벌제도에 대한 진보의 집착이 우리나라 특유의 '대세' 심리와 '빨리빨리' 근성에 근거한, 다수의 힘으로 '좋은 일'을 달성하겠다는 독재적 수단은 아닌지 성찰해보아야 한다. 언론을 자제시켜가며 생명공학 대국을 만드려고 했던 전 노무현 대통령과 유시민이 생각난다. 물론 이명박 정권이라면 MBC「PD수첩」을 '줄기세포는 없다'는 허위를 유포하여 공익을 해하고 황우석과 친 황우석 정부 관리들의 명예를 훼손했다는 이유로 처벌하려 했을지도 모른다. 하지만 노무현 정권 역시 정권을 잡은 후 비판하는 자들을 '귀찮은 참견꾼'으로 규정하고, 되도록 그 비판의 힘을 약화시켜 자신들의 의지대로 정책을 펼치려는 욕심을 부렸던 것은 아닐까. 실명제 도입, 사이버모욕죄 논의 등이 노무현 정부의 인기가 하향곡선을 그리던 시점에서 이루어졌다는 것을 생각해보아야 한다.

물론 노무현과 김대중 정부 때는 지금과 같은 표현의 자유에 대한 탄압은 없었다. 그리고 이번 정권의 법의 운영자들은 완전히 다른 사람들이다. 하지만 변혁은 '우리 편'이 이기는 것이 아니다. 선거에 이겨서 정권을 삽는 것이 민주주의의 퇴보를 막기 위해 중요한 것은 맞다. 하지만 진짜 변혁은 선거에서 지더라도 자신의 목소리를 어느 정도 관철시킬 수 있는 시스템을 마련하는 것에서 온다. 현 정부는 우리를 분노케 하는 수많은 사건을 일으켰고, 우리는 이 분노를 발판 삼아 다음 선거에서 승리할지도 모른다. 그러나 우리가 정권을 잡은 후에 우리의 욕심 때문에 이런 악법들을 유지한다면, 그것은 '우리 편'이 이긴 것이지 다음 선거의 패배가 곧 암흑기가 되어버릴 국민이 이긴 것은 아니다.

　　　또한 개혁 세력은 공공성의 내용을 스스로 결정하고 시민들이 이를 따르도록 강요해서는 안 된다. 시민에게 정보를 개방하고 자유롭게 비판하도록 하여 스스로 자긍심을 갖도록 하여야 한다. 이 자긍심이야말로 공공성의 토양이다.

　　　2009년 말 미국에서는 라디오방송국을 보수 인사들이 장악하면서, 한동안 폐지되었던 공정성 심의를 복원하려는 움직임이 일부 민주당 인사에 의해 주도된 적이 있다. 하지만 오바마 대통령은 이에 반대했다. 그럴듯해 보이는 공정성 심의의 칼날이 어떻게 '조용히 있어도 만사가 괜찮은 기득권층'을 비판하려는 사람들의 표현의 자유를 옥죄는지 잘 알고 있기 때문이다. 대통령의 권한을 무작정 행사하여 개혁을 하지 않겠다는 것, 개혁을 '날로 먹지' 않겠다는 것이다.

우리나라에서는 신자유주의가 문제가 아니라
자유주의의 부재가 더 심각하다

진보는 역사 발전의 단일한 방향성을 믿는 사람들의 머릿속에서 만들어진 환상 같은 것이다. 종교가 환상인 것과 마찬가지이다.[16] 즉 역사는 발전하게 마련이라는 것인데, 시대에 따라 발전의 의미는 달라질 수밖에 없다. 현재 우리나라의 진보는 표면적으로는 아마도 신자유주의에 대한 반대로 정리될 수 있을 것이다.

케인스 이론을 도입한 수정자본주의의 실패를 지적하고 경제적 자유방임주의를 주장하면서 1980년에 등장한 신자유주의는 더불어 사는 삶, 즉 공공성과 연대성을 해체하려는 특징을 보인다. 그런데 지금 우리나라에서는 신자유주의에 대한 반대가 중요할까, 국가에 대한 감시와 비판이 중요할까?

신자유주의는 구체적으로 사회복지제도의 해체를 의미하며, 따라서 신자유주의에 대한 반대는 사회복지제도가 어느 정도 갖춰진 나라에서 엄청나게 중요할 것이다. 하지만 우리나라는 그런 나라가 아니다. OECD 국가 중에서 GDP 대비 조세율도 꼴찌지만, 이 적은 세수 가운데 사회복지 예산의 비율도 꼴찌다. 결과는 뻔하다. OECD 국가 중 자살률 1등이다. 물론 핀란드처럼 복지

16
물론 환상이 아닐 수도 있다. 그러나 어차피 신의 영역과 인간의 영역은 만날 수 없는 것이며, 만나는 순간 그것은 신의 영역이 아니게 된다. 종교는 환상으로서 우리에게 의미가 있다.

국가들 가운데에도 자살률이 높은 나라들이 있지만, 사회안전망과 밀접한 관계를 맺고 있는 노인 자살률은 우리나라가 이 복지국가들을 5~10배 압도할 정도의 1위이다.

우리나라는 기존의 사회복지제도를 지키는 것이 아니라, 사회복지제도를 더 강화하고 확대하기 위한 싸움을 벌여야 하는 국면에 있다. 그 싸움은 무엇으로 하는가? 말로 할 수밖에 없다. 사람들에게 진실을 알리고 설득하고 분노케 해야 한다. 이를 위해서는 표현의 자유가 보장되어야 한다. 지금 우리에게 표현의 자유는 공공성 자체만큼이나, 신자유주의 반대만큼이나 중요한 것이다.

OECD 국가들 중에서 가장 낮은 조세율 25퍼센트는 통합진보당도 못 건드리고 있다. 자신들의 정부를 스스로 조직해본 경험, 제도 정치는 아니더라도 현재 유럽을 강력하게 뒷받침하고 있는 풀뿌리 정치에 참여한 경험이 별로 없는 우리 국민은 아직도 정부를 믿지 못하고 있기 때문이다. 이것을 건들지 못하면서 개혁을 말하는 것은 '눈 가리고 아웅'일 뿐이다. 조세율 이야기를 하지 못하면서 용산참사에 대한 해법을 이야기하는 언론이나 의료보장제도의 허술함을 이야기하는 영화 「식코」는 그래서 힘이 빠진다.[17]

17
「식코」는 시장에 대한 광신의 폐악을 깨우쳐주며, 미국의 국가의료보험을 둘러싼 '빨갱이' 소동을 비판하는 영화다. 관타나모 기지에 찾아갔다가 쿠바에 가서 싼 값에 약을 사면서 울어버리는 9·11 영웅의 모습은 오랫동안 기억될 것이다. 그러나 「식코」가 빼놓은 이야기가 있다. 캐나다, 영국, 일본의 '보편적 무상 의료복지(free universal health care)'의 물적 기반은 바로 높은 조세율이다.

결국 야당일 때든 여당일 때든 시민들이 인터넷을 통해, 집회와 시위를 통해, 법정소송을 통해, 변호사를 통해 자유롭게 공적 사안을 논평하고 참여할 수 있는 자유를 보장하고, 이와 같은 경험을 가진 시민들이 정부와 시스템을 믿게 될 때(믿고 세금을 더 낼 준비가 되었을 때), 우리는 진정한 개혁을 이야기할 수 있을 것이다.

자유주의는 신자유주의와 다르다: '평등을 통한' 자유의 실현

표현의 자유는 정치적 자유주의liberalism의 핵심을 이루고 있다. 그런데 자유주의를 신자유주의와 연결하여 생각하는 사람들이 많다. 신자유주의는 표현의 자유를 중심으로 하는 자유주의와는 근본부터 다르다. 신자유주의는 1980년대에 등장한 정치 사조로 사회복지제도의 해체 및 공공기업 민영화를 핵심으로 한다. 자유주의는 도리어 이에 정면으로 반대되는 정치 사조이다. 미국에서 자유주의자 혹은 '리버럴liberal'은 잘 살펴보면 이름과 걸맞지 않게 상당히 평등 지향적이다. 소위 '큰 정부'를 주장하고 부의 재분배, 사회복지 예산의 확충을 정책 목표로 삼고 있다. 애덤 스미스, 존 로크 등으로 대표되던 고전적 자유주의자들과는 경제적인 면에

높은 조세율이 유지되는 것은 부의 재분배를 통해 부자가 가난한 사람을 돕는 것이 당연시되기 때문인데, 이러한 연대성은 어디서 나오는가. 정치에 대한 참여가 보장되기 때문에 가능한 것이다. 정치 참여가 보장됨에도 불구하고 조세율을 높이지 못하는 미국의 특수성에 대해서는 또 다른 논의가 필요할 것이나 여기서는 다루지 않는다.

서 지향이 다르다. 때문에 '리버럴리즘liberalism'의 '리버럴liberal'이 정부의 '인색한 씀씀이conservative spending'에 반대되는 '넉넉한 씀씀이 liberal spending'에서 유래한 것으로 오해하는 사람이 있을 정도이다.

그렇다면 현재의 자유주의자들은 어디서부터 다른 길을 가게 된 것일까? 거꾸로 묻자면 미국의 평등주의자들은 왜 스스로를 자유주의자라고 부르는 것일까? 자유만을 최고의 목표로 삼는 것이 인간만이 추구하는 이상 중의 하나인 평등을 부인하고 인간성을 파괴할 수 있다는 생각을 하는 이들이 왜 자신을 자유주의자라고 부를까? 고전적 자유주의자의 이상을 재산권을 비롯한 모든 경제 원리에서 승계한 자유지상주의자libertarian들이 자신을 그렇게 부르는 것은 이해가 가지만 말이다.

2008년 11월 방한했던 세계적 자유주의 법철학자 로널드 드워킨은 이와 같은 평등 지향적인 목표가 평등 자체를 위한 것이라기보다는 평등을 통해 자유를 보장하기 위한 것이라고 말한다.[18] 한 사람이 10개의 빵을 가지고 있고 나머지 아홉 사람이 1개의 빵

18

드워킨은 사회취약계층을 대학교 입학이나 공직채용에서 선호하는 정책은 단지 계층별로 숫자를 맞추려는 것이 목표가 아니고 사회취약계층이 자유로운 정치 참여를 하기 위해 필요한 자원을 제공하는 것이라고 하며, 그래서 '자원의 평등'이라는 말을 쓴다. 즉 미국의 리버럴들은 정치적 자유주의자이며 정치적 자유를 위해 경제적 자유는 희생할 수 있다고 생각하는 것이다. 그래서 이들은 표현의 자유, 존엄사, 낙태 등에 있어 생명 등의 객관적 가치의 추구보다는 개인의 결정권을 보호하고자 한다. 이에 대한 가장 통렬한 예는 낙태 시술도 의료보장제도의 수급 대상에 포함시켜야 한다는 미국의 리버럴들의 주장일 것이다.

을 가지고 있다면, 아홉 사람은 10개의 빵을 가진 자의 영향력으로부터 자유로울 수 없다. 하지만 전부가 동일한 개수의 빵을 가지고 있다면 모두가 자유로울 수 있다. 이와 같은 평등을 통한 실질적 자유의 보장이라는 개념은 미국의 반독점법 속에도 잘 녹아 있다. 즉 진정한 자유는 평등을 필요로 한다. 신자유주의는 바로 자유를 위한 규제, 즉 '자유 규제'를 철폐함으로써 모든 사람들의 자유를 죽인다. 신자유주의는 사실상 반反자유주의다.

자유와 평등을 상호 대치되는 개념으로 파악하는 경향은 식민지의 경험이 제2차 세계대전의 종식과 함께 끝나면서 민족해방 전선과 반공 노선의 충돌을 심하게 겪은 개발도상국에서 두드러진다. 자생적인 민주국가 건설의 경험을 갖고 있는 국가들에서는 자유와 평등은 반대항이 아니다. 미국은 자유가 보장되면서 평등이 엄청나게 파괴된 것처럼 보이지만—즉 소득 격차가 큰 것처럼 보이지만—유럽의 평등은 엄청나게 높은 조세율에 의해 확보된 것이다. 과세 이전 소득을 계산한다면 사회민주주의의 이상인 북구 유럽 국가들이 미국보다 더 불평등하다. 즉 소득의 재분배를 통한 사회복지 예산이 전제되면 자유와 평등은 대치되는 개념이 아니며, 이와 같은 국가의 개입은 당연시된다.

이런 국가의 개입을 축소하자는 사상이 '새로운neo 자유주의'이지만, 이는 현대 자유주의와는 큰 차이가 있다. 당연히 진보의 목표는 자유와 평등을 화합시키는 국가의 개입을 위해 투쟁하고 신자유주의에 맞서 싸우는 것이 되어야 한다.

하지만 잊지 말아야 할 것이 있다. 그와 같은 투쟁의 목표는 자유의 획득이지, 자유를 어누르는 국가후견주의 자체가 목표가 되어서는 안 된다. 모든 선진국들은 자유롭기 위해 평등해졌고 결국 우리보다 더 자유로우면서도 평등하다. 우리나라 정권이 보수이든 진보이든, 표현의 자유 확대는 선진국으로의 길에 항상 노정되어 있다.

홍세화

**파국과 절멸,
그 너머를 위한 노트:
다시, '진보 정치'는
가능할 것인가**

홍세화 • 1979년 무역회사 해외지사 근무차 유럽으로 갔다가 '남민전 사건'으로 귀국하지 못하고 파리에 정착했다. 이후 관광안내, 택시운전 등 여러 직업을 종사하다가, 2002년 영구 귀국해 실천적 지식인으로 살고 있다. 이후 『한겨레』 기획위원, 『르몽드 디플로마티크』 한국판 편집인으로 일했으며, 현재 진보신당 대표를 맡고 있다. 쓴 책으로 『생각의 좌표』, 『쎄느강은 좌우를 나누고 한강은 남북을 가른다』, 『나는 빠리의 택시운전사』 등이 있다.

"'정신'의 진정한 속성은 물화物化에 대한 부정이다."

—테오도어 W. 아도르노

소소한 이야기로부터

총선이 끝나고 석 달이 채 지나지 않아 내가 속한 진보신당
(지금은 '창당준비위원회'라는 말이 뒤에 덧붙여졌지만)은 여의도를 떠
나 다른 곳으로 이사를 했다. 지난해 11월 당 대표가 된 뒤 선거 전
어느 시점엔가 '탈脫여의도'의 가능성을 타진해본 적이 있지만, 내
부의 반대 의견이 적지 않았다. 어쨌거나 총선에서 '1.13퍼센트'라
는 초라한 성적표를 받아 정당 등록이 취소되고 국고 보조금도 끊
긴 마당에, 여의도에 남는 것은 현실적으로도 어려운 일이 되었다
(내가 탈여의도 실험을 통해 어떤 정당의 상像을 그렸는지에 대해선 이 지
면에서 생략하겠다).

내가 글머리에 이 이야기를 꺼내는 이유는 이사 과정에서
겪었던 에피소드를 언급하고 싶어서이다. 여의도 당사를 비워줘야
할 기일은 다가오는데, 새로 옮길 곳을 찾기가 힘들었다. 결국 한
달 보름이 걸려서야 겨우 계약할 수 있었다. 이유는 한 가지였다.
당 이름을 말하는 순간 건물주가 바로 고개를 가로젓는 일이 허다
했고, 심지어 계약을 하고 나서 취소당한 경우도 있었다. 통합진보
당 비례대표 경선 부정선거 사태 이후 벌어진 풍경이었다. '우리(진
보신당)는 그 당(통합진보당)이 아니'라거나, 구차함을 무릅쓰고 '우

리는 당이 아니라 준비하는 단체'라고 해도 사정은 마찬가지였다.

당사를 구하느라 애쓰는 당직자의 히소연을 듣다가 문득 예수의 말이 생각났고, 쓴웃음이 났다. 예수께서 이렇게 말씀하셨다고 했던가. "여우도 굴이 있고 하늘의 새도 보금자리가 있지만 사람의 아들은 머리 둘 곳조차 없다"고. 당분간(?) 한국 사회에선 '진보'라는 이름을 달고선 '머리 둘 곳조차' 구하게 어렵게 된 것이다.

하지만 오늘날 진보가 처한 곤경을 이런 에피소드 수준의 현상만으로 다 설명할 수는 없을 것이다. 이 글의 동기나 목적은 진보(또는 좌파) 앞에 깊고도 넓게 가로놓인 곤경의 강을 어떻게 건널 것인가를 궁리하는 데 있지 않다. 나는 오늘날 이른바 통합진보당 사태로 말미암은 '진보의 위기'가 특정 정당의 위기가 아니라 한국 사회에서 진행되어온 파국의 결과들 가운데 하나일 뿐이라고 생각한다. 뒤집어 말한다면, 진보 정치(내가 몸담고 있는 진보신당까지 포함하여)는 자신이 발 딛고 있는 사회에 닥쳐온 파국을 온전히 읽어내지도 못했고, 거기에 대응하는 실천들을 제대로 조직하지도 못한 결과 파국의 거센 파고 앞에 난파선이 되어 곤두박질치고 있는 중인 것이다.

그러면 진보라는 깃발을 단 배들이 심해 아래로 사라지고 난 다음 세상은 어떻게 되는 걸까? 이 물음에 답하기 전에 우선 이야기하고 싶은 것은, '진보의 죽음'이 정설처럼 유포되는 지금 이 시점에서야말로 마지막 숨을 거두기 전 우리가 한때나마 희망을 걸기도 했던 진보의 육신을 흔들어 물어보아야 할 때가 되었다는 것이다. 우리는 무엇을 진보라고 명명해왔던 것일까? 진보는 어떤 사람들의 어떤 생각을, 그리고 어떤 정치적 행위를 가리키는 것이었을까? 우선 여기서부터 시작해야 할 것 같다.

너희가 아직 '진보'를 믿느냐

1

생각해보면 한국 사회에서 '진보'라는 말이 처한 상황처럼 굴곡 많고 복잡한 경우도 없을 것이다. 진보는 오랜 시간 금기어였고 지금도 여전히 불온한 것으로 취급되기도 하지만, 동시에 이제는 근사함의 표상처럼 선호되기도 하는 양가적인 이미지를 지니게 되었다. 더구나 진보라는 말을 별다른 두려운 감정 없이 입에 올릴 수 있게 된 어느 시점부터는 참으로 다기한 용도로 다양한 입장에 적용되는, 심지어는 자신이 진보라고 하면 그렇게 되어버리는, 말하자면 아무나 가져다 붙일 수 있는 말이 되어버림으로써 마침내 그 실체가 공허한 개념이 되어버렸다. 오랜 습속을 버리지 못하고 진보가 무슨 범죄라도 되는 양 걸핏하면 옆구리를 찔러보는 거대 언론 자본도 '수구적 진보'니 '진보적 보수'니 하는 말장난을 간혹 즐기는 지경이니 말이다.

그럼에도, 특히 정치 공간에서, 진보라는 이름에 대한 과도하리만치 강한 집착이 존재하는 건 왜일까? 통합진보당이 만들어지기 전 국민참여당의 유시민과 민주노동당의 이정희, 아 두 사람이 만나 이야기한 것을 묶은 책 제목이 『미래의 진보』였다. 그리고 진보신당을 탈당한 사람들까지 합쳐 당을 만들 때, 이들은 진보신당이란 이름의 정당이 엄연히 존재하는데도 불구하고 굳이 진보라는 이름을 고집했고 통합진보당의 약칭을 진보당이라 해달라고 언론에 요청까지 했다. 기본적인 '상거래상의 도덕'조차 무시하는 몰염치를 무릅쓰고서라도, 또 진보신당의 항의에도 불구하고, 진보라는 깃발을 움켜쥐고자 했던 까닭은 대체 무엇이었을까?

본디 '진보progress' 혹은 '진보적progressive'이란 말은 서구에서 자본주의적 근대와 함께 출현하고 그 의미가 분명해진 개념(내지 이념)이라 할 수 있다. 자본주의 이전에도 과학은 있었으되, 근대의 합리주의에 기반을 두고 진행된 과학의 비약적 발전이 다시 자본주의적 생산력을 급속히 발전시켜왔다는 사실은 굳이 긴 설명을 보태지 않아도 되겠다. 과학의 발전으로 자연에 대한 지배력이 강화되면서 인류의 미래는 비약적으로 발전할 것이라는 확신이 진보에 대한 신앙으로 굳어져왔을 터이다. 이와는 다른 의미(혹은 차원)를 지닌 진보가 있었다. 그것은 사회적 진보, 혹은 역사적 진보에 해당하는 것이다. 생산력의 증대에 따른 자본주의의 발전이 사회의 다수를 차지하는 프롤레타리아트(노동자 계급, 또는 생산수단을 갖지 못했다는 의미에서 '무산자無産者계급'을 의미하는)에 대한 착취를 통해 이윤을 추구함으로써 유지된다고 하는 이 근본적인 사회적 모순을 극복하려는 지향을 갖는 것이었다. 20세기를 '혁명의 세기'

홍세화

라 부를 수 있다면, 그것은 바로 자본주의의 모순을 극복하려는 이러한 사회적 진보 이념이 여러 나라에서 혁명을 통해 실현되고 한 사회의 지배적 이념이 되기도 했던 역사적 사실을 두고 일컫는 말일 것이다.

근대 자본주의의 등장 이후 이러한 의미들을 지닌 20세기 진보의 이념은 일찌감치 '내적 파탄'을 노정해왔다. 우선 근대 사회의 핵심적인 가치인 '자유'의 경우에도, 봉건적 굴레에서 벗어난 '자유로운 인간' 역시 그 자유조차도 자연적 필연성 안에서만 발휘될 수 있을 뿐이라는 과학적 계몽주의의 설법에 따라 결국은 '도구적 인간'으로 전락하고 말았다는 점에서 그렇다. 테오도어 아도르노는 막스 호르크하이머와 함께 쓴 『계몽의 변증법』(1944)에서, 그리고 『부정변증법』(1966)에서 이미 '진보의 부정적 대가'에 대해 서술한 바 있다. 자유로운 인간의 의지가 전제되어야 근대 시민 사회의 윤리는 작동할 수 있다. 그러나 과학적 맹신주의는 자연적 필연성을 앞세워 인간의 자유의지에 족쇄를 채운 것이다. 인간은 필연성과 어떤 목적에 자신의 자유를 반납해야 한다. 자유를 몰수당하거나 스스로 포기한 인간에게 도덕적 책임 추궁이 가능할까? 20세기 초를 경과하면서 독일인들은 히틀러가 제시한 국가사회주의의 청사진 앞에 자신들의 이성과 자유를 그런 식으로 반납했고, 파시즘의 시대가 열렸던 것이다.

사회적 진보의 경우는 어땠을까? 인간 사회에 대한 '과학적' 인식의 지평을 연 것은 마르크스주의의 업적이었다. 역사 발전의 합법칙성을 규명해내고 이에 입각하여 자본주의의 모순을 극복할 수 있다고 믿은 과학적 사회주의 이념의 운명은 그렇다면 어찌 되었던 걸까? 생산수단의 국유화를 통해 부르주아 계급에 의한 프롤레타리아트 착취라는 생산관계의 모순을 철폐하면 억압 없는 인류의 미래를 이룩할 수 있을 것이라던 현실 사회주의 국가들의 실험은, 알다시피 20세기가 끝나기도 전에 초라한 몰락으로 막을 내렸다.

자본주의의 반대쪽에서 진행되었던 '국가 주도의 사회주의 경제'라는 수십 년간의 실험이 만들어낸 사회가, 마르크스가 꿈꾼 공산주의 사회가 아니라 또 다른 전체주의 사회에 불과하다는 견해에 대해서는 여기서 언급할 여유가 없다. 어찌 되었던 오늘날 중국처럼 공산주의를 내걸고 있는 국가조차 경제에서는 자본주의 국가와 다름이 없게 되었다. 그래서 프랜시스 후쿠야마 같은 이는 "역사(진보)는 끝났다!"고 호들갑스런 선언을 했고, 이 말은 한동안 꽤나 그럴듯한 유행어가 되기도 했다.

그렇다면 이렇게 요약하는 것이 가능할지도 모르겠다. 결국 근대와 함께 출현한 진보라는 이념은 인간의 자유든 평등이든 그것들을 실현하는 데 모두 실패했다고. 과학의 진보가 여전히 인간에게 행복과 안락을 보장하는 첨단의 유토피아를 가져다줄 것이라는 굳은 믿음이나, 자본주의의 모순을 극복한 공산주의 사회의 실현은 불가능한 이상으로 판명되었을지 몰라도, 사회민주주의가 자본주의의 대안으로 존재하기 때문에 진보의 이념은 지금도 유효하

홍세화

다는 식으로 주장하는 건 자유다. 오늘날 세계를 전일적으로 지배하는 자본주의가 파국의 징후를 드러내기 전까지는 그러한 이야기들이 설득력 있게 들리기도 했다.

2

지금으로부터 벌써 17년 전인 1995년 겨울의 기억이다. 여전히 기약 없는 망명객으로 파리에 머물 때였다. '불만의 겨울'이라 불리던 그해, 우파 정권의 '연금개혁'에 반대하는 공공부문 노동자들의 총파업으로 지하철 등 대중교통 수단은 모두 멈추었고 파리의 거리는 온갖 자동차들과 사람들로 북적댔다. 나는 몇 날이고 행진하는 사람들을 따라 한참을 걷다가 집으로 돌아가곤 했다.

이 파업을 두고 프랑스는 물론이고 서유럽 좌파 진영이 한동안 자신들을 짓누르던 우울과 냉소를 딛고 거리에 나섰다는 의미에서 반∇신자유주의 투쟁의 전환점이라 말하기도 했지만, 사람들을 움직인 것이 새로운 내일에 대한 낙관인지 오늘의 삶이 주는 불만(내지 불안)인지는 분별되지 않았다. 아마 후자에 가까운 것이었다고 말해야 할 것이다. 자본주의가 몰아붙이는 변화의 파고(공공부문의 사기업화―한국에서 '민영화'라고 부르는―와 해고, 복지 축소 등으로 나타나는)는 높았고, 사람들의 저항은 일종의 공포에 대한 반작용과 같은 것이었다.

하나의 체제, 혹은 하나의 제도는 그것이 안고 있는 근원적인 모순과 내적 갈등을 지양止揚하려는 대립항을 상실하게 되었을 때, 내부의 모순이 급속히 강화되거나 하나의 방향성만을 추구함으로써 병리적인 현상이 극대화되어 파국으로 나아가게 된다. '자본주의의 모순은 결코 자본주의적 방식으로 극복되지 않는다'는 말의 의미도 바로 그런 것이다. 후쿠야마의 믿음에 의하면, 자본주의와 적대하는 다른 대립항이 없다면 마땅히 자본주의에는 파국 같은 것이 없어야 하며 대신 인류가 물질적 행복이나마 맘껏 누릴 수 있는 유토피아를 가져다주어야 하는데, 우리에게 다가온 것은 전혀 다른 현실이었다.

1996년에 프랑스에서 처음 발간된 책 『경제적 공포』의 저자 비비안느 포레스테는 자본주의 문명 안에서 대단히 충격적인 격변이 이미 일어났고, 또 그것이 급속히 사회를 파국으로 몰아가고 있다고 경고했다. 우리가 지금 목격하고 있는 자본주의는 최소한의 노동의 권리가 보장되고 성실히 노동의 의무를 다하면 삶을 영위해갈 수 있다고 말해주던 그런 과거의 자본주의가 아니다. 과거의 자본주의에서 '고용'은 자본이 지니는 일종의 사회적 의무 같은 것이었는데, 오늘의 자본주의에선 어떤 정부도 자본에게 그러한 의무를 지도록 강제하지 않는(못한)다. 그리하여 새로운 자본주의에선 '착취당할 기회'도 얻지 못한 사람들이 거리에 넘쳐난다.

그런데 그녀에 따르면, 노동이 소멸되고 수많은 인간들이 잉여적 존재로 전락해가는(갈 수밖에 없는) 현실을 아직도 대다수의 사람들은 믿으려 하지 않는다. 서유럽의 좌파 (사회민주주의) 정당들은 "이미 효과가 없다는 것을 알고 있는 '처방책'들을 제시"하거나 "지금은 하나의 신화가 되어버린 것들을 아직도 붙들고" 있을 뿐이다. 그것은 '성장과 고용의 신화'이다. 자본의 무한한 자유만이 보장되는 신자유주의 시대에 그것은 이미 자본의 공세로 인해 산산조각이 났는데, 다시 말해 더 이상 자본주의의 프로그램 안에는 일자리 창출 같은 것은 입력되어 있지 않은데, 그들 좌파 정당들은 실현될 수 없는 약속을 되풀이한다는 것이다.

우리가 열심히 부러워해온 유럽의 '복지국가'는 지속적인 '성장과 고용'이 가능할 때 기능할 수 있는, 더 나아가 기본적으로 정부나 관련 기구들이 복지를 시행하는 데 있어 필요한 비용을 투여해야 하는 '관리사회형 복지'이다. 고용을 거추장스러운 장애물로 간주하는 자본의 요구에 따라 지금까지 유지되어온 복지 제도를 철회하는 데 있어 우파 정권과 좌파 정권의 차이는 생각하는 것만큼 크지 않다. 속도의 차이만 있을 뿐.

나는 전혀 다른 성격으로 '진화'한 자본주의가 유럽 사회가 오랜 노력으로 이룩해온 사회적 진보—노동권에 대한 존중과 '보편적 복지'를 내용으로 한—의 성과를 뿌리부터 뒤흔드는 바로 그 현실 속에 몸담고 있으면서도, 머지않은 미래에 더 큰 경제적 파국이 다가올 것이라는 사실을 알아차릴 도리는 없었다. 사회적 진보에 대한 미련을 던져버릴 수 없는, 제3세계로부터의 망명객이 지닌 귀향의 꿈 때문이었을까? 파리의 거리에서 발 딛고 서 있던, 한 세계가 거대한 지각변동을 통해 다른 세계로 급속히 바뀌어간다는 사실을 미처 알아차리지 못했던 나는 그 뒤 1996년 말에 시작된 노동법 개악에 반대하는 한국 노동자들의 총파업 소식을 들었다.

그것은 한국 자본주의의 거대한 전환을 예고하는 징후였나. 1997년 말 한국은 초유의 외환 위기로 1차 파국을 맞이했고, IMF 관리 체제가 들어서자 노동에 대한 자본의 전면적인 총공세가 시작되었다. 20세기 말 세계사적 전환기에 한국 사회가 경험한 패러독스는 이 파국이 민주화 과정과 서로 맞물리면서 동시대적으로 진행되었다는 사실에서 비롯되는 것이다. 민주주의는, 너무 늦게 도착했다. 20년의 세월이 지나서야 나는 마침내 귀국할 수 있었다. 그것이 뒤늦게나마 찾아온 민주화 덕택임은 분명하지만, 이 '지체된 민주주의'가 경제 위기에 대응한 방식은 다름 아닌 '위기에서 파국으로' 가는 길을 준비하는 것이었다. 우리가 지난 10년 동안 경험하고 톡톡히 실감했던 것이 바로 그것이 아니었던가.

3

이 절의 처음 이야기로 다시 되돌아가보자. 뒤늦게 시작된 한국의 민주화 과정은 그 자체로 역사의 진보임에 틀림없다. 그러나 한국에서 민주주의와 진보를 성급히 일치시켜 말하기에는 현실에서의 어긋남의 폭이 너무 넓고 비어 있는 자리 또한 많다. 우리가 경험하는 민주주의가 사회적 진보가 아니라 정치적 자유화로 제한된 데에는 진보의 이념이 너무 오래 억압당함으로써 부재했던 탓이 크다. 평등에의 지향이 거세된 채 자유의 파토스에만 의지해서 추진되는 민주화가 자본주의 세계화 과정에서 강화되는 자본의 압도적인 힘을 제어하기를 기대하는 것은 처음부터 난망한 일이었는지 모른다. 아니다. 이렇게 말하는 것으로는 충분치 않다. 자유화에 한정된 민주주의는 자본이 노동을 일방적으로 공격하는 것을 법과 제도로 허용하는 도구로 기능했다. 자유라는 반쪽 가치로만 존재하는 민주주의의 불구성은 다시 모처럼 찾아온 사회적 진보의 계기를 무산시키고 거꾸로 자본의 자유만 확대시켜준 것이다.

한국의 정치적 자유화 과정에서 진보는 여전히 위험의 경계로서의 의미만 지니는 것이었다. 독재 체제 아래 특권적 이해를 추구해온 기득권 세력은 시민적 자유의 확대를 의미하는 기본적인 절차적 민주주의의 적용에 대해서조차 늘 알레르기 반응을 보이며, 그것을 위험한 진보라고 공격하기 일쑤였다. 그러한 공격에 대해 자유주의 정치 세력은 '민주 대 반민주'라는 대치 구도로 자신들을 방어하려 했다. 바로 여기서 자유화를 의미하는 '개혁'과 사회적 진보는 혼돈되며, 자본과 노동의 대립과 긴장은 시야에서 벗어난 채 '실체 없는 논쟁'만 지속된다. 나는 이 대목에서 마르크스와 엥겔스가 작성한 『공산당 선언』(1848)의 유명한 첫 단락을 상기하지 않을 수 없다. 그것을 잠시 인용해보자.

하나의 유령이 유럽을 배회하고 있다. 공산주의라는 유령이. 옛 유럽의 모든 세력들, 즉 교황과 차르, 메테르니히Metternich와 기조Guizot, 프랑스 급진파와 독일의 경찰이 이 유령을 사냥하기 위해 신성동맹을 맺었다.

정권을 잡고 있는 적들에게서 공산주의적이라고 비난받지 않을 반정부당이 어디 있겠으며, 더 진보적인 반정부당과 반동적인 적에게 거꾸로 공산주의라는 낙인을 찍으며 비난하지 않을 반정부당이 어디 있겠는가?[1]

진보라는 유령은 오래도록 분단된 한반도의 남쪽을 배회해왔다. 반공규율 체제인 군사독재 정권은 걸핏하면 반정부 세력에게 공산주의라는 낙인을 찍어 탄압하고 학살을 일삼았다. 김대중과 노무현 정권의 '민주화 10년' 동안에도 사정은 크게 달라지지 않았다. 자유주의 정치 세력에게 정권을 빼앗긴 보수(극우를 포함한) 기득권 세력들은 얼마간의 시민적 자유의 확대도 인내하지 못하고 실제로는 자유주의를 신봉할 뿐인 정권의 정책을 '진보적(좌파적)'이라고 공격했다.

　　여기까지는 『공산당 선언』과 비슷하게 맞아떨어진다. 그러나 바로 그 다음부터는 사정이 달라진다. 『공산당 선언』은 다음 단락에서 이렇게 말한다. "이러한 사실은 다음의 두 가지를 의미한다. 공산주의는 이미 유럽의 모든 세력에 의해 하나의 세력으로 인정받게 되었다"라고. 이 점이 다른 것이다. 마르크스가 유령이라고 명명한 공산주의는 정치적 실체를 인정받았지만, 한국에서 진보는

1

칼 마르크스·프리드리히 엥겔스, 『공산당 선언』, 강유원 옮김, 이론과실천, 2008.

여전히 실체가 없는 '유령'으로 그저 떠돌고 있을 뿐이었다. 우리는 이 이야기를 좀 더 들여다볼 필요가 있다.

분단과 내전으로 이어진 비극적인 역사적 경험이 한국 사회에 오랜 '진보의 공백'을 가져오고 그로 인해 얼마나 긴 시간 동안 가혹한 정치 체제가 유지되어왔는지는 여기서 구구히 되새기지 않겠다. '진보당' 당수 조봉암의 죽음이 말해주듯 진보, 해방, 인민, 혁명이라는 말을 입에 올리는 것은 반공규율 사회가 지속되는 동안 곧 죽음과 동의어였다. 적어도 그것은 박정희의 유신 체제가 막을 내리는 1970년대 말까지는 그랬다. 그 시대에 20대의 시간을 통과했던 나는 그 얼어붙은 '겨울 공화국'에서 불온한 '해방'의 꿈을 꾸었다('남조선민족해방전선'이라는 비합법 조직의 조직원이 된 것이다). 그것은 너무 위험한 꿈이었다. 그 조직에서 내가 만난 어떤 이는 사형을 당했고, 살아남은 친구들은 다친 몸으로 오랜 시간 감옥에 갇혀 있어야 했다. 고문과 감옥행, 죽음으로부터 벗어난 나는 파리의 이방인으로 긴 세월을 보내야 했고.

나는 자유가 얼마나 소중한지 안다. 그래서 이른바 '민주화 10년'이 열어놓은 자유의 공간이 지니는 가치를 폄하하고 싶은 마음이 추호도 없다. 지금과 같은 수준의 정치적 자유라도 보장되어 있었다면, 그때 나의 동료들은 그처럼 가혹한 운명을 감수하지 않아도 되었을 터이므로(이렇게 말하면 실례가 되겠지만, 북한의 핵무기 개발을 핵 자위권이라 생각하는 국회의원도 있는 현실에 비하면 그것은 얼마나 터무니없는 대가였던가).

　박정희의 죽음 이후로도 길게 이어진 군사독재는 1987년의
6월항쟁으로 인해 마감되었다. 1980년 5월의 광주항쟁을 짓밟고
전두환 군사독재가 들어선 이후 10년 동안은 한국에서 민주주의
운동이 정치적 자유의 요구에 머물지 않고 사회적 진보의 내용을
갖추어가던 시기였다. 우리가 흔히 '1987년 체제'라 부르는 지점
에 와서 이 민주주의 운동은 두 가지의 갈림길에 도달하게 된다. 그
중 하나가 정치적 자유화를 추구하는 자유주의의 길이라면, 다른
하나는 노동권의 확장을 기반으로 사회적 평등의 가치를 추구하는
진보주의의 길이었다.

　1987년의 6월항쟁을 '성공한 항쟁'으로 규정하는 자유주의
정치 세력의 집권은 그해 곧바로 이어졌던 7, 8, 9월 노동자항쟁에
대한 기억을 애써 지우고 싶어 한다. 자유주의 정치 세력의 분열로
집권에 성공한 노태우의 정권은 논외로 하더라도, '3당 통합'이라
는 보수주의와의 정치적 타협으로 등장한 김영삼 정권의 시기에는
자유주의 정치 세력이 굳이 노동 사회를 포섭하려는 적극적인 공
세를 시도하려 하지 않았다. 한국 자본주의가 근본적인 축적 위기
를 맞이하기 전까지는 노동에 대한 자본의 공격도 전면화되지 않
았으므로.

　1997년의 1차 파국으로 IMF 체제가 강제되고 그와 함께 김
대중 정권이 등장했을 때, 자본의 축적 위기를 맞아 한국의 자유
주의 정치 세력은 스스로 표방한 '노동 친화적'이라는 수사가 무

색하리만치 '친자본적'이고 앞서의 정권들보다 더 적극적으로 자본의 자유를 확대하는 방식을, 거기서 더 나아가 자본과 함께 노동 사회에 대한 전면적인 공세에 나서는 길을 선택했다. IMF의 구조조정안이 목표로 삼은 '노동시장의 유연화'는 일차적으로는 1996~1997년의 총파업에 대한 자본의 전면적인 반격이었고, 자본에게 해고의 자유를 포함하는 무한한 자유를 부여함으로써 한국 사회를 이른바 신자유주의적 질서로 변모시켜가게 된다. 나는 이 맥락에서 '인권변호사' 출신으로 대통령 취임(2003)을 앞둔 노무현 당선자가 자신의 청와대 입성을 전후해 이어지던 노동자들의 죽음에 대해 했던 말을 지금도 잊지 못한다.

　　　지금과 같이 민주화된 시대에 노동자들의 분신이 목적을 달성하기 위한 투쟁 수단으로 사용되어서는 안 된다.

대통령이 된 노무현의 이 말은 한국 사회에서 자유주의와 진보주의를 분별하는 데 있어 매우 중요한 의미를 지닌다. 그는 1998년 'IMF 구조조정기 벽두에 발생한 현대자동차 파업에 정부 측 대표로 가서, 노조지도부를 설득하여 식당노동자 등 비정규직 노동자들에 대한 정리해고를 실현시켰던 당사자이다. 그런 그가 말하는 '민주화된 시대'란 자본의 공세에 대한 노동의 저항을 민주주의로부터 배제시키겠다는 선언에 다름 아니었던 것이었다.
　　　반공규율 사회에 뿌리내린 보수주의(극우를 포함한) 기득권 세력의 저항을 감당하며 권위주의 질서에 맞서 개혁을 수행하는 자유주의는 진보수의와 친화적일 수 있었지만, 노동에 대한 유연화 공세를 방임하거나 앞장서 촉진하는 한 자유주의는 사회적 진보를 굴절시키고 파괴하는 자본의 든든한 동맹자였다. 자유주의 정치 체제가 수행한 이 이중적 역할이 바로 진보에 대한 인식의 오류(착종 현상이라 말할 수도 있는)를 발생시킨 것이다.

　　반공보수주의가 진보를 압살하여 진보의 부재를 강요했다면, 이른바 '개혁자유주의'는 정치적 자유화의 경계 안으로 진보를 포섭하거나 자본의 공세로 배제되는 노동의 하위 부문을 민주주의 바깥으로 내던져버린다. 그들이 열어놓은 정치적 자유의 공간은 물론 노동에 기반한 진보 정치가 제도 정치 안으로 진입하는 것을 가능하게 하는 '입구'이다. 그러나 진보가 이 좁은 문을 열고 들어서자마자 그 문은 닫혀버린다. 노동으로 되돌아갈 '출구'가 차단된 현실, 이것이 다음 절에서 이야기할 노동의 정치 세력화, 즉 진보 정치의 조건이 되었다.

　　자, 여기 자유를 향한 좁은 문이 열리기 시작한다. 뒤편에선 자본의 대대적인 공세가 진행되면서 노동은 여러 층위로 조각나고 빠르게 수직적인 통합 체계가 만들어진다. 노동의 이러한 분화와 동질성의 파괴는 노동의 단결된 힘을 근저로부터 무너뜨리는 결과를 낳는다. 한국 사회보다 오랜 역사를 지닌 서구 자본주의에서도 역시 그간 자본주의 모순의 체제 내적인 해결책이 되어온 복지 체제마저 무너지고 노동 사회의 붕괴가 심화되고 있는데, 충분히 정치적으로 조직화할 시간을 얻지 못한 한국의 노동 세력에게 정치적 반격의 조건이 제대로 마련되어 있을 리 없다. 그럼에도 자유주의 정치 체제가 마련해준 정치의 공간으로 들어서는 것, 그나마 그것이 자본의 공격으로부터 노동의 권리와 노동의 가치를 지켜내는 유일한 길이었을 것이다.

　　2004년 총선에서 민주노동당은 10석의 국회의원을 의회로 진출시켰다. 이것은 신자유주의 질서로 급속히 변화해가는 한국 사회의 가파른 양극화가 진보 정당에 대한 기대를 넓히게 된 현실의 반영일 것이다. 그러나 대의제 민주주의 안으로의 진보 정치의 성공적 진입은 양날의 칼이 된다. '의회 속의 진보 정치'는 파괴되거나 소멸해가는 노동에 대해, 그리고 민주주의 바깥으로 쫓겨나는 버려진 노동에 대해 어떤 태도를 취할 것인가?
　　이제는 대의제 민주주의의 질서 안에서 자유주의와 경쟁(?)하게 된 진보주의가 어떤 과정을 밟아갔는지에 대해 이야기할 차례다. 마르크스는 『루이 보나파르트의 브뤼메르 18일』에서 헤겔의 유명한 역사적 경구를 전유하여 이렇게 말했다. "역사는 두 번 반복된다. 처음에는 비극으로, 그 다음에는 희극으로!" 슬라보이 지젝은 이 말을 제목으로 삼은 자신의 책[2]에 다음과 같은 마르쿠제의

2
슬라보이 지젝, 『처음에는 비극으로, 다음에는 희극으로』, 김성호 옮김, 창비, 2010.

말을 덧붙였다. "희극으로 반복되는 것이 원래 비극보다 훨씬 더 끔찍할 수 있다!" 이렇게 말해보면 어떨까? "한국에서 진보는 두 번 반복되었다. 처음에는 비극으로 그 다음에는 희극으로!"라고. 그런데 여기에서도 희극으로 반복될 때 비극보다 더 끔찍할 수 있다는 마르쿠제의 말을 절대 빠트려서는 안 된다. 그 이야기를 지금부터 하려 한다.

진보의 죽음, 타살인가 자살인가

1

2002년에 20여 년의 파리 시절을 뒤로 하고 한국 사회로 되돌아왔다. 그리고 그로부터 두 달 뒤 나는 민주노동당 당원이 되었다. 노동자의 정치적 단결과 인간 해방의 가치를 추구하는 진보 정당의 당원으로서 살고자 했지만, 나는 억압적 정치 체제의 잔재들을 청산하고 인간의 기본적 자유를 실현하는 데 있어 기꺼이 자유주의 개혁 세력들의 파트너가 되고자 했다. 자유라는 가치는 강요된 굴종과 추방의 시대를 통과한 내게 너무도 소중한 것이었을 뿐 아니라, 자유의 확장이 사회적 진보의 조건이 되리라 믿었기 때문이다.

그러나 이러한 동거는 그리 오래가지 않았다. 진보 정치가 간신히 진입한 대의제 민주주의라는 정치 공간은 보수주의와 자유주의 사이의 경쟁과 대립이 지배하고 있었으며, '민주 대 반민주'라는 구도 속에서 여타 정치 세력들을 자신의 정치적 헤게모니 아래 자리매김하려 하는 자유주의 세력에 의해 포섭되거나 주변화되는 처지에 서게 되었다.

정치 권력을 장악한 한국의 자유주의 정치 세력(특히 노무현 정권에서)이 진보 정치에 가한 모멸은 앞 절에서 이야기한 바 있듯이 노동하는 인간의 절규와 죽음을 경멸하는 것에서부터 분명해졌다. 차라리 진보주의와 명확한 선을 그었던 김대중 정권에서는 가능하지 않았던 풍경들이 곳곳에서 연출됐다. 권위에 대한 저항이 의미 있는 윤리적 가치에 대한 존중의 태도마저 저버리는 모습을 보면, 프랑스 68세대를 향해 라캉이 던졌던 경고, "너희들이 즐기는 것을 똑바로 보라!"[3]는 말은 노무현과 그의 정권을 채운 386세대 정치인들에게도 정확히 적용되는 것이었다. '그들'은 정체성을 달리하는 진보 정치와의 경계를 자의적으로 허물어뜨리려 했다.

전해서 들은 일화인데, 청와대를 방문한 민주노동당 관계자들과 헤어지는 자리에서 당시 노무현 대통령이 혼잣말처럼 한 말은 방금 말한 지점을 극명히 보여준다. 노 대통령은 민주노동당 버스에 적힌 '일하는 사람들의 정당 민주노동당'이라는 문구를 보더니 이렇게 말했다고 한다. "그럼, 우린 일을 안 하는 사람들인가?"

3
자크-알랭 밀레르, 「섭리적 민주주의 사회에서의 '수치'의 기능」, 정과리 옮김, 『문학과사회』 2004년 봄호(제65호)에서 재인용.

자신들이 하는 '일'과 진보 정당이 하는 '일'을 한마디 농담으로 섞어버릴 수 있는 정치적 태도는 어떤 상황에서는 자신을 '진보적 자유주의자'라고 규정하다가도, 다른 상황에서는 지역주의를 타파하겠다는 목표로 보수주의 정치 세력에게 '대연정'을 제안하는 모습으로 나타났다. 끝내 "권력이 시장으로 넘어갔다"는 무책임한 선언을 푸념처럼 하고 물러나기 전까지.

그들 자칭 진보적 자유주의자들을 비판했던 일로 나는 어떤 자칭 자유주의 지식인에게서 '좌파 근본주의자'라고 비판받기도 했다. 그러나 노무현 정권이 끝나고 이명박 정권이 들어선 2008년 나는 자랑과 긍지로 생각하던 민주노동당을 탈당했다. 탈당이라는 행위는 2002년 입당한 때로부터 6년 동안 일개 평당원으로서의 나의 눈에 비친 민주노동당이라는 진보 정당이 보여준 이른바 '진보 정치'에 대한 판단에 따른 것이었다. 10석의 국회의원을 당선시킨 2004년의 감격으로부터 다음 총선까지의 4년, 그리고 그로부터 다시 4년이 지났다. 이 8년의 시간에는 민주노동당으로부터 탈당한 사람들이 만든 진보신당의 4년도 포함된다. 이 시간 동안 진보 정치를 지배했던 것은 무엇이었을까? 진보 정당(들)은 무엇을 하지 않았고, 대신 무엇에 열중했던가? 이 질문을 던지려고 먼 길을 돌아온 것 같다.

한마디로 작금의 통합진보당 사태는 다름 아닌 지난 8년의 종착점이다. 민주노동당이란 이름은 민주주의와 노동 정치를 연계시켜 자본주의 체제의 모순을 민주주의의 확장을 통해 극복해가겠다는 의지를 표현하고자 붙여진 것일 테다(그렇게 나는 이해한다). 그러나 통합진보당 사태 이후 너나없이 공통되게 지적하는 것은 '노동(정치)의 실종'이다. 이 비판의 옳고 그름을 따져보기에 앞서, 우선 노동이 실종된 진보 정당이라는 것은 희-비극적인 느낌으로 다가온다. '붕어 없는 붕어빵'처럼.

나는 노동 '없는' 진보 정당이란 식의 표현은 현실을 올바로 반영하지 못한다고 생각한다. 아니 정확히 말한다면 이 말은 의도하든 의도하지 않든 사태의 진실을 감추는 결과를 낳는다. 지난 총선에서 진보 정당(들)이 노동자 전략 지역에서 단 한 석도 당선시키지 못한 사태에 관한 보고서들을 접하면서 이런 생각은 더 뚜렷해졌다. 진보 정당(들)은 '어떤 노동'은 외면하거나 거부하면서 '어떤 노동'과는 이해관계를 돈독히 일치시켜왔다고 하는 것이 현실에 가까운 말이다.

전일화된 지구적 자본주의 체제에서 경제적 위기는 항용 강도 높은 구조조정을 강제하는 이데올로기의 초석을 닦는 데 기여한다. 외환 위기로 시작된 1차 파국과 이 파국의 극복이라는 명분으로 진행된 노동시장 유연화 과정은 한국 사회를 지탱하는 하부구조들을 그 근저에서 해체하고 파괴함으로써 총체적인 파국을 준비하는 것이었다. 이 2차 파국이 진행되는 과정의 특징 역시 자본의 단결과 노동의 분열로 나타났다.

자본의 총공세가 한국 사회를 '20 대 80', 나아가 '1 대 99'

사회로 양극화시키면서도 굳건히 지배력을 확장해온 비결은 바로 '80' 또는 '99'의 내부를 '포함된 자들'과 '배제된 자들'로 나누고 그 속에서 서로 적대하게 만드는 경계를 만들어낸 데 있다. 그 첫 번째 작업은 노동의 수직적 위계구조에서 상층을 차지하는 부분에 대한 포섭이다. 가령 '대량 실업을 피하기 위해서는 해고가 반드시 필요하다'는 따위의 궤변이 통할 수 있었던 참된 이유는 대기업 노동 조직들이 그러한 논리를 받아들이며 자발적으로 포섭된다는 데 숨어 있다.

대기업 정규직 노동을 중심으로 한 노동 운동 조직의 상층부는 전혀 새로운 성격으로 거듭난 자본주의가 "성장이 고용을 창출하기는커녕 오히려 고용 감축을 만들어내고, 또한 성장이 바로 그 고용 감축에서 비롯하는"[4] 작동 원리를 정면에서 직시하려 하지 않는다. 노동시장의 유연화는 다름 아닌 '생산의 유연화'에 노동을 조응시키는 강제인 것이다. 극단적인 예로, 이제 자본은 몇 대의 전화기와 컴퓨터만 있으면 노동을 포함시키지 않고, 실재적인 재화를 생산하지도 않으면서 이익의 단기간 확대가 가능한 금융 게임에 참여할 수 있다. 또한 상층 정규직 노동은 아직 생산 현장에 자신들을 위한 노동이 존재하는 한 현실로부터 고개를 돌린다. 그들은 '알고 싶지 않기 때문에' 모르는 것이다.

4
비비안느 포레스테 지음, 『경제적 공포』, 김주경 옮김, 동문선, 1997, 166쪽.

대기업 노조를 중심으로 한 정규직 조직노동을 대표하는 민주노총은 '포함된 자들'에 속한다. 이에 비해 노무현 정권 5년을 거치며 노동 인구의 절반을 차지하게 된 비정규직 노동자란 어떤 존재를 가리키는 말일까? 단지 정규직 노동자가 아닌 걸 의미하는가? 그것은 버림받은 사람들의 이름이다. 그것도 두 번 버림받은. 처음에는 자본과 권력에 의해, 그 다음에는 정규직 조직노동에 의해. 그렇다면 파견 하청노동까지 포함하는 광범위한 하층 노동들에 대해 상층 노동 중심의 민주노총이 한 일은 무엇이었을까? '비정규직 철폐!'를 외치지 않았느냐고? 물론 자본과 권력을 향해서는 "비정규직 철폐 투쟁! 결사 투쟁!"을 열심히 외쳤다. 비정규직의 노조 가입이 배제된 현실에 대해서는 침묵하거나 외면하면서!

진보 정치의 위기는 여기서부터 시작되고 준비되어온 것이었다. 이를테면 '준비된 파국'이었던 것이다. 민주노총은 통합진보당 당권파의 선거 부정이 드러났을 때 지지 철회 의사로 압박하면서 '노동 정치'의 복원을 요구했지만, 그 전에 이 조직은 먼저 자신들이 어떤 노동을 대표하는지를 밝혔어야 했다. 국민참여당이 포함된 3자 통합 이후에도 통합진보당에 대한 '배타적 지지'를 모든 수단을 동원해 관철하려 했던 민주노총 지도부가 진보 정당을 통해 추구해왔고 또 추구하려 했던 것은 무엇이었을까? 그것은 한마디로 대기업 노조의 경제적 이해를 해결해주는 '대리정치기구'로서의 역할이 아니었을까?

이 민주노총을 찾아가 탈당 의사 철회를 요청하며 허리를 숙이는 통합진보당 혁신비대위원장의 모습에서 우리는 또 어떤 사실을 확인할 수 있는가? 2004년 대의제 민주주의 제도 안에 진입한 10석의 민주노동당이 4년 동안 주로 했던 일은 무엇이었을까? 필경 '무상 급식과 무상 교육'을 정책으로 제시하여 복지 담론을 선도하지 않았느냐고 답할 것이다. 유럽 좌파 정당의 전매특허인 복지 정책에서 배운 그러한 노력이 무의미했다고 말할 수는 없을 것이다. 관리사회형 복지 제도가 오늘날의 자본주의가 가져온 사회적 파국에 대처하기엔 역부족이라고 한계를 지적하는 것과 보편적 복지의 근처에도 도달해보지 못한 한국 사회에 그나마 기본적인 복지라도 실현하려고 하는 것은 다른 의미를 지닌 문제이니까. 그러면 그것 말고 다른 일은? 자본의 공세로 파괴되고 조각난 노동을 향하는 것이 아니라 정당 정치 게임의 틈바구니에서 살아남기 위해 거의 모든 시간을 소비했던 것은 아닐까? 진보신당을 탈당한 어느 명망가 정치인처럼, 노동 대중 앞에서는 비정규직 철폐를 외치지만 돌아서서는 비정규직은 표가 안 된다고 속삭이면서. 울산의 한 비정규직 노동 운동 활동가가 이번 총선에서 노동자들이 진보 정당으로부터 고개를 돌린 이유를 설명하면서 했던 "자본가는 피를 빨고 진보 정당은 표를 빨았다"는 말이 설득력을 가지는 까닭이다.

이런 진보 정치의 현실에 대해 한국의 '진보적' 지식인들이 건넨 '고견'은 대체로 하나로 집약된다. 사회적 갈등을 제대로 반영하고, 실현 가능한 정책을 제시하고, 나아가 집권 능력을 보여줌으로써 책임 있는 정당 정치의 주체로서 인정받으라는 것이다. 이는 대표적인 '진보적 정치학자'라고 불리는 최장집 교수의 지론이다. 그런데 노동 부문의 경제적·사회적 이해를 대변하고 정책으로 이를 실현하라는 주문은 자본주의의 어느 단계에서나 적용될 수 있는 타당성을 갖는 것일까? 이미 하나로 통합되기 어려운 현실에 놓인 각각의 노동의 이해를 모두 충족시킨다는 것이 어떻게 가능할까?

신자유주의적 교리에 따른 무한 경쟁의 추구는 발전한 서구 사회에도 극심한 사회적 격차와 모순을 가져옴으로써, 민주주의와 복지 사회의 기반을 내부로부터 붕괴시키고 사람들을 거리로 쏟아져 나오게 하고 있다. 이것이 2008년부터 본격화된 미국발 금융 위기의 세계적 현실이다. "알립니다, 자본주의가 오늘 새벽 마침내 자살을 하였습니다!?"로 시작하는 사회학자 서동진의 글[5]이 극적으로 일깨워주듯 "2008년의 금융 위기 이후, 우리는 마치 자본주의의 부고장이 조만간 도착할 것 같은 착각이 들 지경이" 된 현실에서, 금과옥조처럼 모든 사회적 모순의 정당 정치로의 수렴을 요구하며 대의제 밖의 저항들을 민주주의에 대한 위협으로까지 간주하는 최 교수의 거듭된 주장은 어떻게 이해해야 하는가?

5
서동진, 「나꼼수 보며 '낄낄' '씨바'… "그럼, 세상이 바뀌니?"」, 『프레시안』, 2011년 12월 16일.

스스로를 '베버리안'이라고 말하는 그가 자주 언급하는 글이 막스 베버의 「직업으로서의 정치」(1919)이다. 그런데 베버의 이 글은 실은 정치적 당파주의로 가득 찬 특정 계급의 입장을 대변하는 정치적 메시지였다. 다시 말해 그것은 1917년의 러시아혁명은 물론이고 1918년의 독일혁명의 분위기 속에서 나온 "혁명에 반대하는 국가주의적 수사로 가득 찬" 선동문에 다름 아니었다.[6] 한마디로 베버의 이 강연문에서 강조되는 '책임의 윤리'라는 것은 현실에서 벌어지는 사회주의 운동은 물론이고 보다 나은 민주주의를 위해 싸우는 억압받는 인간들의 여러 요구들을 망상에 불과한 것으로 만들어버리는 정치적 효과를 발휘했다. '레짐의 정치학'과 대의제 자유민주주의에 대한 최 교수의 강박적 요구 또한 같은 맥락에서 이해해야 마땅할 것이다. 그의 주장은 벼랑 끝으로 몰려가는 배제된 노동과 아무런 연관도 맺지 못한 진보 정당을 더욱 의회주의에 매달린 채 권력 정치를 추구하는 길로 내모는 역할을 한 게 아닐까?

이명박 정권의 등장과 함께 국가 권력 밖으로 밀려난 자유주의 정치 세력과 참담한 노동 현실에서 눈을 돌린 진보 정치 세력이 다시 만나는 계기가 만들어졌다. 그것은 노무현과 유시민이 스

6
알렉스 캘리니코스, 「21세기의 레닌주의? 레닌, 베버 그리고 책임의 정치」, 『레닌 재장전』, 마티, 2010.

홍세화

스로를 일컫는 데 사용한 바 있는 '진보적 자유주의'라는 다분히 희극적인 개념 조합 아래에서였다. 「'포스트-민주화' 시대 대안정당을 향한 각축」이란 글을 통해 이 한 쌍의 조합에 이론적 기초를 구축해준 이는 사회학자 조희연이었다. 그는 이 글에서 '진보적 자유주의'라는 개념을 부활시킨다. 그리고 이것이 기존의 중도개혁 자유주의(민주통합당 세력의 지향을 의미하는)가 담아내지 못하는 것을 표현하고 있다며 해석의 진화를 꾀한다. "진보적 자유주의는 기존의 중도개혁 자유주의가 담아내지 못하는 진보적 의제들을 자유주의의 확장 속에서 담아내고자 하는 담론적 노력"이라는 그의 수사학적 노력이, 결국 '비민주 진보연합정당론'이란 규정 아래 유시민의 국민참여당과 민족주의 계열이 당권을 장악한 민주노동당과 진보신당을 탈당한 정치 그룹 간의 3당 통합을 하기 위한 레드카펫의 역할을 했음은 더 설명할 필요가 없을 것 같다.

앞서 내가 지젝의 글에서 재인용한 "희극으로 반복되는 것이 원래 비극보다 훨씬 더 끔찍할 수 있다"는 마르쿠제의 말을 상기하자. 얼마 전까지만 해도 민주통합당보다 더 오른쪽의 지향을 가지고 있던 자유주의 정치 세력의 한 분파의 정치적 재기 욕심과, 이 세력과의, 그리고 나아가서는 다수파 자유주의 정당과의 '연합정치'를 숙주 삼아 의회주의 다수파 형성을 도모하려는 특정 진보 정치 세력의 정치적 계산이 결합하여 빚어낸 작금의 통합진보당 사태보다 더 끔찍한 사태가 또 있을까? 2012년 봄부터 진보는 무덤 속에 갇혀 있다. 우리는 물어야 한다. 진보는 타살당한 것일까, 자살한 것일까?

2

거짓 중에서 가장 해로운 것은 '그럴듯한' 거짓이란 말이 있다. (구)당권파의 당파적 패권주의가 통합진보당 사태의 본질이라고 말하는 게 이에 해당할 것이다. 그렇게 생각하고 싶어 하는 사람들은 통합진보당 사태가 '미래의 진보'를 위한 새로운 기회라고 주장하기도 하며, '진보 시즌2'를 위해 입당 운동을 벌이자고 제안하기도 한다. 그런데 진보에 대한 이들의 변함없는 애정에도 불구하고 통합진보당 내의 권력 정치 게임이 맞부딪혀 내는 파열음은 좀처럼 잦아들지 않는다. 보다 많은 사람에게, 보다 많은 경우에 진보를 적용하면 진보가 확대될 것이라고 믿는 이들은 그러한 과잉이 정작 진보 정치를 질식시킬 수 있다는 생각은 하지 않는 듯하다.

통합진보당 사태 직후에 나온 반응들만 놓고 보자면 앞서 언급한 최장집 교수의 평가가 단연 냉철하고 사태의 본질에 닿아 있는 것으로 보인다. 그는 "대한민국 진보는 이미 4년 전에 (민주노동당과 진보신당의 분당 사태로) 죽었다"고 4년 뒤에 선언하면서, 그 이유로 "현재 위기인 통합진보당은 (지난 4년 동안) 사회적 약자를 대변하고 정치 활동을 하면서 그 자체의 존재 이유를 가진 진보가 아니"었고 "다른 정치적 역할이 있기 때문에 그 형태를 연명해오던 것이 그것조차 더 이상 유지될 수 없음을 드러낸 것이 통합진보당 사태"라고 설명했다. 더 나아가 "통합진보당은 진보의 허구적 존속일 뿐이었다"며, 이는 "총선, 대선이라는 국면에서 주요 엘리트들이 정치적 자원을 증대하기 위해 대의 없이 편의적으로 통합한 현상"이고 여기에 "반MB 전선 형성을 위한 야권 통합의 담론이 정치 환경에 큰 압력으로 작용하면서 민주노동당 당권파, 국민참여당, 진보신당 탈당파가 각기 이해관계를 추구하면서 편의적으로 통합했고 이 과정에서 의도하지 않은 부정선거 사태가 발생했다"는 설명을 덧붙였다.[7] 총선을 앞둔 시점에서 통합진보당의 출현을 두고 "중산층과 노동의 결합"이라고 긍정적으로 평가했던 사실을 떠올리면 그의 이러한 설명은 현기증을 불러일으킨다. 어느 것이 그의 진심일까? 그가 강조하는 책임의 정치, 책임의 윤리는 자신에게는 적용되지 않는 걸까?

통합진보당의 이론적 기초 역할에 동참했던 조희연의 경우도 궁색하기는 마찬가지다. 그는 당권파들에게 "전략적 양보"를 요구했지만, 왜 자신의 호소가 받아들여지지 않는지, 나아가 왜 통합진보당의 '새로나기 특위'(당권파의 무력화를 목적으로 하는)가 내놓은 당 혁신안이 당권파로부터 멀어지려 하면 할수록 우경화되는지 그 이유에 대해서는 설명하지 않는다. 통합진보당의 우경화가 일시적인 것인지, 필연적인 경향인지에 대해서도.

7
강병한, 「최장집 교수 "진보는 민노당 분당할 때 죽었다"」, 『경향신문』, 2012년 6월 4일.

철학자 김상봉은 언젠가 『르몽드 디플로마티크』에 기고한 「낡은 진보와 이별하라」는 제목의 글에서 이렇게 이야기한 적이 있다.

> 아직도 진보 정치와 진보 정당 건설을 입에 올리는 정치인들에게 니체가 기독교인들에게 물었듯이 묻고 싶어진다. '당신들은 아직도 진보가 사망했다는 소식을 듣지 못했단 말인가?' 진보는 죽었다! 하지만 관성은 무서운 것이어서 사람들은 진보의 사망을 믿지도 않고 인정하려 하지도 않는다. 그리하여 오해는 계속되고 우리의 선량한 열정은 부질없이 낭비된다.[8]

총선이 다가오기도 반년도 더 전에 쓴 그의 글은 파국을 맞은 진보의 처지에 비추어 서늘하리만치 무서운 예언으로 읽힌다. 그가 단언한 것처럼 진보는 죽었다. 설사 어제의 진보가 무덤 깊은 곳에서 벌떡 몸을 일으킨다고 해도, 그런 진보는 제 숨 고르기도 힘겨울 터여서 오늘 괴물로 변한 자본주의의 털끝 하나 건드리지 못할 것이다. 기껏해야 물신이 지배하는 세계의 어두운 뒷골목이나 배회하

8
김상봉, 「낡은 진보와 이별하라」, 『르몽드 디플로마티크』 한국판, 2010년 8월.

는 좀비가 아니고 무엇이겠는가?

3

현실 정치에 대한 아무런 경험이나 준비도 없이 진보신당의
대표가 된 지 반년을 지나오고 있다. 선택을 하는 위치에서 바라본
선거와 선택을 요구하는 처지에서 마주한 선거는 전혀 다른 것이
었다. 한 사람의 명망 있는 정치인도 없고 권력 정치의 자장으로부
터 멀리 떨어진 주변적 위치에서, 내가 생각할 수 있었던 것은 '배
제된 자들의 서사'를 정치 공간에 떠오르게 하자는 것 하나였다. 그
것으로 상황을 새로운 방식으로 재설정하자는 것, 그러한 기대를
담은 제안이었다.

결과는 참담한 패배였다. 노동의 수직적 위계 구도에서 배
제된 노동의 하위 주체들을 비례대표 후보의 앞자리에 배치한다고
해서 당장 새로운 진보 정치의 구성과 내용이 채워지는 것은 아닐
뿐더러, 애당초 그것은 짧은 시간에 가능한 목표가 되기도 어려웠
다.

지금도 나는 총체적인 사회적 파국과 더불어 절멸의 상황에
처한 진보 정치의 새로운 소생이 가능할지, 가능하다면 그것이 어
떤 모습일지에 대해서 여전히 잘 알지 못한다. 물론 나는 안다. 내
옆에서 누군가 일러준 그것은 나도 이미 익히 알고 있는 해법의 하
나이다. 그것은 자유주의와 타협한 사람들을 제외한 나머지 진보
세력들을 하나로 묶어 새로이 통합한 진보좌파 정당 건설의 길이

다. 이런 이야기를 들을 때마다 떠오르는 생각은 하나다. '아뿔싸, 처음부터 다시 이야기를 시작해야 하나?' (아, 글쎄 이미 '노동자는 하나'가 아니라니까!)

"혁명의 과정은 (……) 몇 번이고 시작을 반복하는 운동이다." 이것은 슬라보이 지젝이 이 글의 앞에 언급한 책에서 한 말이다.[9] 근본적 질문을 던지는 것에서 완전히 다시 시작하는 것, 그런데 이것은 무엇을 의미하는 것일까?

지난 6월 말 한국을 방문한 지젝에게 던진 "당신에게 질문이란 무엇인가? 근본적 질문이 어디에 던져져야 한다고 생각하는가?"라는 내 질문에 "자본주의가 민주주의와 이혼하려는 게 오늘의 위기"라고 그는 답했다. 자본주의가 민주주의의 테두리를 벗어났다는 의미겠다. "그렇다면?" 그에 따르면, "사회-정치적 공간 안으로 '배제된 자들의 침입'을 의미하는 것이 민주주의"이다.

지젝은 대화에서나 글에서나 흥미로운 농담을 통해 역설적인 상황의 내면을 들추어내는 능력을 지녔다. 한국어로도 번역된 그의 글 「상황은 파국적이지만, 심각하지는 않다」[10]의 글머리에 놓인 농담은 단연 인상적이다. 그것은 1차 세계대전 당시 독일과 오

9
슬라보이 지젝, 앞의 책, 175쪽.

10
슬라보이 지젝, 「상황은 파국적이지만, 심각하지는 않다」, 인디고 연구소 기획, 『불가능한 것의 가능성: 슬라보이 지젝 인터뷰』, 궁리, 2012, 219~258쪽.

스트리아 군사령부 간에 주고받았던 전보에 관한 것이다. 독일 쪽에서 먼저 전보를 보냈다. "이곳 전방은 상황이 심각하긴 하나, 파국적이지는 않다"고. 오스트리아 쪽에서 답신이 왔다. "이곳 상황은 파국적이지만, 심각하지는 않다"고. 정신분석학자이기도 한 지젝은 후자의 정신 상태를 가리켜 '물신주의적 분열' 혹은 '물신주의적 부인' 증상이라고 했다. 도대체 상황이 파국적인데 심각하지는 않다고 말하는 것은 어떻게 가능할까?

나는 그러한 태도는 파국적인 상황에서도 자신은 살아남을 수 있으리라는 생각이 내면에 자리 잡을 때 생겨난다고 생각한다. 우리 사회에 거의 모든 공간에서 수없이 발생하는 배제와 소외가 놓인 간극을 미끄러지듯 스쳐가는 우리의 시선은 그로 인해 생겨나는 인간의 비참과 불행으로부터 벗어난다. 우리가 스스로를 그 적대의 경계와 연루시키지 않는 한, 체제의 희생자들은 숫자로 쌓일 뿐이고 우리는 '별 일 없이' 이 물신의 세계에 적응하며 살아갈 수 있다. 세상은 파국으로 치닫고 있는데, 나 자신이 파국의 희생자가 되기 전까지 '심각하지 않'은 것이다. 부끄럽게도 나는 아직 쌍용자동차 대량 해고 이후 스스로 목숨을 끊거나 죽어간 22명의 노동자와 그 가족의 이름을 제대로 외우지 못한다. '배제된 자들'이란, 지젝에 따르면 '실체성 없는 주체성, 즉 사회적 존재로서 지녀야 할 실체를 박탈당한 주체'이다. 그들은 "사회적 위계의 '사적' 질서 안에 딱히 정해진 자리가 없는 연유로 보편성을 직접 표상하는" 사람(집단)이다. 마르크스가 명명한 프롤레타리아트는 노동자 계급을 직접적으로 지칭하기보다는 사회적 박탈로 인해 비실체적 존재로 전락한 사람들을 가리키는 이름이었다. 바로 배제된 자들이 현대의 프롤레타리아트라고도 말할 수 있는 것이다.

정치든 사회적 연대든, 우리들의 목표는 "우리 모두가 잠재적으로 '호모 사케르homo sacer(벌거벗은 생명)'이며 그것이 현실이 되지 않도록 예방적으로 행동하는 것"이다. 이 정치를 대의제 안에 가두고 제도 밖의 행위들을 배제하거나 부차적으로 위치 지을 때, 그 정치는 물신주의적 권력을 좇는 행위로 전락하고 말 것이다. 민주주의로부터 달아나자는 말이 아니다. 오히려 민주주의를 재정의하고 재구성하자는 말이다. 그것은 '배제된 자들의 민주주의'를 의미한다. 이것이 가능할까? 지난 총선에서 진보신당이 시도해보려 했던 것은 그 작은 시도였다. 거듭 말하지만 이 시도는 실패했다. 그러나 "다시 시작을 반복하는 것" "다시 출발점으로 되돌아가는 것", 내가 지금 알고 있는 진보 정치의 길은 이것뿐이다.

파국과 절멸 저 너머

귀국한 지 10년이란 시간이 흘렀다. 이 10년의 시간은 진보정당 당원으로 살아온 시간과도 고스란히 겹쳐진다. 짧지 않은 이 시간을 지내오면서 내가 가장 빈번히 들었던 것은 "세상을 바꾸려면 권력을 장악해야 한다"는 말이었다. 그리고 바로 이 권력을 장악해야 한다는 이유로 세상을 바꾸기도 전에 사람들이 어떻게 먼저 바뀌는지를 줄곧 지켜봐왔다. 그리고 진보 정치와 조직노동의 상층부가 스스로를 '민중 권력'이라 강변하던 그 시간은, 권력과 자본에게는 물론이고 그들에게조차 외면당하고 배제된 노동자들의 숫자가 전체 노동자의 절반을 훌쩍 넘어선 시기와 정확히 일치한다. 민중 권력이란 말은 진보 정치라는 이름으로 권력이 어떻게 물신화되는지를 명확히 확인해주는 증거에 다름 아니다. 과문의 탓인가, 나는 이제껏 민중의 일상이 권력적인 것을 본 적이 없고 권력자의 일상이 민중적인 것을 본 적이 없다. 적어도 이 땅에서는.

총선이 끝난 뒤로부터 석 달을 경과해오는 동안 나는 문득문득 오래된 영화의 한 장면을 떠올리고 있었다. 그것은 코스타 가브라스 감독의 「계엄령」이란 제목의 영화다. 영화를 볼 때 주인공보다는 조연이나 엑스트라의 자리에 서보려 하는 나의 습성 때문인지, 줄거리를 온전히 기억하진 못하는 대신 순간순간 포착된 장면이 기억 속에 박혀 있는 경우가 있는데 이 영화도 그렇다.

줄거리는 대충 이런 것이다. 중남미 독재정권의 경찰 조직을 훈련시키는 역할을 하던 미국인(이브 몽땅)이 게릴라 조직에 납치된다. 감옥에 갇힌 동료들의 석방과 몇 가지 민주주의적 조치가 게릴라들의 요구였다. 그들은 잡아온 미국인의 범죄 행위를 입증하기 위해 그를 심문한다. 그런데 그들은 사실을 들이대며 추궁할 뿐 고문은 하지 않는다. 그가 비밀경찰들에게 고문 방법을 전수해주던 자인데도. 마침내 인질 협상은 타결되지 못하고, 미국인 인질은 자신이 죽을 것을 예감하면서 게릴라 대장에게 묻는다. "나는 기독교 문명을 위해 싸우는데 당신들은 대체 어떤 문명을 위해 싸우는가?" 게릴라 대장이 답한다. "우리는 '약하고 무너진 것들의 문명'을 위해 싸운다"라고. '기독교 문명'을 위해 싸운다는 '고문 방법 전수자'와 '약하고 무너진 것들의 문명'을 위해 싸운다는 '고문하지 않는 피고문자'. 그렇지만 고작 '약하고 무너진 것들의 문명을 위해서'라니…… 보수나 진보를 가릴 것 없이 더 많은 성장과 과실을 약속하는 이 맘몬의 세계에서 그것은 너무 초라한 목표 아닌가? 그 정도의 정치적 비전을 위해 그들은 자신들의 목숨을 거는 것인가?

통합진보당 사태가 한참 시끄럽게 진행되던 어느 날 나는 대장암과 어렵게 싸우고 있는 이재영 씨(민주노동당 시절부터 진보신당에 이르기까지 정책과 관련된 일을 도맡아 했던)가 인터뷰를 한 기사를 읽었다. 그의 이야기 가운데 잊히지 않는 것은 내가 알고 있는 것보다 더 자세한 당권파의 비리 따위에 관한 이야기가 아니었다. 기자가 물었다. 민주노동당을 탈당한 이유가 당권파의 그러한 행패들 때문이었느냐고. 그가 답했다. "그 당이 '가난한 자의 정당'이 될 수 없을 것 같아서"라고.[11] 약간은 쑥스러운 듯, 지나가는 말처

11
정상근, 「아픈 이재영, 아픈 진보를 말하다 ①: 동상이몽」, 『레디앙』, 2012년 5월 25일.

럼 허허로운 심정으로 말하는 표정이 글에서도 읽히는 듯했다.

나에겐 바로 이 말이, 사위어가는 육체 속에서도 온전히 살아 숨 쉬는 이 감각이, 아주 소중하게 다가왔다. 눈물겹게. 그의 이한마디가 어쩌면 우리가 정치적 이해관계에 몰두하는 동안 우리 안에서 사라져버렸거나 까마득히 잊고 있었던 어떤 감각과 자각을 일깨워주어야 하는 게 아닐까? 나는 그것이 자본이 인간에게 모멸을 가하는 이 불의의 시대에 분노하고 저항하는 좌파의 영혼이 아닐까 생각했다. 오늘 이 파국과 절멸의 저 너머에서 다시 희망의 빛한줄기로 떠오르고야 말.

지금 여기의 진보

처음 펴낸 날   2012년 8월 6일

지은이   심보선 장석준 박상훈 홍기빈
         이택광 하종강 서동진 엄기호
         박경신 홍세화

펴낸이   주일우
편집   김현주 홍원기
디자인   김형재
제작 · 마케팅   김용운

펴낸곳   이음
등록번호   제313-2005-000137호
등록일자   2005년 6월 27일
주소   서울시 마포구 서교동 326-26
       혜원빌딩 2층 202호
전화   (02) 3141-6126~7
팩스   (02) 3141-6128
전자우편   editor@eumbooks.com
홈페이지   www.eumbooks.com

인쇄   삼성인쇄(주)
종이 공급   일급지류(주)

ISBN   978-89-93166-54-5 03300

값   14,000원

*   이 도서의 국립중앙도서관
출판시도서목록(CIP)은
e-CIP홈페이지(http://www.nl.go.kr/
ecip)와 국가자료공동목록시스템(http://
www.nl.go.kr/kolisnet)에서
이용하실 수 있습니다.(CIP제어번호:
CIP2012003186)

*   잘못된 책은 구입하신 곳에서
바꿔드립니다.